日本経済は復活するか

田中秀臣
編
浜田宏一
若田部昌澄
原田 泰
安達誠司
田村秀男
片岡剛士
高橋洋一
松尾 匡
中村宗悦
榊原英資
中島將隆
西部 邁
ロベール・ボワイエ
植村博恭

藤原書店

〈編者まえがき〉日本の経済再生を考える
――レジーム転換、チキンゲーム、不確実性――

田中秀臣

はじめに――レジーム転換という視点

日本経済を全体としてとらえる視座は何か。究極的には、私たちが暮らすこの日本経済がどのような体制（レジーム）の下で運営されているか、ということに尽きる。

本書の各論者もこの日本経済のレジームについて様々な見解を明らかにしている。だが、その見解は大きくふたつにわかれているといっていいだろう。「リフレ・レジーム」を支持するか否かである。

このまえがきでは、日本経済全体をとらえるこの「レジーム」について解説し、そのひとつである「リフレ・レジーム」と、政治的経済的にも対立する「デフレ・レジーム」との対比も明らかにしておく。

その上で、現在の日本の行方は、このふたつのレジームの間の苛烈な競争（チキンゲーム、臆病者を決めるゲーム）として描くことが可能であることを示す。このレジーム間競争の結果、日本は過去十数年そうだったように、いまも経済的な不確実性に直面していることが示唆される。

経済問題のレジームという発想を導入したのは、二〇一一年のノーベル経済学賞受賞者トマス・サージェント（ニューヨーク大学の経済学教授）が代表的だ。サージェントは人間の行動を規定するものはゲームのルールであると述べている。ゲームのルールが変われば、人間の行動も変化する。野球のルールが変更され、例えばスリーアウトで交代ではなく、フォーアウトで交代するならば、また野球の性格も変わるだろう。このゲームのルールを、サージェントは「レジーム」と規定した。

サージェント以前の経済学は、そのようなゲームのルールの変更を、明示的に政策分析にいれていなかった。例えば、中央銀行がどのようなゲームのルールを採用しているのか、は視野の外にあった。例えば物価の安定を政策の中心としていても、それがデフレに寛容なのか、あるいは一定の低いインフレ率を目標にしているかでは、「金融緩和」の意味はまったく違うだろう。先ほどの野球のルールでいえば、スリーアウトとフォーアウトでは、投手の配球も違うし、バッターの戦略も異なるはずだ。そして試合全体の運行そのものが大きく影響を被る。同じように、レジームが変われば、金融政策の効果も変化してしまう。以前のレジームでは有効だったほどに、現在のレジームでは有効ではなくなるかもしれない（もちろんその逆のケースも起こる）。

さてこのようなゲームのルールの変化がもたらす人間の経済行動の変化を、サージェントらは、「四大インフレーションの終焉」という論文の中で紹介した。これは簡単にいうと、第一次世界大戦後にハイパー・インフレーションを経験した欧州諸国が、どのようにそれを終焉させたかが分析の対象であった。興味深いことなのだが、サージェントらが明らかにしたのは、ハイパー・インフレーションが終焉したのは、「お金を単に刷るのをやめたからではない」ということだった。

ハイパー・インフレーションが終わったのは、その国の政府が、財政政策と金融政策のあり方（ゲームのルール）を変更したからである。財政赤字を貨幣で補填するような政府の財政・金融政策の組み合わせから、財政再建に政府がしっかりコミットし、それをサポートする中央銀行の姿勢が市場に信認されることによってもたらされた。

サージェントは、あるレジームからほかのレジームに変更することを「レジーム転換」と表現している。レジームが転換すると、市場参加者の行動は先ほど述べたようにガラリと変わる。サージェント自身の言葉を引用しておこう。

「動学的マクロ経済学の最近の研究によれば、次のような一般原理が発見されている。すなわち、政府の戦略あるいはレジームに変更があれば、必ずそれに対応して民間経済主体は、消費率、投資率、ポートフォリオなどを選択するための戦略ないしルールを変更すると期待される、という原理である。（略）レジームに重大な変更があったとき、動学マクロ経済学は、変数間の相関の全体パターンが量的に重要な変化を遂げる、と予測するのである」（國府田桂一他訳『合理的期待とインフレーション』東洋経済新報社、五九―六〇頁）。

本書の多くの論者が共有しているリフレーション（デフレを脱却して低位インフレに安定させ、経済を活性化させる政策）の基礎は、このレジーム転換によるデフレ脱却である。

大恐慌研究の重要性

デフレ脱却に、政府や中央銀行（日本銀行）の政策ルールの変更を求めた論者たちは、もちろん日本だけではない。ここでは一例として、経済史家のピーター・テミンの議論を簡単に紹介する。テミンがレジーム転換をデフレ脱却のキーとみなしたのは、一九三〇年代のアメリカでの大恐慌の経験であった。

この時代について、エコノミストの岡田靖は以下のように書いたことがある。

「一九三〇年代にアメリカ経済を襲った大恐慌と、それに前後して世界の主要国の大部分で起こった世界大恐慌は、そのあまりに悲惨な現象（例えば、アメリカの失業率は二五％にも達し、実質ＧＮＰはピーク時から半減した）ゆえに社会主義運動やファッシズムなどの全体主義運動を活性化させ、ひいては第二次世界大戦の重要な原因となり、さらに戦後の冷戦や局地紛争の遠因ともなった。大恐慌という経験からいかなる教訓を読み取るかが、経済学の最重要課題のひとつであることは明らかである」（田中秀臣・野口旭・若田部昌澄編著『エコノミスト・ミシュラン』太田出版、二〇四頁）。

しかし問題は困難を極める。なぜなら、経済学は「市場機構がなぜ機能するのか」を中心に組み立てられており、「市場機構がなぜ機能しないのか」、機能しないことによってなぜ大恐慌のような経済危機が発生するのか、を中心的な命題にしていなかったからだ、と岡田は指摘した。それは特に大恐慌以前の経済学では一般的な事態だった。

これに風穴をあけたのが、ケインズの『雇用・利子および貨幣の一般理論』であった。しかし、ケインズの努力は長期不況からの脱出方法に絞られていて、そもそもなぜその長期不況に陥ったのかは関心の埒外であった。この長期不況の原因をめぐっては、ミルトン・フリードマンとアンナ・シュウォーツの『合衆国貨幣史』が、金融政策の失敗と断定してから激しい論争が始まった。この大恐慌の原因をめぐる論争の中で、テミンの業績は、特定のレジーム（ゲームのルールの束）の中で適応している人々の行動に焦点を当てたものだった。具体的にいえば、大恐慌の顕著な特徴であった猛烈なデフレーションを許容する政策のルールの束（＝デフレ・レジーム）が、不況が長期に継続した理由だ、というのがテミンの主張だ。この不況の長期化を止めるには、デフレ・レジームを転換し、リフレ・レジームにする必要がある。大恐慌当時のデフレ・レジームとは、ひとつは当時の金本位制度であり、もうひとつは、それをサポートする各国の中央銀行（日本は日本銀行）の金融政策のあり方であった。実際に多くの国のデフレ脱出は、二段階に分かれて実行されている。その典型例が日本だった。

昭和恐慌という猛烈なデフレ不況に陥った日本は、当時の蔵相高橋是清による二段階のレジーム転換（金本位制からの離脱とデフレを支持する金融政策の放棄）によって、デフレから脱却した（詳細は岩田規久男編著『昭和恐慌の研究』東洋経済新報社を参照）。

繰り返しになるが、このレジーム転換が大恐慌脱出のキーになることを、岡田は次のように整理している。

「ここで注目に値するのは、こうした大恐慌研究が八〇年代以降において発展した（サージェントらの）マクロ経済学の新たな成果を活用していることだ。つまり、政策当局の行動ルールあるいは政策レジームに関する知識を有する民間経済主体の期待形成が、大恐慌という大規模な経済変動を説明するときに決定的な役割を果たすことが明らかにされているのである」（岡田、同上）。

テミンの描く大恐慌からの脱出の説明は、財政再建・増税路線にひた走ってきたこれまでの日本の歴代政権と、そこから一応の脱出を試みた安倍晋三内閣の経済政策（いわゆるアベノミクス）を考えるうえでも重要だ。以下、テミンの本から引用する（一部訳語修正）。

「一九三二年の大統領選挙戦の間、ルーズベルトが政策レジームを変更するつもりかどうかはっきりしなかった。その直前、彼は州予算を均衡させるためにニューヨークに於いて増税していたし、それと同様に連邦予算も均衡すべきだと強調していた。そして選挙期間中ルーズベルトは、ウォール街、実業界、そして公益事業を強く批判し、全体的に反ビジネスのレトリックを使った。これらの言動は、ビジネス状況を救うことを期待される候補者にふさわしいものではなかった」（猪木武徳監訳『大恐慌の教訓』東洋経済新報社、一二七頁）。

しかし当選後、ルーズベルトはまずドルの平価切下げ、つまりドル安政策を採用する。これは米国の中央銀行による緩和的な金融政策を促すものであった。これこそ（デフレ・レジームからリフレ・レジームへの）レジーム転換として市場に認識されることになる。いうまでもなく最近の日本でも、アベノミクス下でこれと同じ状況が繰り返された。

「このレジーム変化は、サージェントがいくつかのハイパー・インフレーションの終結を説明する際に述べたタイプのものであった。それは、明確に記述し理解できるような劇的変化であり、その変化は、財政政策、金融政策によって調整されたものであった。新しいレジームは、明らかに物価上昇と経済活動活性化を同時に狙っていた。平価切下げは、多面的な新しい政策レジームのほんの一面にすぎなかった。……ルーズベルトの『最初の一〇〇日間』で、フーバーの消極的なデフレ政策は、積極的で介入主義的、そして景気拡大的なアプローチによって取って代わられた。……矛盾のない金融政策への大きな一歩が踏み出されたのは、ユージン・メイヤーが連邦準備制度理事会議長を辞任したときであった。ウォール街の正統派金融家である筋金入りの国際派であったメイヤーの後任は、アトランタ連邦準備銀行総裁のユージン・ブラックである。彼はルーズベルト政権の要求をなんでも受け入れた」(テミン前掲書、一二九頁)。

ブラックは金利を引き下げ、今でいう量的緩和の手法を大胆に実施した。平価切下げという金本位制からの脱退が、金融政策のスタンスの変更にまで帰結し、政策を行うゲームのルールは変わった。これが政策レジームの転換として認識された。

「平価切下げで始まった金融レジームの変化は、連邦準備制度の諸改革によってさらに広がり、それらの改革は当時の観察者が新しい金融システムと名付けたものを作り出したのである」(テミン前掲書、一三〇頁)。

日本でもこのような政策レジームの転換が行われないかぎり、おそらく長いデフレと不況の長期化は避けられないであろう。それが本書の多くの論者が共有する考え方である。

日本経済の不安定要因

安倍政権の経済政策（アベノミクス）として、（1）インフレ目標二%を二年を目標に実現しようとする大胆な金融緩和、（2）機動的な財政政策、（3）成長戦略、という「三本の矢」が提起され、日本銀行は大胆な金融政策へとレジームを転換した。

だが、このレジーム転換が、その当初の成功に多くの論者が賛同していても、いまださまざまな不安定要因にさらされている、というのが本書の大きな課題だ。特に二〇一三年一〇月一日に安倍首相が決断した消費税増税は、これからの日本経済の最大の不安定要因になるのではないか、と議論されている。この不安定要因を克服し、日本経済をどのように再生するべきであろうか。

まず日本経済の不安定要因を今までのレジーム論の延長から図式化してみよう。それはひとことで言えば、「レジーム間競争」のもたらす不確実性と表現できるものだ。

以下の試論は、トマス・サージェントの論文「レーガノミックスのクレディビリティ」を援用したものである。

いま、この政治経済上の闘争を表すダイナミックゲームのプレイヤーは三者だけであるとしよう。民間経済主体（消費者世帯、政府系機関、企業）、政府、日本銀行である。後に政府部門は対立する主体（財政拡張派と財政均衡派）によって二分割される。

民間部門は、消費、投資、租税支払、政府債務の購入・蓄積をそれぞれ現在から将来にかけて行う。政府部門は、現在から将来にわたる財政赤字率（政府支出が租税収入を上回る金額）の大きさを決める。政府はこのとき政府支出の大きさ、そして税率の大きさのふたつをコントロールできるものとする。また、日本銀行は、現在から将来にわたる国債と通貨をどれだけの比率で保有するかを公開市場操作を通じて決定する。これは財政赤字を国債でファイナンスするか、または通貨の発行益でファイナンスするか、その両方をどれだけの割合で行うかの決定権を、日本銀行だけが握っていることを意味する。この政府債務の構成をどのように決定するかを日本銀行は政府から「独立」して行っている。これがいわゆる「中央銀行の独立性」の意味である。

政府の予算制約は以下の式で直観的に表現できる。

（A）政府支出－租税収入＝実質ベースでの通貨の新規発行＋ネットの有利子負債の発行

左辺は実質財政赤字とも政府余剰とも表現される項目である。右辺はその財政赤字のファイナンスの経路をふたつの項目で表現したものとなる。直観的にダイナミックゲームは、この政府予算式が現時点から将来時点まで成立していることを想定しており、以下ではこの式を中心に現在の政治闘争の経済的影響を考察する。

（A）式は、採用される政策ルールによっては、政府と日本銀行が協調行動をすることが必要であることを示している。

例えば、政府が未来永劫財政赤字の拡大を避けている場合。最近の日本の例でいえば構造改革主義路線や財政再建派、財政タカ派路線などを示す。一時的に減税して財政赤字を増やす場合でも将来的にはその分を黒字化することで相殺するとき、日本銀行は赤字ないし黒字をすべて有利子債務の発行・償還で行うよう協調するだろう。そのとき通貨の新規発行はゼロであり、要するに金融政策は引締めスタンスを未来永劫とる（第一協調ルール＝デフレ・レジーム）。

その反対に未来永劫財政赤字の拡大をもくろんでいるときには（恒久的減税とか、戦争での出費とか）、日本銀行はそれを通貨の発行益で賄うように行動することが求められる。左辺の第二項が今度はゼロと考えておくとわかりやすい。このとき金融政策のスタンスは「緩和」的な態度を未来永劫とるものと予想されている（第二協調ルール＝リフレ・レジーム）。

この協調ルールが確立されていないケースではどのようなことが起きるだろうか。

そのひとつのケースとしてサージェントは、チキンゲームのケースを解説した。サージェントによれば、レーガン政権初期に成立していたケースであるという。つまりレーガンは、一方では、中央銀行に緊縮金融政策のスタンス（左辺第一項はゼロ）を未来永劫とらせる。もう一方では、政府に減税を約束させ、未来永劫の財政赤字の拡大を行う。この場合、先の二つ協調ルールの例とは異なり、政府と中央銀行は異なる経済ルールに従っているといえる。

このチキンゲームでは、政府は第二ルール、中央銀行は第一ルールを採用しているので、どちらかが根負けをして自らのルールを放棄し、他のルールを度胸なく採用するはめに陥ることを形容している。

このとき政府と中央銀行が採用するルールとは、冒頭から論じているレジームのことである。したがってこのチキンゲームとは、ふたつのレジーム（デフレ・レジームとリフレ・レジームと）の間で、最終的にどちらのレジームが勝利し、チキンはどちらになるかを決める「レジーム間競争」として考えることが可能である。

サージェントはこのチキンゲームのケースについて以下のように述べている。

「通貨当局が、何が何でもすべての将来において緊縮的金融政策に固執することを約束する一方で、財政当局は無限の将来にわたって財政赤字が大幅の正の値をとる、租税・支出計画を実行に移しているのである。通貨当局が当初の政策にかたくなまでに固執し、未来永劫政府債務の貨幣化を行わないとすると、最終的には政府予算制約式は、財政当局が降伏し、予算の均衡を図るよう強要する。一方、財政当局が財政赤字に固執し、財政赤字の流列の削減を拒否したとすると、最終的には政府予算制約式により、通貨当局は赤字の大部分の貨幣化を強要されることになる。ここで明らかなことは、通貨・財政当局のいずれか一方が最終的に折れなければならないということである。そうした者はチキンとよばれる」（邦訳四六―七）。

もちろんこのようなチキンゲームに陥ると、民間経済主体の先行きの予測が不確実になり、投資、消費、資産選択などが不安定化してしまうだろう。

このチキンゲーム状況は、いまの日本の経済・政治状況を描写するのに有効だ。上記のサージェントのケースをいまの日本の状況に応用してみよう。

政府支出のコントロール権をもつ政府（つまり予算権を最終的に持っている）と、税率のコントロール権を事実上持っている財務省が存在している。つまり政府予算制約の左辺を決める主体が、二分割されていると考える。また金融拡大スタンスをとる日本銀行がいる。

いま財務省の戦略は財政タカ派、財政再建至上主義である。ただ本当は、財務省は本書のシンポジウムでの参加者の発言にもあるように、単に〝税率をコントロールして予算の裁量〟を握りたいだけなのかもしれない。ただ、見かけ上の振る舞いは増税によって「財政危機」を克服すると標榜している。

仮に政府が財務省と同調して、財政緊縮ルールを採用したとする。すると財政拡大（つまり金融緩和）ルールを採用する日本銀行との間で、チキンゲーム（レジーム間競争）が発生してしまうだろう。

このとき、どちらのレジームが勝利するのか、市場参加者には先行きが読めず、経済は不安定化する。例えば、日本銀行が、市場参加者の期待インフレ率をコントロールしようとしてもうまくいかないケースが発生するだろう。

消費税税率引き上げの是非をめぐって議論が盛んになった一三年夏以降、さらには一〇月に安倍首相が引き上げを決断してからは加速して、現在の日本経済はこのようなレジーム間競争に陥っているのではないだろうか？　本書では、そのレジームの不安定性がもたらす、さまざまなひずみについて、各論者が論説で、またインタビューやシンポジウムで発言しているといえるだろう。

本書の構成

以下、簡単に本書の内容を紹介する。

第Ⅰ部「アベノミクスとは何か」では、日本の経済再生を目指す政策的な枠組みである「アベノミクス」の意義を包括的に語ったインタビューを二本収録している。ひとつは、まさにアベノミクスを政府内部で助言する役割をもっている内閣府参与・イェール大学名誉教授の浜田宏一氏に、気鋭の若手エコノミストの片岡剛士氏が質問する形式で、アベノミクスの意義を十分に語っていただいている。またもうひとつのインタビュー「安倍内閣の経済政策とは何か——その全体像」では、アベノミクスの誕生の経緯、ここ数年の政治情勢の変化を踏まえて、若田部昌澄氏（早稲田大学教授）が、今後のアベノミクスの不安定要因（デフレ脱却前の消費税増税の動き）や、非正規雇用やブラック企業の今後、そして公共事業や医療・年金まで幅広く語っていただいた。

このふたつのインタビューを総論とすると、第Ⅱ部「アベノミクスに何が可能か」は、個々の論点をより深く考察する諸論文からなる。本書では、アベノミクスが本当に経済再生に貢献するかどうか、に対して（批判や懸念材料を示しながらも）おおむね好意的な論者たちを「1　脱デフレ政策の現在・過去・未来」に配し、懐疑的かつ批判的な論者を「2　アベノミクスの光と影」に配した。

前者のグループの冒頭を飾る、原田泰氏の「二〇六〇年の日本経済・社会と経済政策」は、消費税増税で社会保障を補填しようとしてもそれが実現不可能なほどの高い負担を国民に将来課してしまうこと、それを回避するにはデフレを脱却し安定的な名目成長率を確保し、また年金を中心とした社会保障制度の効率化を真剣に考察する必要があることを述べている。

安達誠司氏の「国際比較の中のアベノミクス」では、アベノミクスを「レジーム転換」と位置付け、そのレジームの眼目であるリフレーション政策を、リーマンショック以降の、ユーロ圏やオバマ政権下の米国など他の国々の経済政策と対比している。

田村秀男氏の「量的緩和と連動する公共投資で早期の脱デフレに導け」は、この第Ⅱ部の前半に属する論者の中では、金融緩和中心というよりも財政政策中心でのデフレ脱却を主張しているといえる。そのシンプルで大胆な主張（政府から日銀への米国債譲渡の見返りとしての一〇〇兆円の財源確保とそれによる財政政策）は必読である。

片岡剛士氏の「安倍内閣の財政政策」は、その田村氏の論説と合わせ読むと実に興味深いだろう。アベノミクスの財政政策の効果が課題であること、公共投資の経済効果が落ちている原因、消費税増税の影響などを周到な実証とともに解説している。

高橋洋一氏の「安倍内閣の経済政策と賃金」は、アベノミクス（そのコアは大胆な金融政策に尽きるが）の経済波及効果を、雇用、特に賃金の上昇はいつなのかという論点にしぼりながら、日本銀行のインフレ目標の意義を余すところなく論じている。

松尾匡氏の「本来左派側の政策のはずだったのに」は、マルクス経済学者として独自の位置を示す氏の真骨頂が発揮されている。欧米のように、国民の福祉を改善するためには、現実の経済成長を高める政策を「左派」こそ採用しなければいけないのに、それが「右派」の安倍政権に採用されてしまったことの意義を、インフレ目標を忌避する「左派」の限界とともに解説している。

残りふたつは、歴史的な検証だ。中村宗悦氏の「八〇年前、メディアはリフレ政策をどう伝えたのか――高橋財政期の報道をめぐって」は、高橋是清蔵相誕生の一九三一年一二月から、一九三六年二月の二・二六事件での彼の死で終わる「高橋財政期」における、高橋の経済政策をめぐる当時の大新聞の論調の変遷を検証したものである。今日と同じようにデフレ期あるいはデフレ脱却期いずれでも、財政再建圧力がマスコミの主流であったバイアスが明らかにされている。

田中秀臣の「「リフレ派」の系譜学――先駆者、岡田靖の貢献から」は、本書の第Ⅰ部、第Ⅱ部前半、そしてシンポジウムの報告者が共通してもつリフレーション（デフレを脱却し、低インフレで経済成長の安定化を狙う政策）の現代日本の代表的論者であった故・岡田靖氏の貢献にしぼり、いわゆる「リフレ派」（リフレーション政策を主張する人々のこと）の特徴を描いている。

第Ⅱ部の後半は、編者の立場を含む「リフレ派」の経済政策に懐疑的な人たちを収録している。ただしどの論者の主張も独特の見解と示唆を含むものである。

ロベール・ボワイエ氏のインタビュー「ユーロ危機、アベノミクス、日本の将来」は、長期停滞に陥った日本を国際的な金融の攪乱の犠牲者として描き、またアベノミクスの核であるインフレ目標の限界を、市場参加者のアニマル・スピリット（経済活動の源泉）に訴えることができない点に求めている。その上で、日本そしてフランスを含むユーロ圏などがその文化に立脚し、米国経済の影響から独立した、経済モデルを構築する可能性と必要性に言及している。

榊原英資氏の「アベノミクスをどう見るか――「構造的デフレ」の視点から」は、いまの日本のデフレが先進国経済のグローバル化などからもたらされる超長期のデフレであり、金融政策での脱却は困難で弊害も多く、構造的な問題であることを主張している。

中島將隆氏の「アベノミクスの光と影」は、国債市場の信認がデフレ脱却時に特に重要であり、国債の安定によって財政規律と財政再建につながることを、政権の国民のおもねることない決断に求めている。

西部邁氏の「インディカティブ・ポリシーへ向けて」は、市場経済への安易な信奉や経済学者たちへの批判と警句に満ちた小論である。

第Ⅲ部は、日本銀行の大胆な金融政策こそアベノミクスの核であり、また日本の経済再生の核でもあると主張している四者（原田泰、高橋洋一、田中秀臣、片岡剛士）の公開シンポジウム（東京河上会主催）の記録である。このシンポジウムは、本書全体をさらに深く検討し、より現実的な政策論のレベルで、突っ込んだ議論を展開している。そこで日本経済再生のための決定的な処方箋（リフレーション政策の徹底と完遂）が述べられ、そのための障害や不安定要因が整理し議論されている。

第Ⅳ部には、一〇月一日の安倍首相の一四年四月からの消費税増税の決断をうけて、緊急に書き下ろされた片岡剛士と田中秀臣の共著「消費税増税ショックと今後の経済政策」が収録されている。消費税増税は、デフレを解消するアベノミクスの「レジームを毀損」させてしまい、日本経済を不安定化する。

具体的には来年マイナス成長の危険性も出てきている。では、このようなデフレ脱却にむけた「レジームの毀損」と、具体的な経済の落ち込みにどう対処すればいいのだろうか。片岡・田中の具体的な政策提言のポイントを紹介しておこう。

今回の消費税増税の問題点のひとつは、家計の実質所得に大きな悪影響を与えることであり、それが家計消費の大きな落ち込みを招く可能性がある。そのため、家計の実質所得の減少をふせぐ対策が必要となってくる。所得税の減税措置や低所得者層への給付金の支給が重要だが、現在の政府の政策だと、給付金は一万円であり、また法人税減税や設備投資減税などが中心である。これでは十分な対策ともいえず、また法人税減税や設備投資減税は、本来の景気の腰折れ対策としては不十分である。片岡・田中論文では、消費税増税による家計への悪影響は、年収二〇〇万円未満の世帯で年八万円、三〇〇万円世帯で一一万円、五〇〇万円世帯で一二万円、八〇〇万円世帯で一六万円、一〇〇〇万円世帯で一八万円、一五〇〇万円世帯で二四万円と試算している。食費相当分ではなく、所得が低い世帯から順にこれらの負担額の補填を給付金で行うことが重要である。また政府は、法人税減税や設備投資減税を社員の賃上げ減税とセットで設定しているようだ。つまり減税によって企業に余剰が生まれるので、その余剰を社員への報酬となるように減税で誘導しようという「トリクルダウン政策」のひとつだ。しかし、そもそも消費税増税により社会全体の消費が落ち込んでいる中で、企業がどれだけ社員の賃上げをしたり、ましてや雇用を増やすようになるのかはなはだ疑問である。しかも、消費税が恒久的なのに対して、これらの政策は年度単位の一時的な対策である。このことも大幅に政府の対策の効果を鈍らせるだろう。むしろ社会全体の消費を維持するには、消費税増税分だけの所得の落ち込みを、所得税減税や前記した給付金の拡充で対応すべきだ。

もちろんこの対策の効果も一時的なものであり、消費税増税が恒久的であることを考えると力不足である。われわれは、増税による「レジームの毀損」を克服する意味も含めて、日本銀行と政府が現状よりもさらに大胆な金融政策に踏み込むことを提案する。具体的には、日銀法を改正して日銀の政策目標に「雇用安定」を新たに追加する。物価と雇用の安定化にコミットする姿勢を明確化し、現在の政府が目標としている「名目成長率三%、実質成長率二%」という成長目標を引き上げ、期限を決めて「名目成長率四%、実質成長率二%」を掲げることである。そして具体的には、長期国債や各種のリスク資産の日銀による購入を通じて追加緩和政策を実行することである。

本書全体にいえることだが、単なる目先の問題だけでなく、過去、現在、そして遠い将来をつなぐ経済論理の深み、醍醐味を読者は知ることができると期待する。

二〇一三年一〇月

日本経済は復活するか　目次

第I部　アベノミクスとは何か　29

日本経済は復活するか

第Ⅰ部　アベノミクスとは何か

〈インタビュー〉経済再生は可能か？

浜田宏一
聞き手＝片岡剛士
司会＝藤原良雄

内閣官房参与として安倍内閣の経済政策の助言役を務めるイェール大学名誉教授、浜田宏一氏。二〇一二年暮れの著書『アメリカは日本経済の復活を知っている』（講談社）の刊行を機に、わが国の経済学界のみならず多くの読者の関心を集める浜田氏に、アベノミクスとは何か、その背景、経済論壇のあり方、そして日本経済再生への力強いメッセージを存分に語っていただいた。

（編集部）

内閣官房参与という仕事

片岡　本日は、お時間をいただきまして、ありがとうございます。時間の許す限り、先生のお話を伺えればと存じます。

まず先生が内閣官房参与に御就任されたことについてです。これは日本の経済政策の中でも画期的なことではないかと思います。どういった経緯でご就任されることになったのでしょうか。内閣官房参与というお仕事について、もちろん非常に重要なお仕事であることは認識していますが、恐らく読者の方々にとってもあまりイメージがわかない部分もあるかと思いますので、そういった点からお話を伺えればと思います。

浜田 まず初めに『アメリカは日本経済の復活を知っている』（講談社）刊行の際には、片岡さんには随分お世話になりました。単に統計を調べて解説し、図表を説明したり、作っていただくことだけではなく、同書の内容が正確か、説明が妥当かについても非常に有益なご教示をいただきました。本当にありがとうございました。

片岡 いえいえ、とんでもありません。

浜田 この本が好評を受けていることに片岡さんの貢献が非常に大きい。

さて、今の質問は僕自身もわからなくて（笑）、参与というのは非常勤の公務員で、時に応じて総理と内閣に助言をすることになっております。ただ、常勤でなくて、四分の三以下の勤務と辞令に書いてあります。ですから一週に四分の三以上行っても、給与は払えないということでしょう。

片岡 なるほど。総理への助言役ということですね。

浜田 そういうことですね。気楽な職ともいえますが、唯一、一般公務員と同じように職務上の秘密を漏らしてはならないという制限がついています。ですから、例えば日本銀行総裁の候補者が決まる時期には、メディアからの問い合わせに答えるのを最小限度に抑えるということはありました。

経済政策はどう決まるのか――知識と利害関係

浜田 私自身は、経済政策を策定、遂行するにあたって何が決定要因なのかに学問的関心があります。普通は政治的・経済的な利害関係が主に影響していると考えるわけですが、どうも認識不足や理解不足のゆえに誤った政策が行われることもあるのではないか。それで、経済政策の誤りは無知のせいなのか、あるいは政策当局者が利害の誘惑に弱いせいなのかという問題意識で、世界や日本国内の著名な学者や、またこのような問題意識に答えてくれる政策当局者の方に、いろいろインタビューで伺ってきたんです。

しかし結論は、なかなかわからない。知識といっても、抽象的に科学的知識となっているものだけでない。社会科学の場合は、客観的に見えてもかなりイデオロギーや利害関係に影響されている知識もある。また、日本銀行のような組織は、自分の好まない学説があまり流布しないようにいろいろ方策を弄してきた。

日本銀行の批判を書いているリチャード・ヴェルナーさんに今日、初めて会いました。彼が博士論文をオクスフォードで書こうとしていたら――彼が相当日本銀行の批判をした後のことだと思いますが――、日本銀行から彼の学問を邪魔するような働きかけが、どうもオクスフォードに対してあったのではないか疑われると言っていました。

あるいはニューヨークのジャパン・ソサエティの理事長さんが若田部昌澄さん（早稲田大学教授）、勝間和代さん（評論家）と私の共著（『伝説の教授に学べ！ 本当の経済学がわかる本』）をご覧になって、私の講演会を開いてくださったのですが、財務省のニューヨーク駐在は何も言わなかったが、日本銀行の駐在からは大分抵抗があったということです。

ただ、本題に戻りますと、今回、安倍晋三総裁は、すでに自民党総裁に就任する以前の段階から金融政策の重要性やリフレーション政策の意味を良く理解していただいて、選挙の争点にしてくださった。そうなると、私から金融政策が重要なんだとわざわざ政策当局者、政治家、マスコミに売り込む必要がなくなった。恐らく岩田規久男さん（日本銀行副総裁）などは、長い間にわたって一生懸命説得しようとしても誰も聞いてくれないという状態を耐えてきたのではないかと思います。今まで随分苦労されたんじゃないかと思います。それが向こうから興味を持って話を聞いてくれるようになった。

そう考えると、政治的利害か知識・理解かというのも簡単ではなくて、政治家やリーダーが争点をはっきり示すことによって、正しい知識が容易に伝わるようになるという面があります。

もちろん、その安倍総理にしても、ある段階では、岩田規久男さんなのか、中原伸之さん（元日銀審議委員）、あるいは山本幸三さん（自民党衆議院議員）、高橋洋一さん（嘉悦大学教授）など誰かわかりませんが、そういう方がアイデアを安倍さんに対して一生懸命説得しようとした時期がやはりあったと思うんです。そう考えると、アイデアが全く無力とも言えません。ただ、学者が自分勝手に、自分たちの知的な力が重要なんだと誇張しすぎるわけには行かない、という感じを持っています。

安倍晋三登場の意味

片岡 専門家の間では、過去二〇年間でなぜこれほどの経済停滞が起こったのかという議論はずっとされていたわけですが、やはりこの局面で安倍総理がリフレ政策のようなところを前面に押し出されてきたというのは、非常に幸運なような気がします。

浜田 そうですね。安倍総裁から電話をいただいたのは、『アメリカは日本経済の復活を知っている』も、ちょうど最終校正をしているところでした。たしかに「美しい国」の話はたまたま原稿にあったのですが、特に安倍政策の応援団になるつもりで著書を書いていたわけではありませんでした。原稿の段階では、安倍さんが首相はもとより総裁になることすら知らなかったわけですから。ただ、タイミングがうまい時期に一致したということで、大変幸運だと思っています。

片岡 原田泰さん（早稲田大学教授）が指摘されていました。日本経済がこれほど発展したのは、終戦直後主流だった知識人による社会主義と反米思想という誤った議論を抑えて、政治が自由市場体制と日米同盟を選択したことによると。重要な点は、専門家の議論を駆逐するような形で政治が決断を行ったことで、今回の安倍政権の金融政策も同じであると。

浜田 そう思います。少なくとも既成ジャーナリズムに出ていた論文とか論説の多くは、金融については日本銀行の主張をなぞるようなことばかり言っていた。片岡さんと一緒に『週刊エコノミスト』に書いた、為替レート、円高・円安に関する論説（「日銀は「正しい歌」を思い出したのか――不胎化介入は自国窮乏化を招く」二〇一〇年一〇月一二日号）なども、それ自身は我々の「正しい」（と我々が思う）意見を反映していますが、雑誌全体を見ると驚きで、「円高が克服できない国民はだめだ」という論文のほうが圧倒的に多かった。

片岡 特集の中で先生と私の論文だけが浮いていたような（笑）。

浜田 読者にも「浮いている」と言った人がいるみたいですね。

片岡 メディアに対して違和感を覚えるのは、専門家の意見を掲載するときに、記者の意図と専門家の見解とがきちんと切り分けられていないことです。記者には「自分がこうしたい」という意図を持った上で専門家に語らせるというケースがままありますが、これは実のところ専門家を尊重してはいないんですよね。自分が言いたいことを専門家が言えば使う。これはやはり公平ではない。

浜田 それに抵抗するのに、またエネルギーがかかるんですよね。あれやこれやとやってきますから。なんとか活字にしてもらおうとしても最終版で変わったりするようなこともあって。

片岡 先生が『アメリカは日本経済の復活を知っている』の中で書かれていますが、『日本経済新聞』などでも、専門家が一番訴えたいところをあえて削ったりします。

浜田 ある記者から、「日銀総裁の関係で大きな特集を組みます」言われて、二時間ぐらいばっちりコメントを録られたのですが、実際に掲載されたのは、そのとき一生懸命しゃべった内容ではなくて、コメント程度になっている。でも後でその記者から電話があって、「浜田さんは、例えば黒田（東彦）さんがいいとあのとき言っていたけれども、それを書くと誰かに迷惑がかかるかもしれないので踏み切れなかった。ところが、他紙がそれをスクープに近い形で報じてしまって、自分の立場がない。助けてください」と（笑）。だけどそこまでは僕の責任ではない。そのときちゃんとやっておいてくれれば良かったわけです。非常に豪気な記者もいますが、このように繊細で屈折した記者もいるので、面白いといえば面白いですが。

メディアと学界

片岡　メディアも本来は中立であるはずですが、たとえば日本銀行という組織に取り込まれるようなことが起こります。その原因は、メディアの無知によるのか、（ジョージ・）スティグラー的な合理性の結果とみれば良いのか、どうなのでしょうか。

浜田　スティグラーは、たとえば経産省の原子力委員会・保安院が財力のある東京電力の言いなりにされてしまうのを「規制捕囚」といいました。当事者や国民が誤った概念に取り込まれてしまうのを、（ジョゼフ・E・）スティグリッツは「認識捕囚」と言っています。本来ならメディアが批判すべき相手でも、取材によって情報を入手するために、あるいはその他の理由で相手の言うなりの情報を提供してしまう、これを「認識捕囚」と呼ぶのです。

それから学者の方にも、学問の知恵に関するコミットメントが少ないんじゃないかと思います。我々にはわからないことが沢山あるわけですが、間違いのない知識も幾つかあるわけです。学者の知的誠実さとして、譲れないところがある。政策の細かい議論でどちらの手段がいいかということであれば、いろいろ意見があっていいんだと思いますが、「貨幣と物価は無関係だ」というのは許されない。学問に対して真剣でないところが学者の方にもあって、記者に「こう書いてください」と言われると、何となく書いてしまうのではないか。

片岡 先生はアメリカの経済学者の動向もよく御存じだと思いますが、それは日本人の経済学者に特有の話なのでしょうか。

浜田 アメリカでも、例えば金融政策が景気回復に十分に効くか、特に効かせるべきかについては意見が分かれる。共和党系の人は、物価に効かせたところで思ったような雇用創出効果がないのでよしたほうがよいという（日本と違って、いずれは物価に効くだろうとみんな思っている点ではまともですが）。フェルドスタイン教授（ハーバード大学）も『日本経済新聞』上で、今までは効いたかも知れないが、これ以上わざわざやることはないという。ジャネット・イエレンなどは、失業があって、過剰設備があって、金融政策が短期には効くとわかっているんだから、どうしてそれを共和党の人は嫌がるんだろうかなんて、二、三日前に会ったとき言っていましたが。

そういうイデオロギーの問題はあります。意見が分かれることに対して、比較的向こうの人は気にしませんね。だから向こうの「クロスファイア」とかいうようなテレビ番組では、三〇分間悪口雑言言いっぱなしというか、めちゃくちゃな議論をする。そうなると、勝負をつけるのは、いかに相手がしゃべっているときに介入できるかの能力に依存する（笑）。社交的には、人がしゃべり終わらないうちに口を挟むのは大変失礼なことだと、僕は家内にいつも注意されていますが、そういう番組では、いかに相手がしゃべっている間から自分が話しだせるかの勝負になる。

意見が違っていても、次にパーティなどで会ったときは、それなりにまた友情関係も生ずる。議論は議論であり、人間的な感情とはなるべく離して考えるという土壌がアメリカの方がある。

「三本の矢」をどう考えるか

片岡　安倍首相のいわゆる「アベノミクス」についての現状評価を伺えればと思います。株は上がり、円安が進んでいます。金融政策については「二％の物価安定目標」が設定されました。経済財政諮問会議で日銀のデフレファイターぶりをチェックするという話が出てきていますし、日銀総裁・副総裁人事については、黒田東彦総裁、岩田規久男・中曽宏副総裁という新体制で出発しました。四月四日の政策決定会合では、「量的・質的金融緩和」が決まり、日銀が供給できるお金の量であるマネタリーベースを二年間で二倍に、さらに日銀が買い入れる長期国債の年限を長期化するという大胆な金融緩和策が決まりました。二％の物価安定目標が実現し、安定的に持続するまで行うという明確なコミットメントを含んでいます。

アベノミクスには金融政策、財政政策、構造改革という「三本の矢」があるわけですが、どれを重視するかという点も含めて、先生のお考えを教えていただけますか。

浜田 一本目の矢、つまり金融政策が、今までの白川総裁の下での日銀の政策と違うのは、コミットメントが信頼のおけるものになった点です。白川さんの話では、言われたからやることはやるが、実は効かないんです、という留保がついていた。それから、「無制限の金融緩和を二〇一四年から」と言うのも、全くわかりませんでした。金融政策はその日のうちにでもできることですからね。

片岡 二〇一四年以降毎月、三兆円ずつ長期国債を買って金融緩和を行うと。なぜ二〇一四年なのかというところですよね。

浜田 そこのところは、（バリー・）アイケングリーン（UCバークレー教授）が指摘していると聞きました。

片岡 はい。『日本経済新聞』のインタビューで、アイケングリーンは「ジョークかと思った」と言っています。つまり「二〇一四年から」というのは「二〇一三年から」のミスプリではないかと思ったとのことです。

浜田 決定会合等ではまだ何も新しい政策が打たれないうちから、市場の雰囲気は大変わりです。安倍政権になるだろうと選挙の前から株が上がり出したことは、期待の重要性をよく示していると思います。

「デフレ」と「円高」が、日本経済の最も重要な症候なので、私としては、それだけでも改善できればいいと、つい言いたくなりますね。もちろんゼロ金利のときには金融政策の金利に対する影響は小さくなりますし、外貨に対する影響も金利のチャンネルが失われるから、あるにはあるが穏やかになる。それで財政政策で後押しをしてやる必要があるということを強調する人がいる。リチャード・クーはもちろんのこと、(グレゴリー・)マンキューとか(ポール・)クルーグマンでさえ、財政が必要といっている。それもいいでしょうが、少なくとも財政政策が効くためには、金融が絶えずフル回転をしていなくちゃいけない。ヨットでも、追い風がうまく吹いてくるときは全ての帆で風を受けながら進みます。金融政策が観音開きで全開で運営されているときには、財政政策も効くのです。

第一の矢は、日本経済の成長の限界、経済の成長能力の天井を高めようとすることで、どの国でも重要なことです。第三の矢が働く前提も、第一の金融緩和が良く働くことです。過剰設備が続いているところでは、経済の成長能力を増やす投資がほとんど生まれないのは当然のことです。第一の矢をちゃんとやることが、第三番の矢が有効な前提です。外国人からも、第三の矢を忘れていいのか、という反応があります。日本経済にはまだ構造的に直すべき面があり、政府の規制もいかにも不能率である。農業の面はＴＰＰも関係しますが、生産性の低い部分を温存している。それから「ビッグバン」と言われましたが、まだ資本取引などでは日本が本当に開国しているとは言えない。私も海外から金融取引をするときにつまらない規制が見え隠れするのを感じます。

第一の矢は、完全雇用というか潜在成長経路に近づくまでの話で、それが今まで欠けていたから、第一の矢は重要だけれど、そこが天井に届いたら、貨幣政策で金を刷っても生産能力が出てくるわけではない。その後は、やはり規制緩和、輸入自由化等の成長政策が必要だと思います。

ただ、日本の場合、「成長政策」というと、経産省が特定の産業を後押しするといった古い産業政策を考え、政府の権益の強くなるのを夢見る人があって、それでは困ると私も思います。第三の矢は民間活力を十分に活用するような形で行われなければいけない。

そういう意味で、小泉、竹中の構造改革の理念は今でも生きている、というか今でも生かさなくてはならない。今、構造改革路線がいまひとつ国民の人気がないのは、能率化が先に立って、競争によって社会の網から漏れる人々のセーフティネットに、まったくリップサービスすらなく、無視されたことによるのかもしれません。しかしいつの時代にも、能率化、特に競争にさらされていない政府の能率化、規制緩和は必要です。

インフレ目標の数値は

片岡 二月中旬にピーターソン国際経済研究所で、先生も登壇されてアダム・ポーゼン所長らとのシンポジウムが開催されました。アベノミクスに関する米国の反応は、第一の矢は当然やるべきで、それに加えて成長政策をかなりやった方がいいという見方なのでしょうか。

浜田 そうですね。私は、日本は旧来の産業政策みたいなやり方も含めて、成長戦略の効果が誇張され過ぎているので、その前にまず第一の矢をちゃんとやり遂げることが重要で、少なくとも潜在成長経路までは持っていってほしいと思います。片岡さんは、現在のデフレギャップは何%ぐらいで見ていますか。

片岡　内閣府の試算によれば、今はデフレギャップ（実質ＧＤＰと潜在ＧＤＰとの乖離度合い）が三％程度ありますから、そこを埋めるだけでも実質成長で当面三％は優に可能だと思います。

浜田　それはゼロであるのが目標ですか。それとも多少、実質ＧＤＰが潜在ＧＤＰを超えるイメージですか。

片岡　過去の統計でＧＤＰギャップと消費者物価でみた場合のインフレ率の関係を見ると、例えば二％ぐらいのインフレ率を目標とするのであれば、インフレギャップとしてプラス二％ぐらいにならないと二％のインフレ率は生じていないようですね。

浜田　日銀の布陣もいいし、「リフレ派」の中でもそれぞれ多少のニュアンスの違いを述べても良くなったと思います。前は「リフレ派」があまりにも少数だったから、自分たちの細かな差を言ってもしょうがなかった。今はより自由に言えるので言わせてもらいます。いつしかインフレ目標がなぜ必要かということの意味が逆転してしまっていて、我々とすれば需給ギャップがゼロか、少しポジティブになるところまで行けば国民経済で資源の不完全利用がないという目標が達せられるのであって、そのときに物価が上がらなくても構わない。

むかしは、あまりにも保守的な、というか守旧的な中央銀行のせいで、完全雇用が達成されないことが長く続いたから、日銀をインフレ目標で縛らなくてはならないのでインフレ目標が必要になった。それはインフレを起こすためではなくて、失業を減らし需給ギャップをゼロにすることが本来の目的なんです。その点で、経済政策の本来の目標は、インフレ率そのものよりも完全雇用と設備の完全稼働が重要なんだということを認識する必要があります。

片岡 本質的な問題は、日銀が定める目標インフレ率と人々が考える予想インフレ率をどのような形で安定化させるかということだと思うんですね。ですから二％という目標を定めて、人々が考える予想インフレ率を二％に近づけていくことが必要です。恐らく消費者物価指数で二％のインフレ率は、GDPデフレーターでみると一％台のインフレ率と等しくなると思います。

浜田 まあ、非常にインフレが嫌いな人は、一％の需給ギャップで一％ぐらいのインフレ率でもいいだろうということなんでしょうが、需給ギャップとインフレギャップとの関係は、片方を半分に減らしたら生産も半分に減るというリニア（線形）なものではないから、難しいところですね。

そういう面では、岩田規久男さんが日銀に入ることで、前のような日本銀行の企画局の支配を排することにつながると思います。わかりませんが。

片岡 そこはすごく期待したい部分ですね。

財政政策への評価

片岡 先生は、金融政策をメインとして、どうしようもなくなったら補助的に財政政策で起爆剤をつくるとおっしゃっていますね。

浜田　財政政策については、東北の被災地の復旧とかトンネルの維持とか、ちゃんとやらなければいけないことはたくさんあります。「国土強靭化」とまでは呼ばれないかもしれないけれども、火急に必要な財政政策でインフラを調整していくことは必要です。質的に必要な財政支出については、批判することはないと思うんですね。ただ、有効需要をつけるために景気を財政で鞭打つというのは、変動制下では有効な政策ではない。

片岡　まさに過去二〇年間の日本のたどった道を、もう一度そのまま繰り返すのか、と。

浜田　そうですね。日本経済が一番よかったときは、逆だったんですよね。どっちかといえばイージーマネーで、民間投資はよく促進されて、むしろ財政は健全化していた。それが逆転してしまった。というか、経済成長力がなくなったから逆転したのかもしれませんが。

片岡　最近、高度経済成長の頃をずっと調べているのですが、先生がおっしゃるように、例えば池田勇人内閣が所得倍増計画をやっていた時代は均衡財政ですよね。金融政策も、当時の日銀総裁の山際（正道）さんがかなり弾力的に運営をしていて、政治の力というよりは民間の自立的な形で、成長経路に乗るような自由な経済活動が起こっていたという側面があると思います。

浜田　それからあのころは諸外国との間に技術のギャップがあったので、それを追っているうちに効率化がどんどん進んでいった。

片岡　急速に生産性が上がって、それにお金がキャッチアップするような状況だったと思います。ですから、今後そういうような格好になっていくといいなとは思いますが。

「通貨安戦争」という虚妄

浜田　一言だけ言っておきたいのは、いわゆる「通貨安戦争」の話です。私からすれば、通貨安競争は、変動相場制の世界ではむしろあるべきものなのであって、それが世界経済を望ましい方向に向けていく有効な手段です。何も心配する必要はありません。これはアイケングリーンその他の人が歴史、理論を通じて言っていることです。それがむしろ世界のためになることは、岡田靖さん（故人、内閣府経済社会総合研究所主任研究官）と私も示してきたことです。

これは岩田一政さんと黒田さんとに微妙な違いがあったようですが、外債を買うとか買わないとかということは、それほど大きな問題ではない。内国債をよりたくさん買えば、資本移動が自由であれば、一対一ではなくとも、外債を買ったのと同じような効果はあるのですから。

しかし外債を買うというと、外国の資産に手をつけるので「通貨安戦争だ」という議論になってしまう。

片岡　外債購入の議論については、黒田さんが積極的かどうかは別にして、外債購入が金融政策のオプションに入るかどうかは政治の責任でしかないと思います。具体的に言えば、金融政策の手段として外債購入が可能となるように日銀法を改正しない限りは多分オプションには入らないから、あまり心配は要らないのかな、と。

浜田 それから内国債であっても、例えば二倍ぐらい買えば外国債を買ったのと同じになる。だから、内国債か外国債かということはそんなに重要な問題ではないでしょう。

僕が外国人特派員協会でしゃべったときに「リーマン危機以前と実効実質為替レートで比較すれば、一一〇円は低過ぎで、一〇〇円ぐらいまでがいいだろう」と言ったんです。それは競争力の観点からは間違いではないのですが、米国財務省の人から「そういうことを言ったらだめなんだよ、君」と叱られました。自分がレートに影響を与えられる財務省にとっては、為替の数字を述べるのはタブーなのです。為替レートを当てにして金融政策を行うというと、これは通貨安競争となる。そういう意味で、財務省の人には為替レートに言及することすら倫理違反になる。自分の動かせることで為替ギャンブルもできてしまうからです（同様に日銀マンも金利のことは話せない）。〝経済学者浜田宏一〟の言えることでも、ほんのわずかにせよ政策と関与する〝参与浜田宏一〟はしゃべってはいけないというのがアメリカの財務省の人の注意点です。

たしかに、通貨安競争で、アメリカが九〇円と言って日本が一〇〇円と言ったら本当に戦争になるわけですが、国民経済の状態のインフレ率や雇用をメルクマールとして、各国がマーケットを通して通貨政策を行うことは通貨安戦争とはならない。むしろ各国の政策目標を助けるのに役立つ。

ほかの点では時々面白いことを言われる麻生副首相も、また甘利経済大臣も、日本がリーマン危機のあと他の国に何も文句を言わなかったのだから、そしてその帰結を（これには無知が関係していますが）甘受したのだから、今「まともな政策に戻ろうとしたときに外国に文句を言われる必要はない」といわれるのはまったくもっともです。

日銀人事への期待と評価

片岡　それから日銀総裁、副総裁が決まりました。総裁が黒田東彦さん、副総裁が岩田規久男さんと、日銀出身の中曽宏さん、ということですが、これは合格点と考えてよろしいでしょうか。

浜田　合格とは言っていいと思います。世間では、黒田さんは「国際金融マフィア」と言われているようですが「マフィア」は差別用語に近いので私は使いたくない（笑）。いずれにせよ、私が黒田さんを薦めた理由は組織管理能力や通貨外交がすぐれているからではありません。黒田さんが『財政金融政策の成功と失敗』（日本評論社）にあるように日本経済の現状について、世界に通用する経済学のロジックを用いてすぐれた論文を書いていたからです。一般向けの論文ですので、精緻な分析用具は用いていないにせよ、プロの経済学者が日銀流学説で目が曇っていたか、アメリカで流行の実物景気循環論で取り扱わないような、しかし日本の国民生活に直結した問題について、学者はだしの論文を書いている。円高は、資産市場の問題で突如日本経済を襲う。それで競争力のなくなった産業分野は輸出価格を下げ、コストを節約して、苦しみながら日本中にデフレが広まっているという論文もあります。すっきりした金融メカニズムと金融政策の見方を持っておられるのがすばらしい。

もちろん、ほかに候補者といわれた岩田一政さんや伊藤隆敏さんも、十分な政策体験の持ち主で、あるいは世界舞台で通用する学者なので、振り返ると今回の総裁候補には十分立派な候補者がいたといえるでしょう。

そういった学説的な問題よりも、直観的に、どの人に人間として信頼して重任を委ねるかという首相の判断が、最終的な決定に至ったと推測します。

片岡 総裁、副総裁に「リフレ派」の方がなる一方で、日銀の組織には今のところまるで変革がないわけですね。もちろん総裁・副総裁が変われば、事務方のスタンスも多少は変わると思いますが、政策委員の他の方々は従来どおりですし。ですから、まずデフレ脱却に積極的な考えを持っている方が総裁・副総裁にならないと始まらないとは思います。ただ、その先には、日銀法改正のような、システム自体を変える話も別途必要です。

浜田 そうですね。ただ、日本銀行の総裁・副総裁になったときに、自分の組織の権限を減らすように法律を変えるインセンティブはないでしょうね。

片岡 日銀側にはないと思います。

浜田 ただ、審議委員でも木内登英さんと佐藤健裕さんという民間出身者の投票行動がある意味で不可思議にも見えます。数回前の政策決定会合では白川さんの日銀理論のような考え方には反対を示していた。ところが、先日の一月の会合では逆になっている。一つの見方として、日銀の主流の人に説得されたのかもしれない。ただ、ある人の説だと、逆に手段の方を全然用意しないで目標だけ二%などというのはけしからん、手段をもう少しちゃんと詰めなければ賛成できないという意味でノーを示したという説もあり、それならわかるわけです。

新しい総裁・副総裁の体制では、中曽さんは日本銀行の伝統を尊重するかもしれませんが、黒田さん、岩田さんが説得力のある議論をされると思うので、協力されるでしょう。他の審議委員で白川総裁に賛成していた人が、黒田さん、岩田さんに対抗して前と同じような投票行動をするとは思いたくない。ですから、この総裁、副総裁の選択はよかったと思います。

日銀法改正の必要性

片岡 先生は以前、日銀法改正は必要だというお話をされていましたが、今回の人事の結果に加えて日銀法改正はやはり進める必要があるとお考えでしょうか。

浜田 将来首相が誰になるか、日銀総裁が誰になるかは、誰にもわからないので、日銀法が今のままだと過去一五年間のようなことがもう一度起こる可能性もあります。たしかに、一九九七年以前は日本は旧日銀法ですごく長い間やってきました。お金を刷って財政をファイナンスしようとすればできるような旧日銀法の下でも、インフレになったのは戦時下と第一次石油ショックのときだけだったわけですから、政策に携わる人が良ければ、それでいいのかもしれません。でも法的な安定性や予測可能性を考えると、たとえば国民はデフレに苦しんでもよいというように目標まで日本銀行が決められて、しかもそれに対して国民のチェックが全く効かないようなシステムは、すごくバランスを欠いています。民主政治のチェックが日銀にだけ効いていない。

ただ、旧日銀法の逆の方に振れすぎてしまうのも心配ではあります。どこの政府でも、自分の使うお金を印刷局から調達できるのはこんな安易なことはありません。高橋是清が暗殺されてからの日本のような世界になる。しかし、速水・白川レジームの再来も困る。両極端に行かないようにどう法的に担保するかが、これからの日銀法改正の問題だと思います。あまりにもデフレが長かったので、何となく日本銀行に何も権限を与えない方がいいかのようにも見えるけれど、一〇〇年単位で考えたら逆向きの危険も考える必要がある。

賃金は上がるか

浜田 それからリフレーション政策について一言言っておきたいのは、今ジャーナリスト等が言っていることで、リフレ政策によって物価が上がって為替レートが下がるから、雇用されている人たちの実質賃金が下がる、これでは日本の有効需要は喚起できない、という議論がありますが、僕は必ずしも賛成できない。

なぜデフレでは困るのか。本当に価格が伸縮的な経済であれば、実物景気循環論が言うようにデフレになっても構わないわけですが、やはり賃金や物価は硬直的だから、デフレになると実質賃金が上がってしまいます。サプライサイドで見れば、つまり企業の立場から見れば、実質賃金あるいはコストが上がってしまうので、これ以上雇えない、生産できないということになる。そこに問題がある。一～二％程度のインフレが起こって実質賃金が目減りすれば、企業が稼働時間を増やし、パートを増やし、若年労働者その他をもっと雇えるようになる。新たな雇用が増えて国民のパイが増えれば、いずれそれが国民全体に回ってきますから、今度は総需要増加の効果もあって国民全体のパイが増えて、またそれが需要を生むような好循環になる。それを利用しないといけない。

物価が上がって輸入価格が上がるから、その分だけ賃上げしようということになると、それができる会社はいいですが、円高の結果苦境にあるような企業は困ってしまう。アベノミクスを働かなくするような結果を招くと思います。現在雇われている労働者は多少の割を食うけれども、それですぐ失業者のように生活が困るわけではないのだから、国全体として考えれば、困っている企業はすぐに賃上げでよい。

マクロ経済学入門の教科書版総需要‐総供給（AD‐AS）分析を用いると、金融政策が有効になるには、ADが動くことによってASの垂直でない右上がりのところを右上に上がっていかなくちゃいけない。垂直でないところがあるためには、まさに賃金がある程度硬直的で、実質賃金が下がらなくてはならない。そういう意味で、僕自身はサプライサイドの方を考えています。ただ、サプライサイドは所与でいつも垂直に考えてしまうのが実物景気循環論の人で、それは間違いです。

トニー・アトキンソンという、財政政策でスティグリッツとともに標準的な教科書を書いている人にインタビューしたときに、「金融政策はやらなくてもいい」と。所得政策で賃金を抑えつければ、金融政策と同じ効果があるというのですね。彼は金融論の専門じゃないけれど、私の意見に賛成してくれて、ケインズ型というかカルダー型というのか、労働者にたくさん配ればそれだけ消費が上がるという議論よりも、実質賃金が少し安くなることで企業がもっと人を雇って、それでパイが大きくなって経済の循環を増やしていくという議論が現実的だと考える。

もちろん、経団連等に対する首相のアピールを、儲かって余力のあるところはどしどし賃上げしてくれという意味に取ればまったく正しい。儲かった企業は失業を増やさないし、総需要に対するプラスの効果がある。

また潜在成長率自体もデフレで上がるとは思えない。過剰施設があるときに投資需要が出てくるわけはない。今のように潜在的GDPギャップがある状況では、若い人の労働意欲も労働生産性も上がりませんよね。ヒューマンキャピタルが向上するためには、やはり完全雇用に近い状況で操業しなければならない。そのためには、少し実質賃金が安くなるのも一時は我慢すべきではないでしょうか。

もっと積極的に言えば、賃金が一定であるような人は、デフレの下で今までいいことをしてきたんだから（輸入業者がいいことをしてきたのと同じです）、ある程度は自分たちの利益を還元してもフェアなんじゃないかという感じがいたします。

これについては議論がなくて、むしろ経団連は賃金を抑えたいという政治的な観点から議論されていますけど。やっぱりマクロ経済のメカニズムの観点から慎重に議論すべき問題だと思います。

リフレを通じた緩やかなワークシェアを

片岡　物は言いようという部分もあるのかなと思います。よく「景気対策はしたのに弱者に冷たいじゃないか」と言われますが、今先生がおっしゃったように、失業されている方が職を得るとか、非正規雇用の方が正規雇用になるということには、広い意味での所得再分配的な効果があります。全く働いていない方が職を得れば、当然国民全体の国民所得が上がる。統計を見ると、国民所得が増えるとその全額を雇用者がとることはできませんが、企業所得が大体七割ぐらいとって、残り三割を雇用者がとります。これも実際に事業をやって、事業者としてのリスクをとっているのは企業家ですから、うまく利益が出たら、当初は企業側がある程度とらないと、自由な経済活動を促進するという話にはならない。そう考えると、経済のメカニズムとしては実は自然な動きなんじゃないかなと思います。

浜田　もちろん企業が賃金が払えるようになって賃上げがおこる（儲かる企業は賃上げでより優秀な人を雇おうとするのが当然です）のには反対しませんが、人為的にリフレ政策をやるんだから賃金も増やせという議論は間違いです。ですから、リフレ政策は緩やかなインフレを通じて一種のワークシェアを実現していくというプロセスと考えるべきでしょう。みんなが少しずつ賃金を安くするかわりに、失業を減少させていく。

失業率も、岩田規久男さんのように、雇用調整助成金をもらっている人を考えると決して四・五％ではなくて実態は一二〜一三％だという意見もありますから、そういう人たちが雇用されて生活できるようにするだけでなく、若年労働者が職に就いてヒューマンキャピタルを蓄積できるような状態に戻すことが不可欠です。

デフレ下での賃金の推移

片岡　賃金の話には難しい部分もあって、デフレ期間はやはり実質賃金が下がっているというデータがあります。

浜田　そうですか。

片岡　短期的には名目賃金は硬直的で動かないとも考えられますが、もう少し長期の年次データなどで見ると、実質賃金は緩やかに下がっていて、むしろ企業行動として賃金調整的なことも日本ではやられているのではないかと。

浜田　あるいは、正規雇用者の比率が少しずつ減っていくということによって賃金が減っていくということもありますね。

片岡　あとは、日本の企業の場合では、時間給は維持するがボーナスは減らすとか、あるいは時間外手当を減らすという形で、雇用者の給料の総額が減るという側面があると思います。もちろん正規・非正規格差や、世代間の格差もあります。若い方の平均給与が、年配の方が若かった当時よりも低くなっているとか。そういった要因もあって、なかなか実質賃金低下の要因を識別しづらいところがあります。

浜田 その辺は、労働経済学がきちんと研究すべき問題なんですね。AD－ASだったら実質賃金は上がるはずなのに上がっていない。上がってはいないが需要は十分でなくて、失業は継続している。そういう状態ですかね。

片岡 そういったところがどうなっていくのかを分析する必要はすごくありますね。

交易条件の推移

片岡 円安が進むと輸入価格が上がるため、多くの場合、交易条件（輸出価格／輸入価格）が悪化して「悪いインフレ」につながるという議論があります。安倍さんが首相になる前の一一月から一月までのデータから交易条件の変化を計算すると、交易条件の悪化は大体二％ぐらいです。一方、実質実効為替レートは一〇％以上低下していますから、実質実効為替レートでみた円安効果と交易条件の変化とを両方考慮すると産業全体への影響はプラスなんですね。もちろん産業ごとの違いはあるでしょうが、今のところ、輸入価格が急激に上がり、交易条件が実質実効為替レートの変化を上回って悪化するという現象は起こっていません。

浜田 しかも、本当の古典派的に言えば、交易条件というのはアラブの王様が決めることで、金融政策による為替レートの変動と交易条件の変動は無関係なものと考えてよい。ところが実際にはリンクがある程度あるというデータがある。石油はドル建てで決められるために、交易条件は円安になると悪化する傾向がある。

（ダフィット・）ヒルベルトという数学者が二三の問題を出したので、それを説こうとして高木貞治の「類体論」なども生まれた。原田泰さんと、日本経済についての疑問を問題集にしようと話し合っています。

いま例えば「実質為替レートと交易条件の系列をとって、時系列分析をやってみたら、どのような因果関係があるのか」というのがその一例です。

論壇は変わるか

片岡 今回、内閣官房参与というお立場で、失敗しない経済政策の実践のために、日本の経済学者やエコノミスト、マスコミ、政治家、あるいは国民の方々に伝えたいことがあればお願いします。

浜田 まずは、世界にまともに通用する、要するに論理的につじつまの合った経済学を理解して欲しいと思います。それは我々が生きている貨幣経済の、貨幣の現実の役割を捉えているモデルでなければなりません。なぜならば、物価とか何とかが常に比例的に動くような世界に生きているわけではありませんから。そういう経済学をみんなが理解してほしいと思うんです。

私の親しい人はデフレには反対な人が多いのですが、吉川（洋）さんの本など読んでみると、何かリフレ派はこういう点が違うんだと正面から切るんじゃなくて、この辺がおかしい、あの辺がおかしいという感じですよね。福田慎一さんが「日経論壇」に書いた、リフレ派には様々な問題があるといろいろな人が言っている、という論説を見ても、言い訳めいていて、細部をついているような感じがします。

そういう状況が、今度どうなっていくのか。日本は協調社会で、広い意味で「お上」に弱いので、日本銀行が黒田・岩田体制でがちっと決まったら、みんながそれが当然だったかのようになるのかどうか。『日本経済新聞』での書評やいろいろな記事を見ると、ものすごくラグがあるようで、まだ日銀流理論を信じ込んでいるような記者がいますし、編集委員の意見も、何とか「リフレ派」に最後の——といったら叱られますか——抵抗をしようとしているように思えます。それがどうなっていくか。

我々リフレ派も「それ見たことか」と言っていてもだめで、正しいことがわかったならそこでの細部を詰めて、それに従った政策なり対処法を日本経済に対してポジティブに提言できるようになればいいと思います。比較的年配の学者は、ケインズの時代もあるからわかってくれるところがありますが、若い人や中堅どころで、経済学を勉強し始めてからずっと、貨幣は中立的であると習ってきた人たちは、貨幣は効かないという虚構の経済学に洗脳されてしまった人が多い。

片岡　『朝日新聞』（二月二七日付）で、齊藤誠さん（一橋大学経済学研究科教授）が、アベノミクスについてインタビューに答えています。齊藤さんがおっしゃるには、経済学で確信を持てるのは長期の問題だけであり、短期的な政策については確信を持って述べることはできない、と。

浜田　いや、それではケインズの言うようにわれわれが死んでからの世界しか理解できない。金融政策がどういう時効き、またどういう時効かないかという中期の問題について、経済学は探究しなければならない。貨幣が中立的でないような世界を勉強しようということが、今ＮＢＥＲ（全米経済研究所）の研究アジェンダとなっています。

アベノミクスの手応え

――経済と政治とは不可分で、今回、安倍さんが金融緩和でデフレから脱却するんだという政策を掲げて選挙に出て勝ったというだけで、私のやっているような小さな事業でも、動きが変わってきたというか、今年になって、ある光が見えてきたという感じがします。

浜田　今の言葉、ちゃんと起こしてください（笑）。先ほど齊藤さんの議論に応えて言うと、短期的なことであっても基本的にわかることも少しはあるわけです。金融政策が有効だということは、いくら齊藤さんたちが否定しても事実がそれを示しています。「プディングがおいしいかどうかは味わってみないとわからない」。アベノミクスの実験をしてみてそれがわかった。安倍首相が議論の土俵を転換してくれたわけです。実際に効いているということに、特に経済学者自身が驚いているという感じですね。実質景気循環論ではそういうふうに動くはずがなくて、ニュートラルに動くはずだったのに、と。

片岡　自分の信奉しているモデルでは経路がないのに、現実の経済はそう動いていると。そういう経済学者にとっては、自分が持っている明かりで照らしてみると、その明かりが届く狭い範囲しか見えないけれども、一般の方には全く別の姿が見えている。やはりそういう齟齬が出てきているのではないでしょうか。

浜田 安倍政権に対して支持が集まった背景には、それがある。医学で昔からわかっているまともな治療法を試してみて、それが効きつつあるわけですが、効かないはずだ、どこかで行き詰まるという人が、まだたくさんいて、朝日新聞でも日経新聞でも、尾ひれのようにそれが出てくるわけです。

――『アメリカは日本経済の復活を知っている』の中にもありますが、金融緩和は目標二%とされていますが、やはり四%ぐらいやるという意気込みが大事ではないでしょうか。

浜田 これもぜひ残しておいてください（笑）。やはり期待が一五年間なかったわけですから、期待が転換するまでは二―三年のあいだ四%目標でやって、転換したら二%に下げるということもあり得ると思います。

イノベーションを生みだす力

片岡 先生は『アメリカは日本経済の復活を知っている』の中でも、なぜ日本の若者のエネルギーが減ってしまったのかという点を書かれていますが、若い世代に向けて何か一言お願いします。

浜田 日本の教育は、どちらかというと権威というか既存の学問体系を学ぶことを重視します。これは中国の科挙の時代から続いていることで、その中での秀才が役人になって恩恵を受けるというわけです。だから、正しいとされるものを学ぶことへの志向性が強いですね。「正しいもの」を非常に精緻に勉強する一方で、自分で考えて外国に発信するのはすごく弱いように思います。

日本が技術輸入で経済を回していたときにはそれは有効だったのでしょうが、これからはそれではだめでしょう。自分の意見なり見方を発信して相手に伝えていくことが、どうしても必要になります。私も大学を退官しましたので、そういうことに貢献したいと思っていますが。

僕は勝間和代さんには大変お世話になっていて、仲もいい友人ですが、最近の勝間さんのブログで気になるところがありました。勝間さんは、人間はつい自分の能力を過信し過ぎるので、それでいろいろな摩擦や失敗が起こる。だから自分の能力を正確に把握することが重要なんだ、という主張です。

ところが、学問をやっているときには、最初からこの問題が解けると思ってやるか、だめだろうと思ってやるかでは全然違うんです。自分の能力を、わずかながら過信して取り組まないといけないんですね。そういう自分の知的能力や経営能力に対するオプティミズムが、日本は欠けてきているんじゃないか。自分をあまり制約してしまうと、他人が偉く見えてしょうがない。特に学者などは、他の頭のいい学者とつき合うわけですから、そういうことばかり思っていると、うつ病になったりする。だから、人にはすばらしいところはたくさんあるけれど、自分にも自分でなくてはできないことがあると、自分の適性を真剣に探してトライすることが必要なんじゃないか。

そういう話を勝間さんにしたら、そういえばうつになる人の方が、ならない人よりも自分の客観的な情勢をよく捉えているそうですね、と。だから、自分はだめだと思う人の方が、現実的という意味では正しいのかもしれない。しかし、それだけだと人間は向上しない。

これは、ハーバードの数学者の広中平祐先生が言っておられたことですが、数学の学生には二通りあるというんですね。何か問題を出すと、あまりできもしないのに「俺は解ける」と思う学生と、「解けない」と思う学生がいるんだと。ところが将来数学者として成功するのは、俺は解けると思っている人の方なんだそうです。だからあまり自分に客観的になってはだめで、やはり夢を持って、難しい問題でも自分は能力があって解けるかもしれないと思うようなところで、イノベーションは生まれてくるのだと、僕は勝手に解釈しています。

経済に必要な楽観主義

片岡 金融政策、広く言えば経済政策には、ある種のオプティミズムですとか、個人が自由に経済活動を行うことが可能となる環境をつくる、といった役割がすごく重要ですね。

浜田 そう。経済学者が、自分としてはきちんと仕事をしていて、中期・長期のことについては経済政策の結果はわかるけれども、それ以外のことは全然わからないんだと言うのは、正しいように見えます。しかしケインズを持ち出すまでもなく、我々の生活は短期的な変動にかかっているわけですよね。それを無視するのは、経済学者としてはやはり無責任と言えると思います。

片岡 エコノミストでも、今は悲観的な視点を持つ人の方が多いと思います。ただ、例えば高度成長のときも、一九八〇年代も、底抜けのオプティミズムを持ったエコノミストが何人かいましたね。やはりそういった方々の話を聞くことで、聞いた方も元気になるという面もあったのでしょう。

浜田 金森久雄さん、あと篠原三代平先生も、みんな、そういう明るさを持った人ですよね。

片岡 下村（治）さんもそうですし。「景気は気から」という話もありますし、気持ちに左右される部分も大きいですね。

浜田 過度に悲観的な気分が蔓延していた状況を、すでにアベノミクスは打ち砕いて、経済が再生し始めているといってよいと思います。輸出、生産、雇用なども動き出している。鼓動が見えています。

――今日は元気の出るお話をありがとうございました。

（二〇一三年二月二七日　於・国際文化会館　後日、加筆修正を行った）

〈インタビュー〉安倍内閣の経済政策とは何か

――その全体像――

若田部昌澄
聞き手＝藤原良雄

「大胆な金融政策」「機動的な財政政策」「民間投資を喚起する成長戦略」を「三本の矢」として、長期にわたるデフレからの脱却を目指す安倍政権の経済政策（通称アベノミクス）。このうちの第一の矢（金融政策）を、デフレ脱却に必要不可欠なものとして、長年にわたり提言を続けてきた経済学者の若田部昌澄氏に、本格稼働しつつある〝アベノミクス〟の全体像と、その効果的な実現に向けた課題を語っていただいた。（編集部）

「不安」を払拭する「将来展望」

――二〇年以上にわたってこんな経済状況が続いてきて、「失われた二〇年以上」と言いたくなりますが、こういうことは、歴史上あったんですか。

若田部　いや、ないでしょうね。大恐慌のときは、一番長かったアメリカでも一一年ぐらいで終わっています。一九二九年から始まったと数えても、一九四一年の戦争の前に終わっていますから。それより前では、例えば一九世紀末に大デフレがありました。「よいデフレ」の例と言われるビクトリア均衡というもので、これが二二〜二三年続いています。ただ、これは時代状況がまったく異なり、当時は労働組合などもまだなくて、賃金もどんどん動いた時代ですからね。「大不況（ザ・グレート・デプレッション）」と最初に呼ばれたのはその時代ですが、実質経済成長率はそれなりに高かったので、それは言い過ぎだろうという話もあります。

でも、いずれも金本位制という昔の通貨制度の下の話であって、第二次大戦後では、これまで世界第二位の経済大国だった日本が、ここまでひどい状況になったのは異例ですね。したがって、なぜこんなことが続いたのかというのは率直な反省としてあるべきだとは思います。二〇年も経ってしまうと、もう余力も何もなくなってくる感じだと思いますよね。ですから、もう本当に何とかデフレを終わらせたい、終わらせることはできる、となってきているのは非常にいいことだと思います。

――国民が選んだ政府がやったことではあるわけですが、自民党を下ろして、民主党だったら、と期待をしたにもかかわらず、その期待も裏切られてしまいました。三・一一のみならず、暗い事件が日常的に起こっていて、不安しかない。そうした国民の不安を払拭するのは、まず豊かさというか景気というか、そういうものでしかないですよね。

若田部 そのとおりですね。たとえば出版にかかわることでは、広告費と名目GDPの成長率とはきれいに相関しています。だから、景気がよくならないと、まず広告が出ない。このところ雑誌が薄くなっていましたよね。広告が入らないというのが一番大きいわけですが、『日経ビジネス』でも『週刊東洋経済』でも『ダイヤモンド』でも、薄くなっていた。

ところが、最近気がついたら、昨日の『日本経済新聞』の夕刊など、ちょっと厚くなっているんです。ちょっとだけですが。東洋経済新報社は、『会社四季報』を出していますが、この『四季報』も爆発的に売れていて、品切れが続いている。日経だと『マネー』という雑誌が売れている。『日経』電子版は、紙はともかく、電子版は万単位で売れ始めているという。やはり景気がよくないと、文化的なものにはとても向かわないというのは明らかだと思います。もちろん広告費だけに頼ることではないですが。

ネットでの活動歴が長い田中秀臣さんの持論ですが、一〇年程前であれば、ネットで論争をして、例えば「それは『環』に書いたから読め」とか「こういう本に書いてある」と言えば、ネットの人たちも一応読んだ。それぐらいの余力はあったわけです。しかし一〇年経って何が起きているかというと、批判や議論はしたい人たちでも、その基盤になる本や雑誌はもう読まないんです。

しかし当然ですが、ネットで取れるものは、やはり何千円かするような書籍に比べると、質が劣るとまでは言わなくても、それなりの内容に留まる。そうすると、全体として議論の質が下がっていくということになりますね。

こういう停滞を逆転させなければいけないということで、安倍晋三さんが仕掛けたこの「アベノミクス」がいま非常に当たっている。浜田宏一先生（内閣官房参与、イェール大学名誉教授）の本（『アメリカは日本経済の復活を知っている』講談社）は昨年の一二月一九日に出ていますが、私が聞いたところでは、本当はもう一カ月後に出す予定だったそうです。ところが、ある人のアドバイスを受けて一カ月前に出したら、非常に当たったそうです。
その背景にあるのは何なのか。今の藤原さんの言葉を使えば、「不安」に対して希望とか将来展望を示してくれたということだと思います。浜田さんの本の「日本経済の復活を知っている」というタイトルも、そういう気分にうまく乗ったし、実際、浜田さんが提言していることの一部は、アベノミクスの「第一の矢」として実現しているので、それは非常によいことだと思います。

民主党の経済政策への反省

若田部 あと、民主党が「裏切った」というのもその通りだと思います。私は自民党がいいとは全然思いませんが、民主党の何ががっかりさせたかというと、「国民の生活が第一」と言っていたはずなのに、結局それは二の次、三の次だったことです。典型的には、三・一一の後の「復興増税」の決定など、とんでもない話でした。デフレ脱却をある時期に掲げたのはよかったけれど、最終的にはそれを実現できなかったのも残念です。

―― 民主党政権当時、「リフレ派」の人たちの意見を聞くという姿勢はあったんですか。

若田部 個々の議員にはありましたね。民主党にも馬淵澄夫さん（衆議院議員）とか金子洋一さん（参議院議員）とか、実はリフレーション政策を真剣に理解している人が何人かいるんですよ。ただ、馬淵さんが代表選に出て惨敗したのが象徴的ですけど、やはり力にならなかった。

だけど面白いことに、菅（直人）さんが二〇〇九年一一月ぐらいに、突然「デフレ脱却宣言」をしたことがあるんですよ。

——菅さんが？

若田部　経済財政担当大臣のころですね。それから財務大臣になって、最初は菅さんは「円高はよくない」と言って期待を持たせたんですが、やはり尻すぼみになってしまいました。その間、「デフレ脱却議員連盟」というかたちで議員レベルでは活動をしていたし、私たちもそれに加わって支えはしたんですが、あるところで民主党は先に進まなくなってしまいました。

もう一つ、連合の古賀（伸明）会長が、二〇一〇年ぐらいでしたか、高橋洋一さん（嘉悦大学教授）がインフレ目標の話をしたら、その後に「アメリカはインフレと同時に失業率、雇用を目標にしている。日本でもそれが望ましい」ということを言い始めたんですよ。これが連合の会長の発言だったので、みんなびっくりしたわけです。実は、失業率を目標にするというのは、インフレ目標よりもものすごく強力な目標なんですよ。だから金融緩和をもっとやらなくちゃいけないという可能性がある。それが雇用を心配する側である連合の会長から出てきたのは、非常にいい兆候だったんですが、これも立ち消えになってしまった（高橋洋一『日本経済のウソ』ちくま新書、二〇一〇年、一六二頁）。

あと、民主党の中で言うと、結局は仙谷由人さんが障壁だったようです。個々の議員から盛り上げて、議論を進めていっても、あるところで壁にぶち当たってしまう、と。

左派と親和性のあるリフレ政策

――民主党政権になって、国民の期待が大きかったのに、何もできませんでした。

若田部　本当にそうですよね。例えばイギリスは、サッチャー、メージャーの保守党政権が続いた後に、トニー・ブレアになりましたが、ちょうどブレアが政権を取る前後にイギリスでインフレ目標が正式に導入されます。また、アメリカはいま民主党のオバマ政権ですが、バーナンキが議長を務めるFRB（連邦準備制度理事会）が、二〇一二年一月に正式にインフレ目標をやることになった。ただし、雇用もないがしろにしないと言って、両にらみであるのは変わらないのですが、インフレ目標政策を行うと明言したわけです。

実は、いわゆる右と左という分け方で言うと、リフレ政策は、左派に非常に親和性があるんです。これは松尾匡さん（立命館大学教授）がご自分のホームページで盛んに書いていますが、実は欧州の左翼は金融緩和を強く主張するんです。それは当然で、金融緩和をやらないと、失業率が一定のところまで下がらないんです。「一定のところ」というのは、経済学的には「構造的失業率」とか「自然失業率」というう言い方をするもので、例えば産業構造が転換する際の労働市場のミスマッチなどによって起きるものです。そうでなくて、働きたいのに働けないという人たちの雇用を確保するためには、金融政策がまずは主軸になる。少なくとも、左派で金融を引き締めろと言う人はいないんですよ。ところが残念なことに、日本の左翼勢力と言われる人たちは、これは民主党だけでなく共産党も社民党も、アベノミクスの「第一の矢」である金融緩和には、全面的に否定的ですよね。

だから、これは安倍さんの側に知恵者がいて、「安倍さん、この金融緩和をやれば失業率があるところまで必ず下がります。これは左派の政策ですが、安倍さんがこれをやってしまえば、左派から彼らの力を奪うことになりますよ」と進言したようです。実際、起きているのは、まさにそういうことなんです。

その次に問題になるのは、当然賃上げです。金融緩和は効果が出るまで時間がかかるので、タイムラグがあります。例えば藤原書店さんの場合で言えば、バイト代は出さなきゃいけないし、残業代や一時金は増えるかもしれないけど、やはり本が売れる見込みが出てこないと普通給料は上げられないですよね。他の企業も同じで、作っている物の値段が上がって、売り上げが上がる見込みが出てきたら、初めて定期昇給しましょうかという話になるわけです。

だけど、安倍さんが今回すごく面白いのは、経団連に乗り込んでいって賃上げを要請したことです。これも、本来ならば左派の政策ですよね。だから、左派がきちんと主張すべきところの牙の部分を全部抜かれてしまっているという状況です。

偶然が重なった「リフレ政策」の実現

――安倍さんの金融緩和によるデフレ脱却という宣言があって、今年になってから出版界でも状況が変わってきています。出版というのは、普通はそういう反応が遅いんですけどね。

若田部 そうですか。

――三・一一以後、その年の秋には少し良くなるかと思いましたが、三・一一の一周年以後はまたずっと沈滞ムードでした。それが安倍さんの一言で変わった。だからやはり国民からすれば、ある希望が見えたんじゃないかと思います。景気というのは本当に「気」であって、「気」が前向きになるかどうかなんですね。

若田部 そうですね。いくつかの偶然が重なったのは事実です。まず何と言っても、民主党が最大のへまを打ったのは増税です。例えば、社会保障を充実させるために増税に賛成ですかと聞くと、国民の大部分は「やむを得ない」と答えるんです。ところが、実際に「増税します」というと、これは国民の半分くらいは反対に回るんですよ。ただ、興味深いことに、その割合ががらっと変わった瞬間があって、それが三・一一の後なんです。三・一一の後に、こんなひどい状況ならば増税は難しい、という判断が国民にあったわけですね。

その点で私は、先ほど藤原さんのおっしゃった経済学者の責任は非常に大きいと思います。私なんかは反対しましたが、経済学者の多くは増税に賛成していた。それは大いに問題があると思うし、浜田先生もそれにはすごく怒っていますが、民主党はそういう点で、経済政策でへまをしているんですよね。

つまり、三・一一の後に増税するのは、浜田先生の言葉を借りるなら、「まるで災害という傷を負った子供に重荷を持たせ、将来治ったら軽くするようなもの」（二〇一一年六月二〇日。『日本経済新聞』経済教室でのR・クーパー米ハーバード大学教授と浜田宏一イェール大学名誉教授）だと。

しかも民主党にとって致命的なことは、マニフェストで「やらない」と言った増税をやってしまったということです。それによって、自民党と決定的に違うことが起きてしまった。自民党は不誠実だったかもしれないし、無能だったかもしれないところもある。失われた二〇年間の大部分は、自民党だったわけですから、そのとおりですよね。だけど、うそつきではなかった、となってしまったわけです。実はうそもついたかもしれないのに。民主党は「うそをついた」ということになってしまって、信頼が地に堕ちました。

それから二番目の偶然は、やはり野田さんがあのタイミングで解散だと言ってくれたことですね。もしあのタイミングじゃなかったら、日銀総裁人事なども民主党が決めていた可能性があるわけです。さすがに正月を超えて二月、三月までは引っ張らなかったとは思いますが、民主党時代にほとんど決まっていた日銀人事をひっくり返すことになっていたら、かなり大変だったと思います。

そして、三番目の偶然は、まさに安倍晋三の登場ですね。例えば昨年の今ごろの時点で、彼が自民党の総裁になると思っていた人はいないですよね。

―― そうですね。

若田部 だけど実際にそういうことが起きた。どうしてそうなったのかというと、一つには、安倍さん自身が前回首相を辞めた後の五年間で非常に勉強したんですよね。幾つかストーリーを聞きますが、私の聞いている一つのストーリーは、三・一一の後に「増税によらない復興財源を求める会」という超党派の議員連盟ができるんですよ。その取りまとめ役が山本幸三さん（自民党衆議院議員）で、この人は東京大学で小宮隆太郎のゼミを出て、岩田規久男先生なんかとも非常に親しい。元財務官僚で、昔から日銀に対して金融政策を一生懸命やれと言ってきた人です。実際、自民党の中でそういうことをきちんと言う人は、この人ぐらいしかいなかったんですね。

で、山本さんが安倍さんに対して、この議員連盟の会長をやってくださいと持ちかけて、安倍さんは引き受けます。その会議でどういう人を呼んできたのかというと、岩田規久男先生を呼んできたりしたわけです。

そうすると、これは安倍さん自身が言っていたことですが、最初のうちは、お金を刷れば景気がよくなるなんてことがあるのかと、半信半疑だった、と。しかし、それがやがて確信に変わっていく。その確信に変わっていくところと、彼自身が総裁選に出るのを後押しした人たちとが連結していくわけです。

結局、総裁選で彼が勝つわけですが、総裁選に出るときに側近はほとんど反対したそうです。再チャレンジのタイミングはもっと待て、と。石破も石原もいるのだから、そういう人たちを待てばいいと反対されたのに、彼は総裁選に出た。結果として正しかったのは、石原氏はご自身の発言で自滅してしまい、安倍さんは第一回投票では二位だったんだけど、国会議員票で安倍さんが勝った。なので、本当に偶然といえば偶然です。

そして最後が、本題である景気の「気」の部分と関わるわけですが、彼は総選挙の選挙戦の最初のころに「金融緩和」を掲げたんです。これはすごいことです。それまで誰も言ってこなかったリフレーション政策を「第一の矢」として掲げたわけですから。それに対して民主党は、受け流すこともできたはずなのに、真っ向から批判をしてしまった。それで何が起きたかというと、例えば浜田先生の「野田氏は世界標準の政策がわかっていない」といった話になっていく。

しかも、安倍さんがリフレーション政策のことを発言するたびに、株価が上がって、円が安くなっていく。野田さんが辞任に言及した一一月一四日の国会あたりから、ずっと上がり調子です。これが気を変えました。よく実際の経済政策はまだ何もやってないといいますけど、日銀がまがりなりにもインフレ率二%を目標にすると言うことで、経済ががらっと変わっていく。これがまさにリフレーション派がずっと言ってきた「期待が変わる」ということなんです。

自信を深める安倍首相

――安倍さんは第一次安倍内閣のときの面構えと今の面構えが違います。五年間勉強されたという手応えでしょうか、見ていて自信にあふれていますね。人間というのは、大した中身を考えていなくても、自信をもってやるかやらないかなんですね。

若田部　安倍さん自身、自分が言ったことの手応えで、さらに自信を深めつつあると思います。だから、両方相まっているんだと思いますよね。これがうまくいけば、デフレからの脱却が本当にできると私は思っています。今回はそれぐらいの気迫を持って臨んでいる。

それと、安倍さんはいま非常に手堅くやっていますよね。それはいわゆる左派の人たちが懸念するような部分に実はつながっているんですけども、恐らく安倍さんが本当にやりたいことは、経済のことではないと思います。

彼の著書『美しい国へ』の新版（『新しい国へ』文春新書）が出ていますが、後ろに加えられた「補章」に経済の話がちょっと書かれている他は、旧版の『美しい国へ』のままで、やはり憲法改正といった話題が主なんです。

ただ、彼はいま政治家として成熟して、手堅くやろうとしている。だからここまでのところ、まずは全て合格点でクリアしていますね。

「第一の矢」こそがアベノミクスの肝

若田部　経済政策に戻ると、アベノミクスといわれている三つの政策のうち、安倍さん自身の考え方は「第一の矢」、つまり「大胆な金融政策」だけだと思うんです。二番目の「機動的な財政政策」は、蓋を開けてみると旧来型の公共事業中心の財政政策で、早い話が麻生さんの政策ですよね。三番目の「民間投資を喚起する成長戦略」とされているものは、まだ全容が出ていませんが、いろいろ話を聞いていると昔ながらの産業政策のようです。つまり自民党商工族の甘利さんの政策ですね。ですからトリプルA（安倍、麻生、甘利）がくっついているのが「三本の矢」なんですね。

その中で、安倍さんがコミットしているのは、第一の矢だというのはすぐわかります。彼はこの政策については原稿なしで話せるんです。自分のものになっている証拠で、それが自信につながるわけですが、だからこれをやる限りにおいては、彼はやり抜くだろうと思います。

やり抜くためには、三つぐらいステップがあります。

第一のステップとしては、まず日銀の白川総裁（当時）に対して、インフレ目標二％を要請すること。これに対して白川さんは——私は筋を通すなら辞めるべきだと思いましたが——辞めずに、「やります」と言った。言ったけれども、中身を見るとやはり面従腹背なんです。ただ、面白いことに、面従腹背ではあっても、そういうことを演出すると、期待が上がるんですね。

第二のステップは、日銀総裁・副総裁人事です。これも、一〇〇点満点からは三〇点ぐらい引かれる答案だと思いますが、安倍さんとしてはこれで合格点だと思ったんでしょう。例えば岩田規久男さんを総裁にするとか、あるいはもっとごつく竹中平蔵さん（慶應義塾大学教授）を総裁にするといったことは、やはりできないと安倍さんは思って、そこで少し引いた。それでも、財務省の武藤（敏郎）氏ではだめなので、リフレーション政策にシンパシーのある黒田東彦さんを起用した。日銀出身の中曽宏さんも副総裁に入れていて、それは確かにリスク要因でありますが、それでも満点の答案は書けないから、七〇点の答案でいいとやって、手堅く進めていますね。

そして、実は三番目のステップがあって、そこでどこまでやるかというのが、最大の問題になります。それは、日銀法改正です。そこまで行くかどうかはちょっとわかりませんが。

デフレ脱却を二年以内に、と宣言していますが、その方向性がしっかり見えれば、七月の参院選で圧勝できますよね。そうなったら安倍さんは、そろそろ自分のやりたいことにシフトしていくという感じになるのではないでしょうか。

いま安倍内閣の支持率は七割を超えていて、就任したときよりも上がっているという非常に稀有な状況です。しかも支持政党別の支持率を見ると、今や共産党支持者でさえ四〇・二%が安倍さんを支持している（共同通信社が二〇一三年二月二三、二四日実施した調査による）。経済はまさに「経世済民」なわけであって、国民にとっては経済をちゃんとしてくれないと、後が続かないわけです。そういうものすごい不安があるところで、それを何としても解消するということを打ち出したという点では、安倍さんには大きな功績があると思います。ですからまずはそれをぜひやり抜いてほしいと思います。

賃上げへの道筋

――金融緩和によってデフレ脱却の方向を出したわけですが、国民にとっては、次に賃上げですよね。どういう道筋によって、実際の賃上げに結びつくのでしょうか。

若田部　基本的には、「三本の矢」のなかでも第一の矢が最も大事だということに尽きます。それをやり抜けば、かなりのところまで行けると思いますね。

どういう道筋かというと、基本的には賃金や雇用は、ちょっと遅れて動きが出るんです。先行きが明るくなったことで、すぐに反応するものがいくつかあって、株価や為替が反応してるのはまさにそれです。なぜ株価の反応が早いかというと、単純な話で、株って長く持ちますよね。だから、先行きで上がるという期待が、いま反映されるという性質があるんです。

株価が上がると、企業は資金を調達しやすくなるとともに、株で資産を持っている人の資産が上がって、そこから消費が増えてくる。

それから、為替が円安になったことで、企業の収益が上がってくる。上がってくる企業としては大きく二通りあって、一つは言うまでもなく輸出企業ですが、もう一つ見過ごされているものとしては、日本には輸入競合企業というのもあるんです。代表例としてはタオルメーカーなどですが、そういう企業は、海外から競合品が安く入ってくると苦しいわけです。たまたまテレビの番組で見たのは、日本には質のいいタオルをつくっている企業があるのですが、海外に製品を持っていくと、品質はいいけれど値段が折り合わない。ところが、円安によって商談が成立するようになってきたというんですね。だから、そうした企業の収益がまず改善する。

その次に設備投資が増える。まず機械や工場を買っていくでしょうね。そうすると、さっき言った経路で消費と設備投資が増えてくる。

そこからが雇用とか賃金に関してですが、雇用としては非正規の雇用、賃金に関しては一時金、バイト代、残業代、ボーナスなどがまず反応します。どうしてそれらが先かというと、正規雇用をいきなり増やすのは、企業として簡単に解雇するわけにいかないし、リスクが大きいので、よほど経済状況がよくならないと正社員を増やすところまではいかないわけです。ですから正社員の定期昇給や新規雇用というのは、ちょっと遅れると思います。それが出てくるまでに、半年から一年半ぐらいかかるんじゃないでしょうか。

ただ、つい最近のデータでも、もう既に動いているのは事実です。

例えば賃金に関して言うと、ローソンがちょっと動かしました。一種の一時金みたいなものですが。それから、コンビニのバイト料も少し上がりつつあります。セブン&アイホールディングスがベースアップを始めると宣言しています。

消費に関しては、少し良くなってきていて、何が売れているかというと、美術品、宝飾品、時計、それと一部の外車などです。つまり典型的に資産家が買うようなものが売れている。これは、株が上がることによって消費が増えるという効果（資産効果）が、もう出始めているということです。これが続いていくと、消費が増えて投資が増えるという好循環が起きて、円安によって輸出もある程度増えるということでで、最終的には名目GDPが上がっていく。

物価上昇と正規の賃金上昇とのタイムラグは、三カ月から半年遅れて動くという感じです。一時金の方は、物価の動向とほぼ同じような形で動いていく。そう考えると、半年か一年半ぐらいのところで、アベノミクスの効果は決着がついているでしょうね。

――今年一年という感じでしょうか。

若田部　そうですね。この一年が非常に大事ですね。

非正規雇用は不況への適応？

――雇用のあり方について少し伺いたいと思います。今は契約社員が常識化していて、労働者にとっては非常に不安があると思います。私の世代が就職した四〇年ほど前にはほとんど無かったのではないかと思いますが、これはこの二〇年の不景気の間に定着してしまったのでしょうか。

若田部　まずよく言われることですが、そういう雇用形態が増えたのは一九九五年ぐらいからです。この年に、当時の日本経営者連盟、日経連が、新しい雇用のあり方についての報告書を出すんですよ（『新時代の「日本的経営」――挑戦すべき方向とその具体策』日本経団連出版、一九九五年）。労働問題を扱っている人たちはこれを非常に重視して、「ネオリベ路線の導入」という言い方をしたりします。実際は一九九五年頃になると、それでも今よりもマシではありましたが、バブル崩壊から五年ぐらい経って、従来通り正社員の雇用を維持できる状況ではなくなってきていたと思うんです。だから、ある意味不幸なことではありましたが、そういうバッファーがないと、正社員そのものの雇用をどうするのかという問題にならざるを得なかったのではないでしょうか。ですから、企業としては、現在のような解雇の規制などを前提としたなかでは、契約制を入れるしかなかった。それで正規／非正規の二重構造が作られてしまったのだと考えています。

では、それをどうすればいいのか。もちろんいろいろと議論はできますが、恐らく契約制をいきなり廃止したら、雇用が減るだけだと思います。契約制が減った分、正規が増えるかというと、それで増やせる正規雇用は少ないのではないか。現状では、一年間経ったときに辞めてもらえるからという理由で雇っている場合もある。つまり、長期で雇いたいけれども雇えないからこそ契約制になっているわけです。現状でも、もちろん企業は正規で雇うことはできるわけです。それでもなぜ正規で雇わずに契約を使っているかというと、それは企業が悪で、搾取するためにやっているのではなく、企業の側の事情があるのだと思います。そう考えると、現状でいきなりそういう制度的な変更をしても、あまりいい方向には行かないと思うわけです。

やはりまずは、もっと景気がよくなることなんです。景気が回復すると、先ほど言ったように、まず一時金とか一時雇用とか非正規の部分に、強い上昇圧力がかかるんですよ。それによって、非正規雇用の賃金や待遇を上げないといけないという話になって、ある瞬間に、正規で雇用した方が企業にとって合理的だということになるのではないでしょうか。

ユニクロという企業を例に取ると、日本が少しだけ景気がよかった二〇〇六〜〇七年の頃に、ユニクロがアルバイト社員を全員正社員に切りかえたことがあったんです。どうしてかといえば、有効求人倍率が少し上がって、労働市場が逼迫する兆しがあったんですね。それでユニクロは先手を打って、そういう人たちを抱え込むということをやったわけです。景気回復が続けば、同じようなことが他でも起こり得ると私は思っています。

同一労働同一賃金の原則を

若田部 そのうえで契約制がいいか悪いかを考えると、今度は労働者の側に選択の権利があった方がいいかどうかという問題になってきます。正社員であれば、当然いろいろな拘束もあるわけですが、それに対して契約の場合は、その拘束が少ないとも言える。同一労働同一賃金が市場によって達成されていれば、今度はどちらを選ぶかは本当に労働者の自由になる。そういう実質的な選択の自由が保障されるような社会をつくっていくのが、これからの課題ですね。

それが保障されれば、雇用形態は多様化せざるを得ないのではないでしょうか。同一労働同一賃金を原則として、いまの非正規雇用などで差別待遇されている面を解消した上で、正規か非正規か、契約かそうでないかを決められる社会になるのが理想かなと思います。

デフレの申し子、ユニクロ

若田部 ユニクロの話でちょっと面白いと思ったのは、『週刊東洋経済』に「ユニクロ、疲弊する職場」

という特別リポートが載ったんです（『週刊東洋経済』二〇一三年三月九日号）。ここで何が明らかになったかというと、会社が取材に応じて、三年以内の離職率の数字が出たんです。それが、何と「五割」なんですよ。

——五割？

若田部　ええ、五〇％。労働時間の上限が月二四〇時間というのが鉄の掟で、残業が月八〇時間ということになっていますが、実は日曜日は毎週徹夜だったり、サービス残業もいっぱいある。非常に労働環境が悪いんですね。

ただ、私が面白いと思ったのは、なぜこのタイミングでユニクロがそのようにクローズアップされたかという点です。今、いわゆる「ブラック企業」がたくさんありますが、恐らくこれからは、ブラック企業が淘汰されていく時代になってきます。労働市場に需要圧力がかかってきますから、労働者の発言権が市場において強くなってくるんですよ。そうなると、ブラック企業に対して、おかしいじゃないかという声がたくさん出てくるでしょう。

それからもう一つ、ユニクロのビジネスモデル自体がどこまで維持できるかというのも、ちょっと興味深いところです。ユニクロは、まさにデフレに最も適応した企業なんですよ。

——なるほど。

若田部　海外で生産して円高で安く仕入れたものを、デフレの日本に売るというビジネスモデルです。だから、円高とデフレにうまく適応してここまで伸びてきたユニクロという企業が、今後もうまくいくのかどうかということですね。ひょっとしたら景気回復によって、ユニクロが終焉を迎える可能性もある。売り上げの変化と、労働市場からの圧力と、両方から波が来ていますよね。そうすると、理想的なかたちで市場経済が悪い企業を淘汰するということが起きてくると思います。もちろん、いろいろな規制の問題もあって、それだけでは済まないとは思いますが。

正規雇用が理想なのか

――ただ、雇用というのは、賃金もさることながら、やはり働き続けられるのかどうか、という点が大きくて、一年ごとに契約となると、労働者としては不安でしょうがないのではないでしょうか。

若田部 そうですね。ただ、業種とか職種によっては契約制がいいという場合もあります。例えばチームワークじゃなくて、職人のように現場を渡り歩くような仕事であれば、逆にそっちの方がいいという話もある。ですから、全ての職種に当てはまる仕組みを想定すること自体、ちょっと時代遅れという気がします。

――契約制に適合する仕事とそうではない仕事を峻別していくべきなんですね。

若田部 ええ。でも、労働者にとって選択の余地がなかったという言い方ができると同時に、恐らく企業の側にもあまり選択の余地がなかったんだと思うんです。私が労働関係の人たちの言うのにやや違和感を覚えるのは、一九九五年にそういう報告書が出たのは確かかもしれないけれど、先ほどのユニクロと同じで、それは環境に適応しているだけなのではないかと。その結果がいいかというと、やはりよくない可能性はあります。というか、全体の状況が悪いわけです。ただ、契約制を導入しなかったらどうなったかというと、もっと悪くなった可能性もあったと思うんですよね。けれども、新しい制度設計が必要だというのは同感で、たとえばオランダでは「ワッセナー合意」（一九八二年）と言われているものがあって、同一労働同一賃金みたいなことを定着させるには、ある程度政府が音頭をとる必要はあると思います。

インフレ目標の適正な数値は

――インフレ目標で、インフレ率二%とされていますが、二%達成できれば、かなりいい状況になるでしょうか。

若田部　実は、二%では足りないという議論もあります。どうしてかというと、バブルが崩壊してから、横ばいか右肩下がりで推移しているわけです。今ちょっと上がりつつあるかもしれない。そのときに「失われた二〇年」で失ったものを、バブル崩壊当時を基準に考えるのか、それとも、あり得たであろう成長率を基準に考えるのかで、いろいろと議論があるんですよ。あり得たであろう成長率を基準に考えると、二%ではそのギャップは全然埋まらない。だから本当はもっと高めを目指した方がいいんだという議論もあります。それは、私も気になっているところです。もっと良くなると思えば、三%を目標にしてもいいという議論が、ないわけではありません。実際、ポール・クルーグマン（プリンストン大学教授）が最初にインフレターゲット政策を提案したときは、四％を目標にしています。

――そうすると、もっとよくなる？

若田部　ただ、過去の推計を見ると、二％を達成すると恐らく失業率が二・六～二・七％ぐらいに抑えられます。内閣府経済社会総合研究所が出している構造失業率の推計を見ると三％までは行けるはずなんです。いまは四％台とされていますが、この数字はちょっとミスリーディングで、雇用調整助成金によって、企業の中にため込んでいる失業者もいっぱいいるわけです。それから、求職意欲喪失者といって、労働市場があまりに悪いので働かないという人もいます。これらは、失業者にカウントされていませんが、そういう人たちも含めると、もっと失業率は下がるというところで、もっと雇用が増える可能性がありますね。

――クルーグマンの四％という数字についてはどうでしょうか。

若田部　本音で言えば、私はそれぐらいでもいいと思っています。「失われた二〇年」のギャップを何とか埋めなくちゃいけないと考えるならば、四％というのは必ずしも高い数字じゃないと思います。ただ、やり方はもう一つあって、昔の「所得倍増計画」のように、インフレ率を目標にするのではなくて、名目国内総生産（ＧＤＰ）の成長率や水準を目標にするという方法もあります。名目ＧＤＰは、国民が一年間に得る給料や利子、配当の総額ですからね。そうすると例えば、その数字で五％を目指すとすると、恐らく物価上昇率は三％ぐらいを目指す必要が出てくるかもしれない。これは実質上、高めのインフレ目標を導入することになるので、そういう方法もあり得るかなと思います。私はそれぐらいでも全然問題ないと思っています。

成長の果実をどのように活かすか

―― 私としては、そういう成長の結果を公共投資につぎ込むんではなくて、未来の世代に向けて投資してもらいたいと思います。

若田部 そのとおりですね。先ほど、三本の矢のうち第一の矢は評価すると言いましたが、第二の矢（財政政策）は、せいぜい五〇点でしょうね。なぜ五〇点なのかというと、やらないよりはやった方がいいだろうという考え方もあるからです。よく言われる議論としては、金融だけではうまくいかないだろうというのがあります。私自身はそう思いませんが、「期待」に働きかけるときに、「財政政策もやります」というのはあり得ると思うんです。だから、それを出すのはいいのですが、それを公共事業にする必要は全くないんですよ。減税でもいいし、評判は悪いけど私が評価しているものとしては、定額給付金でもいいと思います。定額給付金と減税とはどこが違うかというと、減税では、そもそも税金を払っていない人には恩恵が行かない。日本の貧困者の多くは税金を払っていないので、そうなると、減税しても恩恵がないんですよ。そう考えると、定額給付金の方がより直接的に恩恵をもたらすことができます。

あと、これは飯田泰之さん（明治大学准教授）の研究の引用ですが（Iida, Yasuyuki and Tatsuyoshi Matsumae "The

Dynamic Effects of Japanese Macroeconomic Policies: Were There Any Changes in the 1990s?" ESRI Working Paper Series #209, 2009、飯田泰之「現代における財政政策の有効性について――マクロ経済政策におけるもうひとつの手段は有効か」浜田宏一・岩田規久男・原田泰編著『リフレが日本経済を復活させる』中央経済社、二〇一三年)、公共事業はやはり非常に効きが悪いということはよく言われているんです。飯田さんの仮説は、建設業の供給制約によるもので、ずっと公共事業を減らしてきたので職人もいないし機械もない、と。それに加えて復興需要もありますから、この状況で一時的に公共事業をやっても、建設労働者に対する有効求人倍率が二倍とかになってしまって、それではもったいないわけです。

代わりに、もっと波及効果があるところは何かと考えると、たとえば介護や医療であったり、あるいは環境やサービスであったりという可能性はあります。公共事業といっても、幾らでもやり方を変えることができるわけですね。

―― 公共事業の質の問題ですね。従来のような公共事業のあり方ではなくて。

若田部 そこに関しては、民主党が「コンクリートから人へ」と言ったのは間違ってはいなかったと思います。ただ、掛け声倒れで終わってしまったので、失望感のみならず、裏切られたという憎悪に転じていると思います。だから民主党に対してフェアに言うとすれば、言っていることのいくつかは悪くなかったが、それをやり抜かなかったということですね。

公共事業の質という点では、たとえば新幹線とか高速道路などの傷んだインフラに力を入れるというのも悪くないと思います。ただ、第二の矢に関連して、「国土強靭化」派と言われる人々がいて、今回震災が起きて、これからもまた大震災が起きるかもしれないから、一刻も早くその対策をやらなくてはいけないという考え方です。その意図自体は悪くないと思いますが、そこで出されている数字が一〇年間で二〇〇兆円とか、とんでもない数字になっているんですよ。ひょっとしたら本当にそれだけかかるかもしれませんが、どうも旧来型の公共事業と結びつき過ぎているという感じがします。ただ、交通インフラの修繕とか補修をまず含めてそういうことをやるならば、私は賛成です。

アベノミクスは完遂できるか

――この先の見通しとして、どういうことをこれからやっていけばいいでしょうか。最初の掛け声はよかったわけですが、これから総理の力が試されますね。

若田部　まずは「第一の矢」をきちんと的を貫くところまで通すべきでしょう。今は、矢は放たれたものの、ちゃんと届くのかどうかが問題ですよね。まずは的（インフレ率二％）に届かせることが非常に大事です。ターゲット（的）とはよく言ったもので、インフレ目標を的まで届かせなくてはいけないというのが一つですね。そのためには、本当は日銀法改正まで踏み込む必要があります。そうすれば、日銀はサボタージュできなくなりますので、第一の矢は的を貫くでしょう。

そうして二年以内で二％を達成するところまで行けば、かなりいい状況ですよね。正直に言えば足りないと思います。四％でもいいというのはおっしゃるとおりだと思いますが、それは出発点なので、それを達成したところで、また次を考えるということもできると思います。

リスク要因は幾らもあります。別の場所でも書きましたが（若田部昌澄「日本の経済――二〇一三年の論点」α-Synodos, vol. 116 2013/1/15）、短期的には自民党内の権力闘争があり得ますよね。最近の週刊誌にも出ていましたが、麻生さんが安倍さんの悪口をすごく言っているとか。あいつは体調がもう悪いからだめなんじゃないかと言っているというわけです（「ギャング麻生太郎の野望」『週刊文春』三月一四日号）。うそか本当かわかりませんが（笑）。

これは何かというと、要するにこの前の総裁選で安倍さんが勝てたのは、麻生さんに協力してもらったからなんですよね。そしてなぜ麻生さんが安倍さんに協力したのかというと、それが彼が首相にカムバックする唯一の方法だからです。そうすると麻生さんとしては当然、参議院選挙で安倍さんに大勝ちしてもらっては困るわけです。安倍さんの下で参院選で大勝すれば――恐らく今のシナリオだとそうなりますが――、安倍政権は長期政権になる。そうすると、麻生さんとしては面白くない。彼はいま七三歳ですから、もう首相になるには最後のチャンスぐらいに思っている。そしてその最後のチャンスを実現するのは、安倍を引きずり下ろすことだと思っているのではないですか。ところが、逆に参院選で大負けしてしまうと彼自身も辞めなくてはいけないから、安倍さんにちょっと負けてほしい（笑）と。そういう権力闘争から茶々を入れてきていると思いますよ。

例えば為替をめぐる動向でも、麻生さんは為替が円安になると「急激な円安は好ましくない」とか「一ドル九〇円ぐらいでいい」とかと言ってしまう。私から見れば、円安に関してはまだまだだと思いますが、麻生さんはそういうことを言う。あるいは、インフレ目標二%についても、二年で達成できるとは思わない、とか。

他にリスクとしては、海外情勢もあるとは思います。でも海外情勢は、基本的には日銀がしっかりとインフレ目標をやっていれば必ず克服できます。特にユーロは、今イタリアで火種がくすぶっていますが、いつ何が起きても不思議ではない。ユーロ崩壊というのは最終シナリオですが、そこまで行かなくても混乱が起きるという可能性は十分にあります。それから中国ですね。このあたりは、海外からのリスクとして常に考える必要があります。

そうしたときに、これまで日本の政策当局者がまずかったのは、海外で何か起きると海外のせいにしていたことです。今回、うまく日銀の体制ができれば、政府も日銀も、海外情勢に責任を転嫁しない体制になるのではないでしょうか。そうしたら、本物でしょうね。

ほかにもリスクはいろいろあり得ると思いますので、決して油断はできません。何よりも、今のところは非常に安倍さん個人に頼っている構造なんです。だから安倍さんに何か起きると、いろんなことのシナリオが狂ってしまう。だから、日銀法改正という話も、安倍さんの状況であるとか、総裁や副総裁が誰であるかに依存しないような仕組みを作っておくべき、という発想に基づいています。

「公」の実現と、政治的決断と

――今この時代というのは、お互いに足の引っ張り合いをするときではない。特に政治などは、そうした「私心」ではなくて、国民のための公の政ですよね。だから公の視点で何が大事なのかという、志の高い姿勢を貫いてもらいたいと思います。

若田部 そうですね。それは、もう麻生さんにぜひ言いたいところです（笑）。

――政治家だけではなくて、エコノミストにもそう言いたいと思います。

若田部 もちろんそうです。ただ、公とは何かというのは人によって違うんですよ。

――そこは議論すればいい。

若田部 いま経済学者の間で、信念を持ってアベノミクスに反対している人は少数になっていると思いますよ。これだけ現実が証明しつつありますから。ただ、それでも彼らがそれを信じていると言ったら、そこに越えがたい溝がある。

私も本当を言えば、こういう危機だからこそ、経済学者、エコノミストは何かしら適切な政策について合意をするのが理想形だと思います。ただ残念なのは、私がずっと歴史を追ってきた限りでは、危機のときこそ意見の対立は深まり、激しくなるんですよ。

――徹底的に議論をすれば？

若田部　まさに議論をすればするほど、対立が深まるんですよ。恐らく意見が違うときに、議論をすればするほど解決はしないと思います。けれども今回は、安倍さんがこの政策を自分で決断して、リスクをとったわけです。これを議論に任せていたら、決して結論なんか出なかった。安倍さんのすごかったところは、「自分はこれで行く」と言って総選挙に打って出て、それが信任されたことで彼の政策は信任されたとしたわけです。だから、議論だけでは、残念ながら最後の決着がつかないのかなと思います。

――たしかに、やはり最終的には国民の信任を得たわけですね。

若田部　だから、麻生さんがあまりあからさまに安倍さんの足を引っ張るようになると、今度は国民が非常に厳しい目で見ることになります。

――非常に明晰なお話、どうもありがとうございました。

（二〇一三年三月七日　於・藤原書店）

補論

若田部昌澄

インタビューから、半年が経過した。インタビューということもあり、本書では誤字脱字といった最小限の修正を除いて、『環』の記事をそのまま収録している。その後私自身は、四月末に『解剖アベノミクス』(日本経済新聞出版社)を出版し、アベノミクスのチャンスとリスクについてより詳しく論じた。ここでは、消費増税と再分配の話を中心に補足をしよう。

1　リフレーション政策に至る経緯については、いくつかの論文が出ている。本書では田中秀臣氏が、故岡田靖氏という重要な触媒役を果たした異能のエコノミストに焦点を当てている。また触媒役といえば、クルーグマンの翻訳をはじめ一九九〇年代の経済論壇の基礎テキストを提供してきた山形浩生氏の回顧も、リフレ政策発動にいたる一種の「あっけなさ」や、今後の論戦の主戦場として経済成長否定論を指摘するなど、洞察に満ちている(山形浩生「リフレーション政策の個人史と展望――経済成長のありがたみを再認識する」『atプラス』16号、二〇一三年四月)。そのほか、私自身、ここまでリフレ政策の実現に多大な影響を与えてきた政策プロモーター高橋洋一氏の貢献を明らかにすべく対談を行った(『完全講義・リフレ戦記』講談社Kindle版、二〇一三年：講義そのものは、四月二二日にニコ生で配信された)。

2　インタビュー記事の段階では成長戦略の全容は発表されていなかったものの、だいたい予想通りになった。「第三の矢」については、「最先端を行く『リフレ・レジーム』」(『Voice』二〇一三年七月号、九六―一〇五頁)でも論じた。産業政策をほうふつとさせるターゲット政策、官民ファンドが中心で、規制改革、民営化は副次的である。これには期待できない。

3 消費増税は現時点で、アベノミクス最大のリスクである（若田部昌澄「増税はアベノミクス最大のリスクである」『中央公論』一〇月号、七二―七七頁）。九月一〇日現在、アベノミクスの効果は、すでに現実になっている。生産、雇用、物価について各種の経済指標は上向きである。しかし、上向きになっているからと言って、まだ日本経済は完全に回復したわけではない。インタビューでも述べたように、正直、復興増税からして問題があったが、三つの点で、問題である。

第一に、そもそも消費増税そのものに問題がある。今回の消費増税は、社会保障と税の一体改革のもとで進められている。しかし、現在決まっているのは増税だけで、社会保障改革はまだ決まっていない。しかも、消費税なり付加価値税からの歳入を社会保障にあてることは多少はあるとしても、消費税全額を充当するというのは世界的に例がない。それにもかかわらず、予定されている増税五％分のうち、四％分は財政再建に回る。社会保障の充実分は一％分だけである。

第二に、現実には、消費増税がもつ負の効果を相殺するために、さまざまな緩和措置が取られようとしている。具体的には、法人税減税、投資税額控除、公共事業などである。これらも問題がある。私は、法人税は二重課税だと考えるのでそもそも減税すべきであると考えるし、公共事業についても都市部のインフラや、新幹線・高速道路、耐震対策など必要なものはあると考える。しかし、財政再建を唱える人々が、増税の反面で緩和措置を行うのは筋が通らない。加えて、インタビューでも述べたように、公共事業の効果が供給面で制約されているのだとしたら、緩和措置として公共事業を行うことはますます筋が通らないことになる。

第三に、この過程で、政府や政治家の関与が増大することも問題である。要するに、国が税金を多くとり、政府支出が多く使われる形になっていく。現状で政府の関与の仕方や、規模が望ましいかどうかについては一般的には議論があるだろう。端的に言って、教育費については公的支出が少なすぎると考えるし、少子化対策、再分配についても検討の余地は十分にある。しかし、消費増税への軽減措置を通じて、なし崩し的に政府の関与を強めるのは問題が多い。これは「最先端を行く『リフレ・レジーム』」(前掲)で紹介したように、安達誠司『脱デフレの歴史分析——「政策レジーム」転換でたどる近代日本』(藤原書店、二〇〇六年)が昭和恐慌後の体制変動を論じていて大変参考になる。この中で安達は、高橋是清のリフレーション政策を通じて、官僚統制が強まっていき、「大東亜共栄圏」レジームへとつながっていったと論じている。同様のものとして、大恐慌後のアメリカで起きたレジーム転換について論じたものに、ラグラム・ラジャン、ルイジ・ジンガレス『セイヴィング　キャピタリズム』(慶應義塾大学出版会、二〇〇六年)、今回の経済危機以降のアメリカで起きつつあるレジーム転換については、ルイジ・ジンガレス『人びとのための資本主義』(NTT出版、二〇一三年)がある。

4　増税は、一時(五月ごろ)、アベノミクス「第四の矢」と言われたこともある。しかし、本来ならばアベノミクス「第四の矢」は再分配政策であるべきだろう。これについては、現政権の政策ははっきりいって問題が多い。ことに生活保護の切り下げは、アベノミクスのダークサイドというべきだろう。先に挙げた安達は、高橋是清のリフレ政策において、景気回復の恩恵を再分配政策によって補完するという発想が欠けていたために、大衆の支持を得られなかったとしている。

みわよしこ『生活保護リアル』(日本評論社、二〇一三年)は、統計数字と当事者へのインタビューを用いて、生活保護についてよく表明されるさまざまな誤解を淡々と解く好著である。ことに、生活保護受給者急増の要因として不景気の持続を挙げているところは、平凡といえば平凡だが、正論である。「心身能力的には働けるけれども働かずにいる」人は、怠けているわけではなく、得られる仕事の条件があまりに劣悪であることが多い。けれども残念なことに、みわ氏にはその不景気をどう克服するかという視点なり理解が欠けているために、アベノミクスに対しては警戒感を隠さない（「第二次安倍内閣のもとで行われている一連の経済政策では、二%のインフレ・ターゲットが設定され、数々の金融緩和措置が講じられている。……〔消費増税などに〕加えて生活扶助が一〇%削減とされれば、二〇一五年、生活保護受給者に対しては、約一七%の生活保護基準引き下げが行われるのと同等の打撃となる」同書二一四頁）。私のインタビューを含めて本書の多くの論考が示すように、アベノミクスには称賛すべき要素と、非難すべき要素があるが、「第一の矢」である「大胆な金融緩和」（インフレ目標の設定とマネタリーベースの増大）は単に物価を上げることが目的なのではなく、そのもとで失業率を下げ、国民所得を増やすことが目的である。すなわちリフレーション政策には再分配的な効果もある。実際、そうした効果がすでに出始めている。内閣府「今週の指標　家計の所得と物価の動向」（二〇一三年七月一七日）によれば、昨年一二月から今年の五月まで、全所得階層で実質可処分所得は増えている。さらに興味深いのは、そのなかでも低所得者と高所得者の所得が増えていることだ。これは株高が高所得者層の所得を増やしているだけでなく、失業率の下落と有効求人倍率の上昇に見られる労働市場の改善が低所得者層の所得を増やしていると考えられる。ときとして、アベノミクスはトリクルダウン（富裕層が豊かになれば、貧困層にもいずれ富が浸透する、という考え方）と批判されることもあるが、そういう批判はあたらない。それは、ポール・クルーグマンやジョセフ・スティグリッツら、いわゆるリベラルとされる経済学者たちがアベノミクスの方向性を基本的には支持していることからもわかる。

アベノミクスのもとで、まさにみわ氏が問題とする不景気が克服されるならば、生活保護受給者数は減少していくだろう。問題は、そこに至るまでの時期はやはり生活保護が必要なことだ。さらに市場をよりよく機能させることは必要だとしても、それは市場に乗ることができない人までを救済するものではない。そうした観点から、所得再分配には固有の必要性と意義がある。それをどう構想するかは、依然として課題として残る。

5　経済政策を最終的に決めるのは結局のところ価値観である。所得再分配は価値観の対立が最も強く出やすい。しかし、考えてみると、成長も景気安定化も究極的には価値観の選択を含む。たとえば、人々の生活が豊かにならなくてもよい、という考え方の持ち主は、成長政策に反対するだろうし、不景気が（どうしてかはともかく）世の中を倫理的にするという人は、不景気にも甘んぜよ、というかもしれない。けれども、たいがいの人は、不景気についてはなんとか対応してほしいと考えるだろう。もっとも、成長については、長い停滞の末に低成長肯定・成長否定論が台頭してきていることは警戒すべきであり、これこそ山形氏が予測する次なる論壇の戦場でもある。

さらに価値観が重要になるのが再分配である。個人、家族、社会、国家の関わり方が問題になるので、価値観の対立は激化し、現在の政府・与党にも再分配の考え方がないわけではない。ただ、その考え方が、女性が三年間育児休暇をとるという方向に向かっているのは、与党自民党政治家の特定の価値観が反映されているように思われる。

懸念すべきは、再分配のあり方についての議論が価値観の次元での争いになりやすいがゆえに、それが続くことが政策対応を遅らせていくことだ。これは他の政策目標との関係、たとえば成長か分配かの対立軸についてもいえよう。この対立をいかに緩和し調停していくかも課題として残る。

第Ⅱ部　アベノミクスに何が可能か

1　脱デフレ政策の現在・過去・未来

二〇六〇年の日本経済・社会と経済政策

原田 泰

金融緩和でデフレから脱却できることは、本誌の他の論文が十分に議論している。私が論じようとしているのは、デフレから脱却した後、日本はどうなるのだろうか、日本の社会はどうなっているのだろうかということだ。

デフレ脱却の意味

デフレから脱却するとは、もちろん、物価が上がることだけを意味するのではない。物価が上がるとともに、生産と雇用が拡大するということだ。雇用が増大し、失業率が低下していく過程で、やがて賃金も増大する。利潤も賃金も増大するのだから、ＧＤＰは名目でも実質でも増えている（ＧＤＰとは、利潤と賃金を足したものでもある）。

それがどのくらいの大きさかと言えば、通常はフィリップス・カーブとオークン法則から推定できる。フィリップス・カーブとは、物価上昇率と失業率の関係を示すグラフで、物価が上がると失業率が低下するという関係を示す。ただし、物価上昇率が高まるといくらでも失業率が下がるかというとそうではない。日本の場合は、失業率が二%に近づくと急激に物価が上がる。また、そうなる前の物価上昇率は二%程度である。だから、物価上昇率を二%にするというのは、失業率を低く、かつ低すぎない水準にしておくということでもある。

現在、日本の失業率は四%を少し超える程度だが、ここには雇用調整助成金で失業率を無理やり抑えている分が一%程度ある。だから、実質的に五%の失業率が、マイナスの物価上昇率から二%に上昇する過程で、二・五%低下し二・五%になるということである。

オークン法則とは、失業率の変化と実質GDPの関係を示すものである。日本の場合、失業率が一%低下すると実質GDPが三%上昇するという関係がある。すると、失業率が三%下がれば、実質GDPは七・五%上昇するだろう。

以上の議論について、デフレによって投資も、したがって資本蓄積も停滞していた、だから、雇用だけを考える議論ではデフレの損失を十分に捉えていない、という批判があるだろう。議論は正しいが、まず、最低限実質GDPが七・五%拡大するということを指摘したい。さらに、雇用が増えるなら、その人々のあつかう資本設備も長期的には増大するはずである。そこで、GDPは一〇%増えるとしても良いだろう。これは大きな数字である。交渉に参加するかしないかで大騒ぎしていたTPP（環太平洋経済連携協定）の経済効果は内閣府の試算によればＧＤＰの〇・六六％である。多くのエコノミストが、金融緩和政策だけでは駄目で構造改革が必要だと主張するが、大きな経済効果を持つ構造改革策を見出すことはなかなか難しい。彼らが、具体的にその大きさを提示したためしはない。念のために言っておくが、私は構造改革に反対なのではない。大賛成なのだが、同時に、その効果について具体的な議論をすべきだと指摘したい。

日本を停滞させたのは知の衰えである

ではなぜ、これまで金融緩和という簡単なことができなくて、日本は経済衰退に喘いでいたのだろうか。金融を緩和しろと唱える、リフレ派と言われる人々もいたのにである（本誌特集の執筆者の多くが、私を含め、いわゆるリフレ派である）。

リフレ派と言われる人々と日銀派（黒田東彦総裁の就任以後、日銀の考えも変ったようだが、ここでは日銀派と言っておく）と言われる人々は一九九〇年代初頭から論争を続けてきたことになっているが、これは実は論争ではない。論争とは、相手の論点を一つ一つ潰していくものだが、日銀派はいつも同じことを言っているだけだった。

これまで日銀は、「銀行貸出が伸びない限り金融政策には効果がない。金利がゼロになったら金融政策は何もできない。量的緩和政策は効果がなかった。物価は金融政策では決まらない。デフレは、中国から安価な製品が流入してくるからである。人口や成長力などの実体経済によってインフレ率が決まる。安定的なインフレ率を保つことは難しく、一度インフレになったら止めることはできない」等々と唱えてきた。

これらの論点に対して、リフレ派は一つ一つ丁寧に答えてきた。金融政策が実体経済に影響をあたえる経路は貸出だけではない。為替レートの低下や資産価格の上昇、物価上昇予想による実質金利の低下など様々な経路がある。また、景気回復の初期には、企業は十分なキャッシュフローを持っているので、銀行貸出によらず設備投資を拡大することができる。したがって、銀行貸出が伸びなくても金融政策は効果がある。これは昭和恐慌期においても、九〇年代から現在までの景気回復期でもそうであった。銀行貸出が伸びたのは、金融緩和に伴う景気回復から三年もたってからであることがしばしばである。

金利がゼロになっても、マネタリーベースを伸ばすことで金融政策は実体経済を刺激することができる。マネタリーベースを拡大する量的緩和政策は効果があったという分析もある（本多祐三・黒木祥弘・立花実「量的緩和政策――二〇〇一年から二〇〇六年にかけての日本の経験に基づく実証分析」『フィナンシャル・レビュー』財務省財務総合政策研究所、通巻第九九号、二〇一〇年二月、原田泰・増島稔「八　金融の量的緩和はどの経路で経済を改善したのか」吉川洋編『デフレ経済と金融政策』慶応大学出版会、二〇〇九年）。確かに、なかったという分析もあるが、それは量的緩和が行われた二〇〇一年から〇六年からのデータを用いず、〇四年までのデータを用いた分析である（前掲原田・増島論文の先行研究の紹介部分を参照）。

通常の論争であれば、資産価格が上昇しても実体経済に影響はないという分析を示したり、本多・黒木・立花、原田・増島の実証分析には誤りがある（実証分析に誤りがあることは珍しくはない。アメリカの高名な学者も誤りを犯し、また誤りではないかと論争になることも多い）という証拠を提示したりすべきだが、そのようなことはなかった。量的緩和は効果がなかったという分析で、データを〇六年まで追加して分析し直すこともなかった。

デフレは中国から安価な製品が流入してくるからである、人口や成長力などの実体経済によってインフレ率が決まるなどは、反論するのもばかばかしい。世界の人口はマイナス一%からプラス二%、成長力は一%から一〇%でしかないが、金融政策の力は無限である。ジンバブエの人口増加率は一%に満たなかったが、一兆倍のインフレが起きた。中国の安価な製品は世界中に輸出されているが、デフレになっているのは日本だけである。

一度インフレになったら止めることはできないことはなく、世界中の中央銀行は二%前後の安定的なインフレ率を保っている。

リフレ派の反論に対して日銀派は何も答えていない。彼らは知的に破産しているのである。知的に破産しながら力を持っているのは、ソ連・東欧、中国、北朝鮮の共産主義者と同じである。ソ連・東欧では体制は崩壊した。中国共産党は、知的破産は認めたが、権力とそこから生まれる富は死守している。北朝鮮は知的破産も認めていない。日銀派は北朝鮮のレベルにある。

日本銀行はなぜ日本をデフレにしていたのか

では、なぜ日本銀行は金融を引き締めていたのだろうか。デフレによって物価が下がり、景気が悪化し、その結果、日本の金利はとてつもなく低くなった。景気対策と金利低下によって、膨大な国債が発行されるようになった。その国債を、資金運用難に悩む銀行が大量に保有するようになった。この状況で、デフレを阻止するために大胆な金融緩和を行ったらどうなるか。

景気は回復するが、回復につれて、物価も名目金利も上昇する。ところが、名目金利が上昇すれば、国債価格が下落する。銀行が多大な国債を抱えている現状では、それによっていくつかの銀行はかなりの損失を被るかもしれない。

もちろん、銀行部門全体としてはこのようなことはない。大手都銀、上位地方銀行は、期間の長い国債を持っていないし、株や海外資産を持っているので、国債の下落をこれらの資産の増価で相殺できる。しかし、下位の地銀には、資産の相当部分が長期の国債であるような銀行があるのだろう。日銀は、銀行の番人であるから、こうなったら困ると考えるのは当然である。だから、これまで金利が上がらないようにデフレ政策を続けてきた。

日銀理論とはまやかしで、デフレ政策を続けるためのカムフラージュにすぎない。結局のところ、日本人は、知的にこのまやかしを明らかにして、金融政策を正しい方向に導くことはできなかった。九〇年代以降、日本を停滞させたのは知の衰えでもある。

日本銀行とそれに連なる専門家という名の利害の代理人は、強固なカルテルを結んで、日本経済をデフレに貶め、その力を発揮させないままにしていた。日本の知は、何もできなかった。

アメリカには、金融政策は物価などの名目変数を動かしても、生産や雇用などの実質変数を長期的に動かすことはできないという有力な経済学者のグループ、実質景気循環学派と、金融政策は名目変数のみならず短中期的に実質変数を動かすというニューケインジアン学派がいる。私は、ニューケインジアン学派が正しく、実質景気循環学派の主張には賛同できないと考えるが、彼らがある種の洞察を与えることは確かである。ところが、日本では、金融政策は名目変数も実質変数も動かさないという日銀学派がおり、アカデミズム、ジャーナリズム、政策担当者の考えを支配し続けてきた。

大学に籍を置く私としては大変残念だが、変化は知の分野ではなく、政治から現れた。二〇年のデフレが続いた後、ついに金融政策について真剣に考えた政治家が現れて、日銀理論のまやかしを見抜いた。安倍晋三総理が、大胆な金融緩和に言及しただけで、為替が低下し、株価が上がった。為替が下がれば輸出が増え、輸出企業の利益と雇用が拡大する。利益が拡大すれば、株価が上がり、投資も増える。雇用が増えれば給与総額が増えて消費が増える。株価が上がれば、高額消費も増えるだろう。消費と投資が伸びていけば、物価も上がる。給料も上がっていく。いくら金融緩和しても何も起きないことなどあり得ない。

日本経済を安定的成長軌道に乗せるためには、日銀法の改正が必要である。安倍総理が、黒田東彦氏と岩田規久男氏という長い間、脱デフレ政策を唱えていた人物を日銀総裁、副総裁に任命したことによって、脱デフレは当面は確実なものとなった。しかし、人間に頼る制度は中国のものであって、危うい制度である。日本は法治国家なのであるから、日銀法を改正して、二度とデフレに陥り、日本経済を貶め、国民を苦しめ、海外の侮りを受けることがないようにすべきである。日銀の目的を物価の安定と雇用の安定とし、物価の安定に制約がない限り、雇用の安定も求めるとすべきである。さらに、物価の安定の定義は政府が決めるべきである（二％のインフレ目標がその定義となる）。このことによって、日本は安定的な成長軌道をたどることができるようになる。

二〇六〇年の日本

ただし、金融政策を改めて安定的な成長が可能になるからと言っても、深刻な問題は残っている。それは人口高齢化である。二〇六〇年までの日本の将来を考えるとき、一番確実に予測できるのは人口である。それ以外の変数はそう簡単には予測できない。一九六〇年代の一〇％成長が続けば、日本のＧＤＰはアメリカを追い越していた。そう予測していた人もいたが、誤りだった。現在では、労働人口当たりの成長率を一―二％とするのがせいぜいだろう。人口予測を見れば、日本は高齢化する。高齢化とは、働く人が減り、働く人に依存せざるを得ない人が増えるということである。二〇六〇年には、生産年齢人口に対する高齢者の比率は七八・四％にまで上昇する。常識的に考えれば、高齢者への給付を減らし、働く人への課税を増やすしかない。

安倍政権の金融緩和政策によって、日本経済は、今よりも実質で一〇％高いレベルから出発できる。ただし、その成果を高齢者に配分したのでは日本の困難は克服できない。GDPが増えていても、高齢者一人当たりの給付を増やさないようにする必要がある。

社会保障は維持できない

まず、現行の社会保障を維持することが不可能だということを、直観的に説明しよう。二〇一〇年の高齢者向けの社会保障給付費（年金、六五歳以上医療費など）は、六五歳以上人口当たり二五三万円である。一方、高齢者以外向けの社会保障給付費は六五歳未満人口当たり二九万円にすぎない（国立社会保障・人口問題研究所「社会保障統計年報データベース」などにより計算）。

高齢者以外の生活保護は、この二九万円のうちの一部分である。生活保護費の不正受給が問題になっているが、財政問題としてはたいしたことはない。もちろん、モラルの問題は大きいが、モラルと財政問題は区別しておくべきだ。そうしないと、モラルの問題を解決すれば、財政問題が解決するという誤解を与えかねないからである。

高齢者一人当たり二五三万円なら、高齢夫婦二人で五〇六万円である。一方、働く人の平均給与は年四〇九万円である（国税庁「平成二十三年分民間給与実態統計調査結果」（二〇一二年九月））。二〇六〇年には、六五歳以上の人口と一五―六四歳人口（生産年齢人口）の比が、四対五になる。ほぼマンツーマンで高齢者を支えることになる。どうしてこんなに潤沢な高齢者福祉が可能になるのだろうか。その時の消費税がとんでもないことになっているだろうことは、常識で予想がつくはずだ。

将来の消費税はどうなるか

常識で分かるはずだが、このままの高齢者福祉を続けていくと、消費税がどうなるかも簡単に計算できる。日本の将来人口は、国立社会保障・人口問題研究所が予測している。すると、一人当たり社会保障給付費が変わらないと仮定して、将来の福祉支出を予測できる。なお、ここで試算する福祉支出は高齢者向けとそれ以外を合わせたものである。高齢者は増えていくので前者は増加し、高齢者以外の人口は減っていくので後者は減少していく。一方、将来の名目GDPは、生産年齢人口一人当たりのGDPが変わらないとして予測する。

図1は、名目GDP、社会保障給付費、社会保障給付費と名目GDPの比率とそれらの将来推計値を示したものである。社会保障給付費と名目GDPの比率を見ると、一九七〇年には四・六％に過ぎなかったものが、二〇一〇年には二一・六％になっている。この比率は将来どうなるだろうか。

図１　社会保障費の将来推計

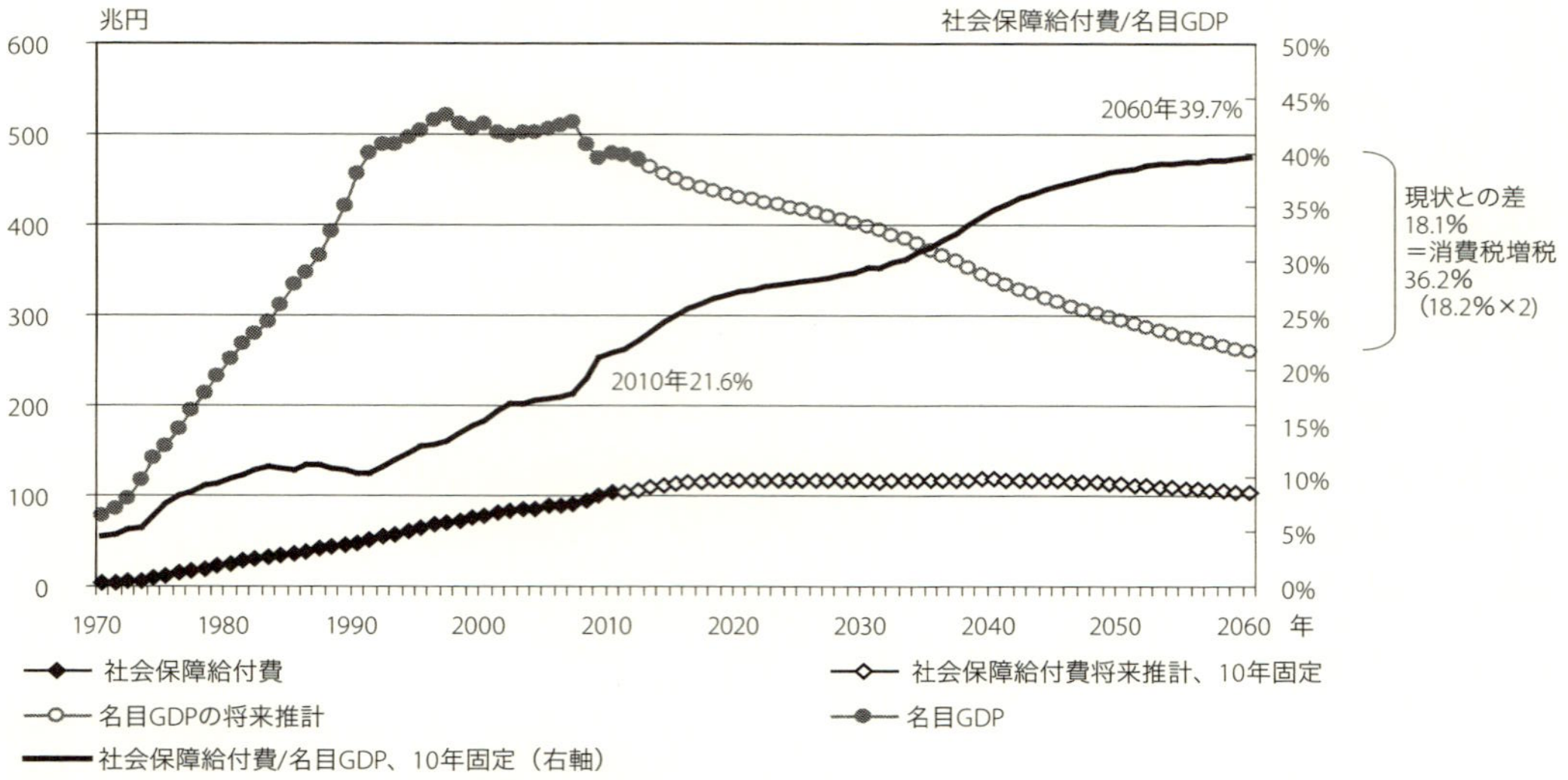

（出所）国立社会保障・人口問題研究所「社会保障統計年報」「日本の将来推計人口――平成23年1月推計（中位推計値）」、総務省統計局「人口推計」、内閣府「国民経済計算」、厚生労働省「国民医療費」

（注）社会保障の将来推計は以下のようにした。社会保障費を医療費、年金、福祉その他に分け、医療費はさらに0-14歳医療費、15-64歳医療費、65歳以上医療費に分ける。その上で、0-14歳医療費、15-64歳医療費、65歳以上医療費はそれぞれの年齢層の人口で伸ばし、年金は65歳以上人口で、福祉その他は各年齢層の人口で伸ばした。年齢階級別の医療費は厚生労働省「国民医療費」による。この統計では1977年以前の数値がないので70年までは77年の年齢階級別医療費の比率を用いて推計した。名目GDPの将来推計は2010年の生産年齢人口当たりの名目GDP×生産年齢人口。

高齢社会では社会保障の給付額を削るしかない

社会保障給付費と名目GDPの比率は、二〇一〇年の二一・六%から二〇六〇年には三九・七%まで一八・一%ポイント上昇する。負担の増加をすべて消費税で賄おうとすると、消費税一%でGDPの〇・五%の税収であるので、一八・一%ポイントを〇・五%で割って三六・二%の消費税増税が必要になる。こんな大幅な増税が実現可能とは思えない。

しかも、これだけで話は終わらない。これまで、消費税が導入された一九八九年、三%から五%に引き上げられた九七年とも、消費税によって物価が上がったのはインフレで物価が上がったのと同じと解釈して、年金支給額を引き上げていた。すなわち、高齢者は実質的に消費税を負担しないのだ。すると、消費税は六五歳未満の人々で負担するしかない。二〇六〇年に六五歳未満の人々の全人口に占める比率は六〇・一%だから、必要な消費税増税幅は三六・二÷〇・六〇一で六〇・二%となる。

社会保障支出を三割カットすると、二〇六〇年の社会保障給付費と名目GDPの比率は二七・八%と二〇一〇年に比べて六・一%ポイントの上昇にとどまる。これは、二〇六〇年の高齢者一人当たり社会保障給付費を一七七万円に下げるということである。こうすれば、二〇六〇年に必要な消費税増税幅は、これまでと同様に計算して一二・二%ですむ。現行の五%に加えて、財政赤字を埋めるための増税を考えると、二〇六〇年の消費税は、二〇%程度となる。これなら実現可能な消費税率だろう。ただし、この時には消費税増税で物価が上がっても年金を引き上げてはならない。

GDPが増えればどうなるか

図1から明らかなように名目GDPは減少している。労働生産性が上昇すれば、物価が上がらなくても名目GDPは上昇し、社会保障給付費の対GDP比はそんなには上がらないはずだという批判があるだろう。しかし、その場合には、皆が豊かになっても、社会保障給付費は上げないという制度にしなければならない。

もちろん、成長をした方が良いに決まっているのだが、財政の観点から大事なのは、高齢者一人あたりの社会保障給付費と働く人一人当たりの所得との比率である。この比率を引き下げることが、消費税をとんでもない率にしないために必要である。経済成長をして、かつ、高齢者への支出を引き上げなければ、それができる。高齢者の福祉水準は、働く人々の賃金と比べれば低下しても、絶対水準ではあまり下げなくてもよいことになる。

ここで最初のデフレから脱却して得られる一〇%のGDP増加が生きてくる。GDPが一〇%上がっていれば、社会保障の負担は一〇%低下する。社会保障費を三割削減しなくても二割削減すれば穏当な消費税増税で済むことになる。この意味でもデフレ脱却は重要である。

なぜこんなことになってしまったのか

そもそもなぜこんなことになってしまったのだろうか。**図2**は高齢者一人あたりの社会保障給付額、一人当たりＧＤＰ、高齢者一人当たり社会保障給付費の一人当たりＧＤＰに対する比率を示したものである。

これを見ると、この比率が一九七〇年の二六・九％から一九八六年の六八・三％にまで急増してきたことが分かる。ところが、さすがにこれは問題と政治家が理解して、この比率を低下させるようになってきた。もちろん、八〇年代の後半、この比率が大きく低下したのは、バブル経済のおかげで分母の一人当たりＧＤＰが伸びたからでもある。バブル崩壊後、分母のＧＤＰは増えないのに、分子の高齢者一人当たり社会保障給付費はじわじわと増加していった。小泉純一郎政権になって、これではまずいと分子を抑えていたところ、量的緩和政策によって徐々に景気が回復し、税収が増加し、分母のＧＤＰが増えてきたことによって、この比率は低下していった。ところが、小泉構造改革路線で格差が拡大したなどの誤った議論が盛んになり、小泉政権後、高齢者一人当たり社会保障給付費が増大し、自民党政権末期から民主党政権にかけて歯止めが利かなくなった。小泉政権の末期に抑えるだけでも、かなりましだったのである。

しかし、もっと根源的な理由は、真実を見ようとしない知の衰えである。高齢者の全人口に占める比

図 2　社会保障費の将来推計、高齢者一人当たり社会保障費 / 一人当たり GDP の推移

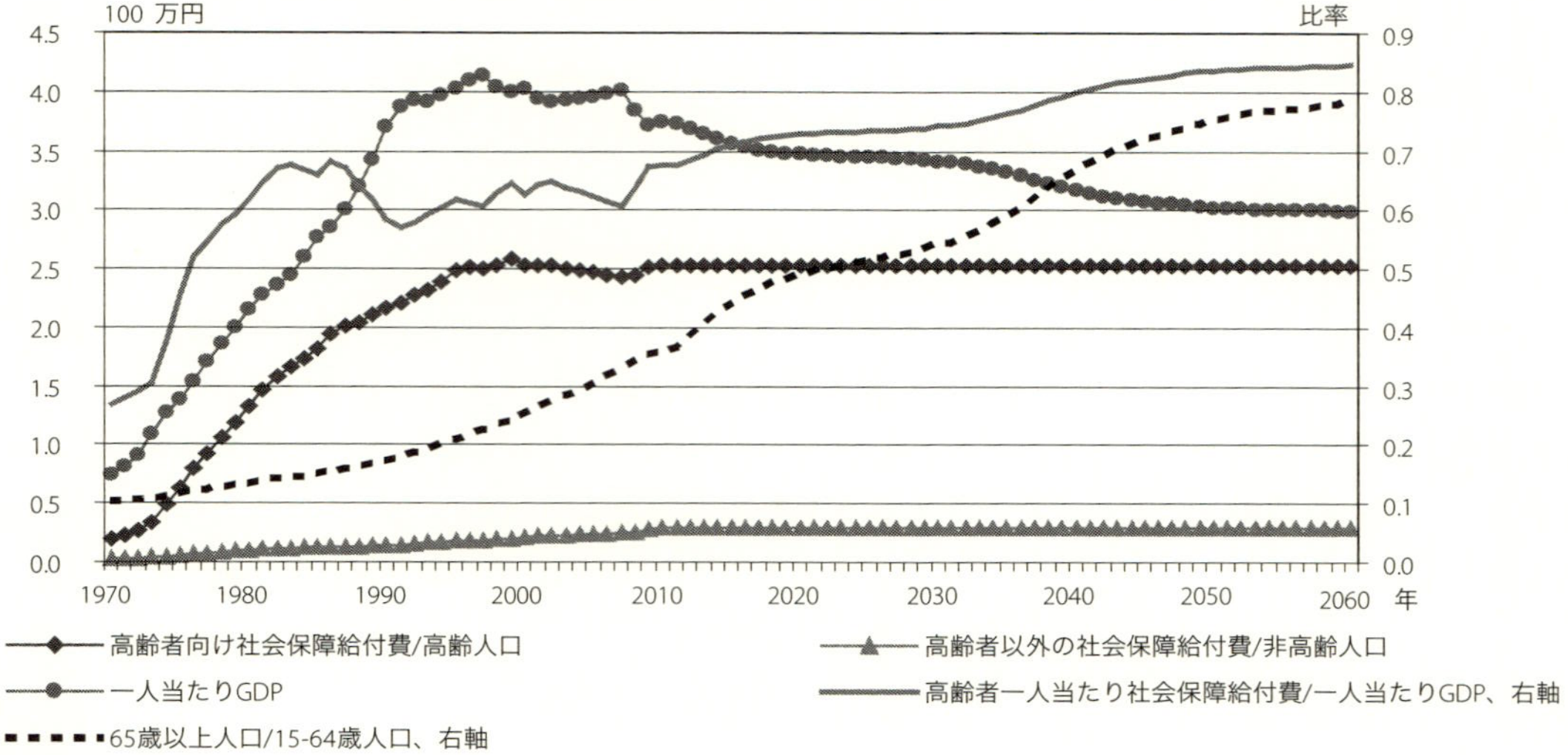

（出所）（注）図1に同じ。

率が四割となる将来、前述のように、働く人の平均給与が年四〇九万円であるのに、高齢夫婦二人への社会保障給付費五〇六万円を支払うことはできないのは当たり前である。この単純な真実を見ようとしないことが問題を引き起こしている。日本を二〇年間以上のデフレに沈めた知の欺瞞も、社会保障がなんとかなると誤魔化すことも根は同じである。

結語

日本はデフレ脱却で一〇%以上高いレベルのGDPに到達し、そこからこれまでの成長を続けることができる。もちろん、それ以上の成長ができるように改革をしていくことは重要だ。しかし、ここではこの一〇%の意味についてのみ考えた。もちろん、金融緩和ですべての問題を解決することなどはできない。しかし、一〇%上がったGDPとは、そうでなければ三割カットしなければならない高齢者のための社会保障支出を二割カットするだけで、日本はなんとかやっていけるということである。これは大きなことである。

国際比較の中のアベノミクス

安達誠司

一　「レジーム転換」としてのアベノミクス

昨年一一月一四日の安倍晋三自民党総裁との党首討論の場で野田前首相が衆議院解散に言及して以降、これまでの円高株安基調は一転した。その後、株価は底打ち・反転、為替レートは円安基調で推移し、現在に至っている。日経平均株価は一万二五〇〇円近辺で推移し、民主党政権では成し得なかったリーマンショック前の水準を回復した。為替レートもドル円で一ドル＝九四円（三月末現在）と民主党政権での円高のピークから約二〇円の円安となっている。これによって、日本国民の景況観も改善方向に向かいだしたようにみえる。

いみじくも麻生太郎財務相・副総理が指摘したように、現在の日本のように、約一五年にもわたるデフレーションからの脱却に成功した事例は戦後の世界経済には見当たらず、「リフレーション政策（デフレ脱却のための政策パッケージの通称）」の成功例は遠く世界大恐慌期の主要国の事例まで遡らざるを得ない。大恐慌期の学術的な研究が現在も盛んな米国では、最近の研究成果の大部分が、世界大恐慌期の脱デフレ政策で決定的に重要であったのは、量的な金融緩和（中央銀行による国債購入）による通貨安と株価上昇（特に脱デフレの初期段階における）であったと結論づけている。[1] そして、現段階までの安倍内閣の経済政策（通称「アベノミクス」）は、これらの大恐慌期の学術的研究成果を生かした政策対応となっている。

ところで、今回の安倍政権で特徴的なのは、安倍晋三首相が、「経済政策におけるレジーム転換」の重要性を強く認識している点である。

確かに安倍首相は第一次安倍政権から「レジーム転換（「戦後レジームからの脱却」）」の必要性を認識してはいた。だが、安全保障や外交政策に傾斜するあまり、経済政策は経済政策に明るいとされる他の閣僚に依存する傾向があった。だが、その間の与謝野官房長官（当時）や日銀が主導した「早すぎた出口政策の失敗」は、その後の自民党政権に対する国民の支持を急速に低下させ、政権交代を経由して、最後は民主党の失政という政治的混迷を作りだした。今回、安倍首相は、その反省に立ってか、経済政策に対する自らのコミットメントを強め、「脱デフレ」の流れを演出している。

実は、大恐慌の歴史においても、指導者自らがデフレ克服に積極的にコミットすることが極めて重要であることが明らかにされている。例えば、世界大恐慌期に米国大統領としてリフレーション政策を主導したルーズベルト大統領は、大統領就任前の大統領選のラジオ演説で「自らが大統領に就任した場合、大恐慌以前の平均的な物価水準に一年以内に戻す」と宣言し、大統領就任後、リフレーション政策に消極的だった財務省やFRB幹部を更迭し、自らが主張したリフレーション政策を強力に推進した。(2) 今回、安倍首相は、政権奪取前から、リフレーション政策によるデフレ克服を最重要政策課題として再三指摘し、その軸として積極的な金融緩和の実施の必要性を主張してきた。さらに、今回の日銀の総裁人事においても、マスメディア等では最有力候補と目されていた、かつての「早すぎる出口政策」時の副総裁らを指名せず、リフレーション政策に積極的な候補を周りの反対意見を押し切って次期総裁候補に指名した。

このように、「アベノミクス」はこれまでのところ、リフレーション政策に最も重要な「経済政策のレジーム転換」という要素を含んでいるように思われる。

二　オバマノミクスとアベノミクスの政策論的な類似性

最近の米国経済指標の全般的な改善を総合すると、リーマンショック後にオバマ政権が採った経済政策は、これまでのところ、経済危機の回避、及び米国経済の復活に大きく寄与しているといってよいだろう。そして、アベノミクスは、そのオバマ大統領が採った経済政策（「オバマノミクス」）との共通点も多いと考えられる。「アベノミクス」では、金融政策（量的緩和）、財政政策（国土強靭化に沿った公共投資拡大）、産業政策（「成長戦略」という名のサプライサイド政策）の「三本の矢」がリフレーション政策の総合的な政策パッケージとして指摘されている。「オバマノミクス」においては、ベン・バーナンキ議長率いるＦＲＢ（連邦準備制度理事会）による量的緩和政策、老朽化したインフラ整備や減税を中心とした財政政策、が中心となった。さらに、オバマ大統領は、米国製造業の輸出額を五年で二倍にする方針を打ち出しており、それに呼応してドル安誘導政策を採ったことも指摘されている。米ドルの名目実効為替レートは、リーマンショック時のドル高のピークから約一六％下落した。このところ、米国製造業の復活が各種メディア等によって指摘される機会が増えているが、ドル安が米国製造業の復活に寄与した側面が強く、ドル安政策はある意味、産業政策的色彩が強かったともいえる（ただし、ドル安自体はＦＲＢによる超積極的な金融緩和の効果によってもたらされた側面が強いが）。

ところで、「オバマノミクス」では、世界大恐慌期以来のデフレ突入の危機に瀕した米国経済を救うべく、世界大恐慌の研究の大家であるクリスティーナ・ローマー米カルフォルニア大学教授がＣＥＡ（大統領経済諮問委員会）委員長に指名された。ブッシュ時代にＦＲＢ議長に就任したバーナンキ米プリンストン大学教授（当時）も世界大恐慌研究の第一人者であった。ところで、両者の大恐慌研究での共通点は、当時の経済政策パッケージの中で、金融政策（特に量的緩和政策）が最も重要であるという認識であった。ローマー女史は、大恐慌期のＧＤＰの回復のほとんどが金融緩和によってもたらされたとする論文を発表していたし、(3) バーナンキ氏は、「謎」とされていた大恐慌からの回復メカニズムを国際比較の観点から分析し、金本位制の停止による量的緩和の実現可能性がデフレ解消に大きく寄与したことを発見した。(4)

このように、リーマンショック後の米国で、（結局、米国経済はデフレに陥ることはなかったものの）事実上のリフレーション政策の実施を可能にする経済政策ブレーンの選択を行ったオバマ大統領の慧眼は賞賛に値する。

一方、安倍政権では、発足直後に内閣府参与に任命された浜田宏一イェール大学名誉教授の存在が大きかったのではないかと考える。浜田氏は、今回の日銀総裁人事にも大きな影響力を持ったとされているが、浜田氏自身、国際金融論の大家であり、デフレ克服のためには量的緩和の一層の拡大が必要との認識に立っている。また、日銀副総裁に就任した岩田規久男学習院大学元教授も、編著書である『昭和恐慌の研究』で、それまでのマルクス経済学的なアプローチが主流だった日本での大恐慌研究に近代経済学からのアプローチを取り入れた大恐慌分析を行い、ローマー女史やバーナンキ氏同様、デフレ克服のための金融政策の重要性を指摘していた。安倍政権では、リーマンショック直後のオバマ政権同様、政府と中央銀行にデフレ研究の専門家を擁していることも共通点であるといえよう。

三 「アベノミクス」の金融政策

ところで、今回の日銀総裁（黒田東彦氏）、副総裁（岩田規久男氏）人事は、リフレーション政策断行による早期のデフレ克服を意識した布陣となった。今後、両氏が主導していくリフレーション政策としての金融緩和には二つの大きな課題があったと考える。

第一の課題は、デフレマインドを如何に払拭するかである。現在の日本のデフレで最も深刻な点は、約一五年続く長期デフレによって民間経済主体にデフレマインドが蔓延している点である。特に、今回の長期デフレ下では、民間企業の経営者は（特に国内では）売上や収益が将来にわたって縮小していくという予想の下に事業計画を立案してきた。企業経営者が、長期的にデフレが持続するという前提に立てば、企業が正規労働者の採用を見送り、設備投資を減価償却費以下の水準に減少させて、自社の経営資本（労働、資本）を縮小させていくのは、ある意味合理的な行動である。このことは、企業経営者のデフレマインドが払拭されなければ、雇用や設備投資は増えないこと、景気対策によって一時的な景気回復があっても経済は活性化されないことを意味する。よって、「アベノミクス」が成功するために、「金融政策のレジーム転換」を如何に明確にし、民間のデフレマインドを払拭していくかが新生日銀の第一の課題であった。

四月四日の「異次元緩和（質的・量的緩和）」後の企業経営者のデフレマインドは払拭されつつある。六月の日銀短観の「販売価格判断ＤＩ（企業経営者が自社の製品、サービスの販売価格を次の四半期に上げようと考えているのか、下げようと考えているのか、についてのサーベイ調査）」によれば、次の四半期に「販売価格を引き下げる」と回答した企業の割合は全体の一五％となった。この「一五％」という数字は、一九九二年一〇―一二月期以来の低水準であった。すなわち、「価格破壊」を仕掛けて「薄利多売」で競争していこうと考える企業経営者の割合は安倍政権発足以降、急激に低下し、デフレ以前の水準にまで戻ったのである。

さらにこのような企業のデフレマインドの払拭は企業にとっての実質金利（名目の借入金利から予想インフレ率を引いたもの）を低下させ、設備投資の回復にまで波及しつつある。例えば、二〇一三年四―六月

図表1　マネタリーベースの残高と最適値（米国）

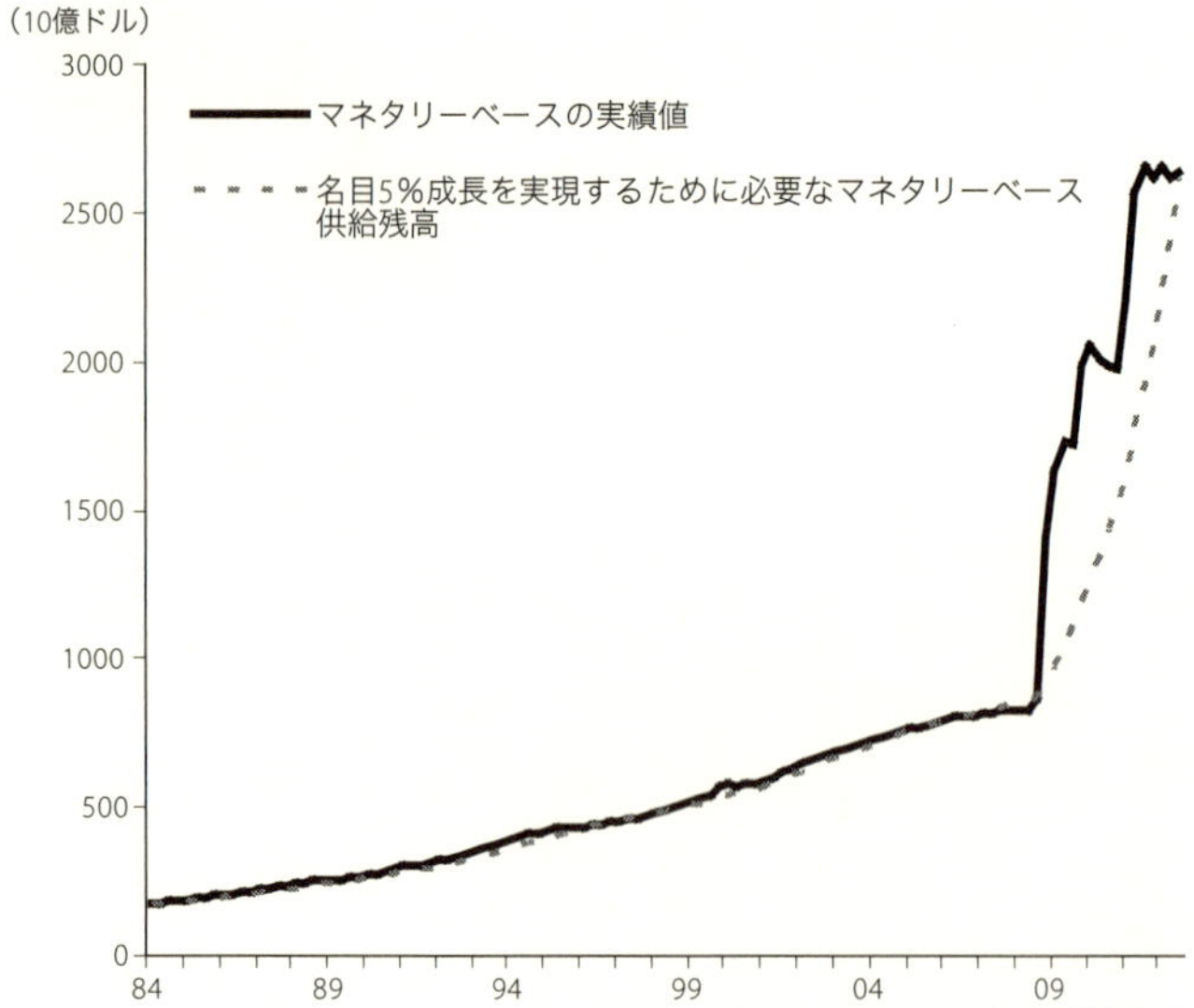

出所：FRB、BEAデータより筆者作成

期のGDP第二次速報値では、実質民間設備投資が季調済前期比＋一・三％と二〇一一年一〇―一二月期以来のプラスとなった。多くのエコノミストは設備投資の回復には懐疑的であったが、設備投資は金融緩和の効果から予想よりも早く回復基調に入りつつある。

これは、政策当局が本気でデフレ脱却に取り組むという姿勢が明確になれば、デフレ解消の動きは一気に加速することを証明したといえよう。その意味で、新体制の日銀はデフレ脱却に対するコミットメントが明確になされているといえる。つまり、両氏が二年以内に二％のインフレ目標を実現させること、また、岩田氏がインフレ目標の実現が不可能な場合、辞任も辞さないという姿勢を示したことは、日銀のデフレ脱却への強いコミットメントを明示するという意味で評価に値する。

図表2　「質的・量的金融緩和」におけるマネタリーベースの拡大ペース

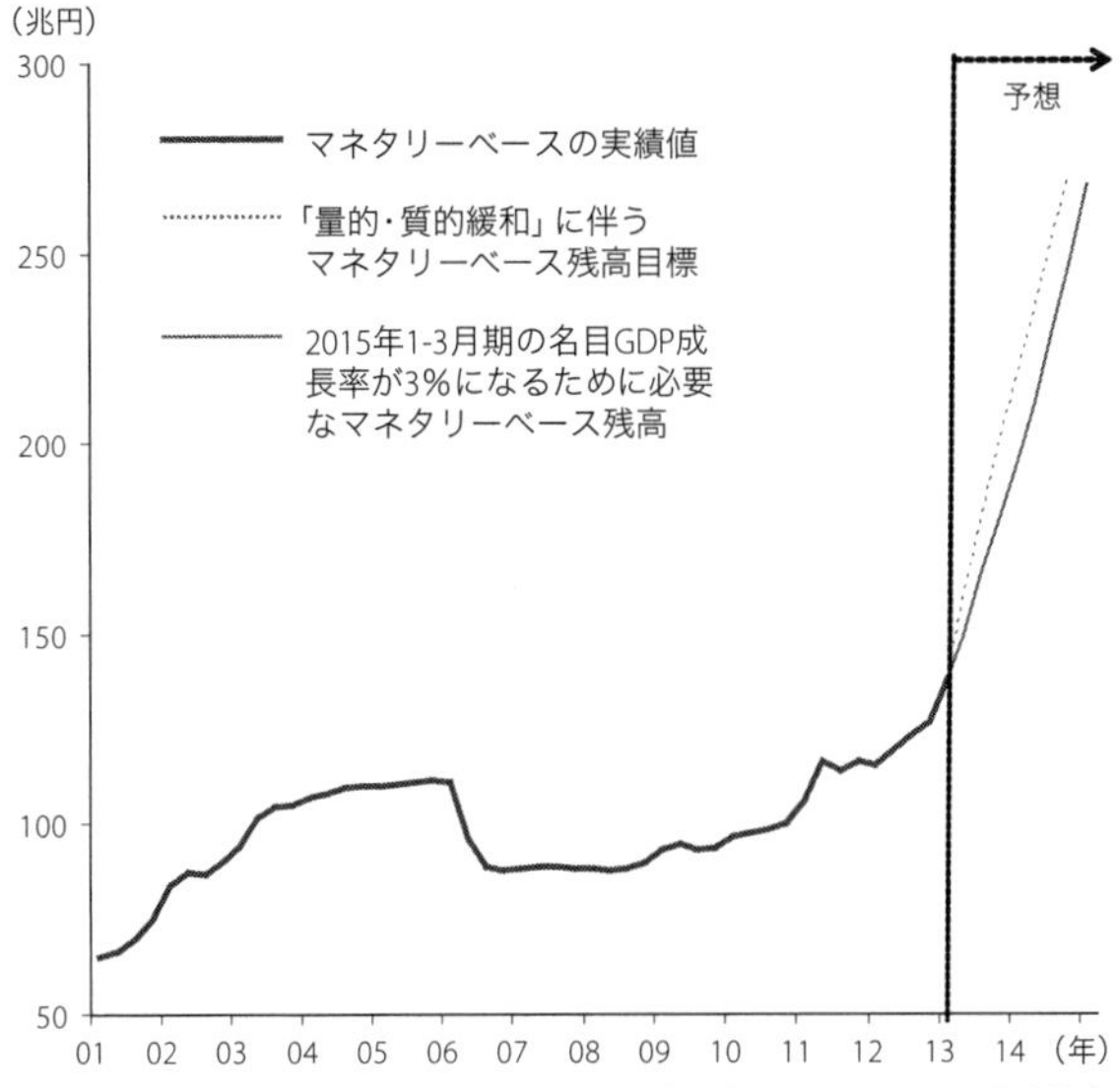

出所：内閣府、日銀データより著者作成

第二の課題は、この「レジーム転換」を具体的にどのようなペースの量的緩和で実現するかという点である。リフレーション政策において「レジーム転換」は最も重要な成功要件の一つであるが、日銀総裁、及び副総裁が単に「デフレ脱却させる」と宣言しただけでデフレが止まる訳ではない。デフレ脱却を宣言したからには、それ相応の量的緩和政策の実行が必要となる。そこで、今後、新生日銀がどの程度の量的緩和を行う必要があるかという点で参考になるのが、リーマンショック後のバーナンキ率いるFRBの量的緩和であると思われる。

バーナンキはリーマンショック後の経済危機の局面でマネタリーベース（中央銀行の供給する一種の「流動性」資金）の残高を直近時点までの約三年で三倍近くまで増加させた**（図表**

1)。この「三年で三倍」という増加ペースは、リーマンショック後の金融機能が毀損した状況下でも平均的には米国経済が名目GDPベースで五％成長の維持を可能にする「流動性」供給量であると推測される。前述のように、自身が世界大恐慌分析の大家でもあるバーナンキFRB議長は、彼自身の大恐慌期の金融政策に関する分析結果に基づいて極めて大胆なマネタリーベース拡大政策を採用した。採用時には、将来のインフレ懸念や短期金融市場の機能喪失懸念などの批判が浴びせられたが、米国経済の復調が確かなものになりつつある現時点では、金融政策に対する批判はほとんど聞かれなくなった。結局、平時からみると「常識はずれ」と思われた超積極的な量的緩和によって、信用収縮をともなうデフレ懸念を適正な予想インフレ率の水準へ誘導することに成功し、同時に金融システムの安定にも成功しつつある（米国の銀行貸出は大恐慌期と比較して、想定以上に早期に拡大に転じている）。

同様の方法で、新体制の日銀による「質的・量的緩和」を評価していると、「二年間で二倍のマネタリーベース供給残高に誘導する」という量的緩和スタンスは、ほぼ、二年間で名目三％成長路線に回帰させる政策に一致していることがわかる。すなわち、デフレ脱却に十分可能なマネタリーベースを供給する政策を一回の「質的・量的緩和」によって決定したことを意味している（**図表2**）。

今後の日銀の金融政策の成否（言い換えればインフレ目標の実現の成否）は、このバーナンキ流の大胆な量的緩和拡大にどの程度近づけるかにかかっているのではないか。

四　デフレ脱却と財政政策

アベノミクスにおける公共投資、及び成長戦略の詳細な考察については、他稿に譲るが、「デフレ脱却」にフォーカスした場合、財政政策や成長戦略（産業政策）の寄与はそれほど大きくないというのが大恐慌研究でのコンセンサスになっている(5)。より具体的には、大恐慌からの脱出プロセス、特にデフレがマイルドインフレに転換する局面での財政政策の寄与はほぼゼロであるとされている。すなわち、財政政策は、議会での審議や多数決など、実際の財政発動までに時間を要するため、財政支出拡大によって需要が拡大するころには、既にインフレ率は上昇していたためである。つまり、オールドケインジアンの想定する「財政政策発動による実体経済上の需要創出とそれによる需給ギャップ拡大」が直接的にデフレ克服に寄与した訳ではなかったのである。

オバマノミクスにおいても、減税によって個人消費が急拡大したという証拠はない（そのほとんどが貯蓄率の上昇で相殺されており、米国では「公債の中立命題」が成立している。それゆえ、いわゆる「財政の崖」問題による個人消費の落ち込みがいまのところみられない）し、リーマンショック直後の二〇〇九年には公共投資の拡大はあったものの、それが景気を大きく押し上げた形跡もなく、逆にその後の減少局面で景気回復の足を引っ張った形跡もない。

ただし、ここでリフレーション政策における財政政策の役割を全否定するつもりはない。大恐慌期のデフレ局面において、多くの国が「均衡財政」を採用していた。これが一転、「財政拡大」に転じることは、「経済政策全体の枠組みが変わった」という「レジーム転換」を強く意識させる効果を持つ可能性は否定できないためである。なお、「デフレ脱却」という論点とは別に、老朽化したインフラの整備という観点での経済政策は別にすべき課題であろう。老朽化したインフラなどの社会資本の整備は国全体の生産性を高める可能性があることは否定すべきではない。また、この局面での財政政策でより重要なことは、財政拡大の可否ではなく、むしろ、ある程度の財政支出拡大による短期的な財政状況の悪化がすぐに財政破綻につながる訳ではないという点であろう。

五　リフレーション政策における「成長戦略」とは何か?

デフレ局面では、多くの企業が急激な収益環境の悪化に見舞われる。その一方、雇用削減、設備投資抑制などのストック調整は収益環境悪化の後追いになるケースがほとんどであるため、企業の「生産性(企業の生み出す付加価値を労働投入、及び資本投入で割ったものがベースとなる)」は悪化する。因果関係では、デフレの進行が生産性の悪化に波及すると考えられるが、デフレが深刻化する過程では、「生産性の低下こそがデフレの原因である」との見方が台頭しがちである。そして、これがデフレ期において成長戦略の必要性を後押しする大きな理由となっている。

リチャード・フロリダ加トロント大学教授によれば、世間的な認識とは逆に、次世代を担う有望産業は恐慌などの経済危機の時に萌芽期を迎えていたケースが多いという[6]。ただし、危機の局面では、それらの産業に資金が回ることはないため、目立った成長を実現することはなく、当然、デフレ脱却に寄与することもない。しかし、危機を克服する（デフレを脱却する）局面で、これらの産業の高成長がみられると指摘している。その理由は、新産業の勃興にはリスク選好の高い資金（ベンチャーキャピタルやエクイティファイナンス）が必要だが、デフレ下でリスク許容度が大きく低下している局面では、このような「ハイリスク・ハイリターン」型の新興産業に向かうリスク許容度の高い資金が提供される機会は著しく低いと言わざるを得ない。

また、ハロルド・コール米カリフォルニア大学教授らの大恐慌期の企業の生産性低下に関する研究[7]では、一九二九年から一九三三年までの四年間のデフレ期における世界一七カ国の企業の生産性低下が、金融仲介機能、及び信用創造機能の不全（特にリスク選好の高い資金が集まる株式市場の機能不全）によるものであるとされている。このことは、金融政策を中心としたリフレーション政策の初期の効果である株価上昇が、株式市場の活性化をもたらすことができれば、その国の産業組織によほどの構造的問題がない限りは、エクイティファイナンス機能の回復から企業の生産性は回復に転じ、事後的に生産性が改善する可能性が高いことを示唆している。さらに、『昭和恐慌の研究』における筆者の研究では、昭和恐慌期においても、金融緩和による株式市場の回復がエクイティファイナンスの興隆を通じて会社新設の拡大を実現させたことが示されている[8]。

「産業政策」というと、情報優位にある政府がそれを生かして将来の成長余地の高い有望産業を「発掘する」ことが想定されがちである。しかし、政府が事前に指定する産業が有望産業になるケースはそれほど多くない。また、政府が恣意的に有望産業を指定する段階で利権が発生する誘因が存在し、かえって経済厚生を悪化させる懸念がある（いわゆる「レントシーキング」）。デフレ局面で特に重要なのは、資金需要が発生した企業に資金を円滑に供給できる仕組みを作ること、また、株式市場を活性化させ、投資家のリスク許容度を低下させること、である。その意味で、政府にとって真に重要な産業政策は、資本市場の整備である。

六　リフレーション政策と金融システムの維持

「アベノミクス」を国際比較の観点から考察するのが本稿の目的であった。ここまでは、主に大恐慌期、及びリーマンショック後の米国のリフレーション政策との比較・考察を行ってきた。最後に、債務危機下のユーロ圏との比較を試みたい。リーマンショック後、米国に代わり、経済の覇権を握るかのような期待が高まったユーロ圏だったが、その後、債務危機が金融危機に深化する形で、一転、世界経済最大のネガティブリスク要因となっている。二〇一一年一一月よりＥＣＢ（欧州中央銀行）総裁に就任したマリオ・ドラギ氏の矢継ぎ早の「流動性」供給政策によって、ユーロ圏の金融危機が世界的な金融危機に深化する懸念は遠のいた。しかし、ユーロ圏経済全体の状況はむしろ深刻化している。一連の危機のきっかけを作った「ＰＩＩＧｓ（ポルトガル、アイルランド、イタリア、ギリシャ）」の経済状況は言うに及ばず、最近では、フランス、オランダの景気悪化が深刻化しており、ユーロ圏で数少ない「勝ち組」国と思われていたドイツさえ、景気はむしろ後退に向かっている。(9) 高止まりしていたインフレ率も全般的に低下傾向で推移し始めたことを考えると、今後、ユーロ圏は現在の日本に近いデフレに陥るリスクが着実に高まっていると考える。

そこで、「アベノミクス」の行方を考える上でのこの「ユーロ圏」の位置づけを考えてみよう。ユーロ危機の最中に、ECBはマネタリーベースの供給量をこれまでの二倍以上に拡大させた。これを一部の経済学者は「ECBもFRB並みの大胆な量的緩和に転じた」兆候であると評価したが、筆者は、これは必ずしも適切ではないと考える。ドラギ総裁を中心とするECBは、ユーロ圏の金融危機によってユーロ圏の金融機関が破綻した際、リーマンショックに匹敵するような信用収縮が世界的な規模で発生することを懸念し、これを回避すべく、ユーロ金融市場の機能をECBが一時的に肩代わりしたに過ぎないと考える。それゆえ、金融危機が一応遠のいた現時点でECBによるマネタリーベースの供給量は景気後退が次第に深刻化しているにもかかわらず減少している。

確かにこれによって世界的な金融危機を未然に防いだ点は評価すべきであろう。ただ、ECBの政策では、金融市場の機能がECBによって維持されたに過ぎず、ユーロ圏の金融機関による信用収縮がユーロ圏の景気の悪化とデフレ懸念をもたらしつつある。すなわち、ECBの金融政策は、需要を喚起させて、ユーロ圏のデフレ懸念を払拭させるようなものではなく、ユーロ圏の金融機関の破綻リスクを低下させたにとどまっているのである。これは、金融システムの安定化に金融政策を割り当て、デフレリスクというマクロ経済のリスクには関与しないという政策スタンスである。実際、ECB首脳の発言等を総合すると、現局面でのECBによるマクロ金融政策的な意味合いでの量的緩和拡大は、インフレリスクを高めかねないとして消極的である。つまり、ECBにとって重要なのは、金融システムの維持であり、必ずしもマクロ経済ではない可能性がある。

実はこれは、白川体制までの日銀の金融政策と相通じるものがある。白川体制までの日銀は、金融システムに何らかの問題が生じるリスクが台頭した場合、迅速に資金供給を行ってきた。しかし、この危機が収まると迅速に資金を吸収し、結果、デフレ解消を妨げてきたと考えられる（東日本大震災の局面がその好例である）。

一旦、金融システムが毀損すれば、金融機関の資金仲介、信用創造機能の不全から信用収縮が発生し、やがてデフレが発生する。金融システムの機能維持自体は、デフレ回避のために必要不可避な政策であるのは事実である。しかし、金融システム維持を重視しすぎる余り、リフレーション政策をおろそかにしてしまっては経済政策的には本末転倒である。中央銀行の本来の役割は何かという議論がいつの間にか忘れさられてしまっているのが現行のECBの金融政策ではないかという懸念を持つ。

前述のように、「アベノミクス」の下での金融政策は、「アンシャンレジーム」下の金融政策との決別を実現させたといえよう。この「レジーム転換」の正しさは、現在のユーロ圏の経済状況をみるにつけ、正しい判断であると考えられるのである。

注

（1）この米国の大恐慌研究の成果を日本における昭和恐慌研究に応用したものとしては、岩田規久男編（2005）がある。
（2）ルーズベルト大統領がとったリフレーション政策に関しては、安達（2009）を参照のこと。
（3）Romer（1992）を参照のこと。
（4）Bernanke（2004）がその集大成である。
（5）例えば、前述の Romer（1992）などがその代表例である。
（6）Florida（2010）を参照のこと。
（7）Cole, Harold.L, Ohanian, Lee.E and Ron Leung（2005）を参照のこと。
（8）岩田規久男編（2005）第六章を参照のこと。
（9）現在、ユーロ圏では、新たに危機を迎えそうな国の候補としてＦＩＳＨ（フランス、イタリア、スペイン、オランダ）の存在が取り沙汰されるようになっている。

参考文献

安達誠司（2006）『脱デフレの歴史分析』（藤原書店）
安達誠司（2009）『恐慌脱出』（東洋経済新報社）
岩田規久男編（2005）『昭和恐慌の研究』（東洋経済新報社）
Bernanke, Ben（2004）“Essays on the Great Depression”（Princeton Univ. Press）
Cole, Harold.L, Ohanian, Lee.E and Ron Leung（2005）“Deflation and the International Great Depression: A Productivity Puzzle”（NBER Working Paper 11237）
Florida, Richard（2010）*The Great Reset : How the Post-Crash Economy Will Change the Way We Live and Work*（Haper Business）
Romer, Chistina.D（1992）“What Ended the Great Depression?” *The Journal of Economic History*, vol. 52

量的緩和と連動する公共投資で早期の脱デフレに導け

田村秀男

公共投資は罪悪か

アベノミクスの「三本の矢」は金融緩和、財政出動と成長戦略である。二本目の財政出動、中でも公共投資（予算用語では公共事業）については識者の間で評価が分かれる。自民党建設族を大きく動かした「列島強靭化計画」の発案者、藤井聡京都大学教授（内閣府参与）は三〇〇兆円規模の公共投資によるインフラ整備を主張している。多くの学者やメディアは、老朽化が進んでいるインフラの維持補修については必要性を認めるものの、新規投資については「古い自民党のバラマキの発想」「財政赤字を膨らませるだけ」と断じている。かたや公共投資を善とみなし、一方は悪とみなす立場の対立であり、議論はかみ合っていない。七月の参院選という政治的動機が安倍晋三内閣による公共事業主導の大型予算に踏み切らせたが、日本経済再生戦略の一環とは言い難い。安倍内閣はこの際、日本経済が一五年デフレから早期に抜け出すためのマクロ経済政策としての公共投資をしっかりと位置付けるべきだ。

メディアに身を置く者として、痛感するのは、公共投資についての嫌悪感を抱く同僚たちの多さである。非難の要点は、「田中角栄」流土建国家路線、政治家の醜いまでの利権動機、効率の悪さ、経済への波及効果の低さ、財政の浪費、財政赤字の膨張という具合で、公共投資罪悪論がメディア界に蔓延しているのが実情だ。これらの見方が投影して増長するのが、メディアの財政再建至上主義であり、消費税増税推進のキャンペーンである。

こうしたメディアの論調は、円高・デフレ容認と表裏一体となってきた。日経新聞をはじめ主要全国紙の論説委員たちは、放漫財政で無駄な公共投資を続けると財政破綻のリスクが高まり、円も国債も暴落すると警鐘を鳴らし、同じ見方を繰り返してきた日銀の白川方明前総裁の政策を支持してきた。その結果、メディア側には、脱デフレを求め、日銀に対して中央銀行としては国際常識になっているはずの量的緩和政策を迫る筆者のようなジャーナリストはほんの数えるばかりである。

こうして財務官僚は消費増税、日銀官僚は円高デフレ放置の金融政策について、世論の抵抗を最小限に抑えることに成功してきた。

安倍首相が実際に踏み切るかどうかは不明だが、本音は消費増税の実施を延期したいと聞いている。ともかく、アベノミクスは、財政と金融に対するメディア主流の財務省、日銀への追随路線をほぼ全面否定し、世論を引き寄せることに成功した。アベノミクスは、時代の要請から大きくかけ離れたメディアの堕落を浮き彫りにした、まさに画期的な政治主導と言える。

他方で、筆者のようなリフレ派と外部から見られる陣営（筆者自身はリフレという用語を好まず、反デフレ派を自称する）では、「大胆な金融の量的緩和」と「消費増税反対」という見解はほぼ共通しているのだが、こと公共投資あるいは財政出動については大きく分かれる。

リフレ派の論客の多くは、変動相場制の下では財政出動の効力が乏しいとして金融政策を重視する「マンデル・フレミング理論」の信奉者である。これに対して、日本では今や少数派のケインジアンたちは、金融の量的緩和効果を否定しないものの、財政出動による有効需要喚起策による脱デフレ効果に重点を置いている。

一〇〇兆円の財源は創出できる

筆者は、脱デフレと経済成長をもたらすなら、財政と金融の両輪をフル稼働させるべきだと考える。財政だけ、あるいは金融に偏重するようなマクロ政策は、一五年もデフレが続く異常な日本経済に当てはまるとは思えないからだ。もちろん、政府の総債務残高が国内総生産（GDP）の二倍に達する日本で、従来のように国債の増発に頼って公共投資など大型の財政出動に踏み切るのはためらわざるをえないが、金利がゼロでもカネが凍りついたままのデフレ経済では、政府が民間資金を吸い上げて財政出動してヒトとモノを動かすのは極めて妥当に違いない。

要するに問題は財源だ。

世界最大の債権国である日本の場合、活路は十分ある。そのアイデアは麻木久仁子、田中秀臣両氏との共著『日本建替論』（藤原書店）で詳述しているが、要は政府が保有する米国債約一〇〇兆円を日銀に譲渡し、一〇〇兆円を日本再生のための投資基金として確保する。米国債を市場売却すれば同額の資金を得られそうだが、実際には米国債相場への悪影響を気にするワシントンが怒り出し、日米の同盟関係をぶち壊すのではないかという恐れも政界内で強い。ならば、日銀の帳簿に移し替えれば済む。先進国では中央銀行が外国国債を直接買い上げ、保有するのが常識である。そしてその国債発行国の中央銀行に預託する。米国債の場合、日銀は米連邦準備制度理事会（FRB）傘下のニューヨーク連邦準備銀行に預け、連銀の了解を得ながら必要に応じて売買するというのが正常な姿である。事実、日銀法が改正されるまではそうだった。

改正日銀法第四〇条では、外国為替の売買は「国の事務の取り扱い」に限られ、日銀自身の裁量による外国債の売買は禁じられている。つまり、外国為替資金特別会計を管理する財務省が米国債の全権を掌握している。日銀は単なる財務省の下請け機関に過ぎないという位置づけで、財務省の事務を代行する形でニューヨーク連銀と米国債の取り扱いを話し合う。この条項は一九九七年六月に成立した改正日銀法に盛り込まれたが、その条文案を日銀に提示し、日銀に丸のみさせたのが財務省である。改正日銀法が九八年四月から施行されると、外為の売買は財務官僚の縄張り、専権事項となり、日銀は外債の保有からも手を引くことになる。日銀は九八年三月末の外債保有額を一八三八億ドルから翌月末には一挙に二七二億ドルまで減らした。全日銀資産に占める外債の保有シェアは九五年末で二四・七％だったが、現在では三〜四％に過ぎない。

日銀法改正を踏み台に、財務官僚は自身の権益を大幅に拡張した。約一〇〇兆円に上る政府の外貨資産を一手に管理、運用する財務省の国際局はいわば巨大な投資ファンドの支配者である。というのは、財務省は円売り・ドル買いのため外為市場に介入する際、政府短期証券（ＦＢ）を発行し、民間金融機関から円資金を調達する。ＦＢは償還期間が三カ月と短いために、絶えず借り換えのために巨額のＦＢを発行する。そのＦＢの売買で民間金融機関は手数料収益を挙げられる。財務官僚として、これらの金融機関は絶好の天下り先になる。また、豊富な外貨準備を運用する国際局系の官僚は、国際通貨基金（ＩＭＦ）を中心とする国際金融コミュニティーで大いに歓迎されるようになる。

一方、日銀のほうは財務省のドル買いのために資金提供を強要されることは実質的になくなり、「中央銀行としての独立性」が確保されたと大喜びである。財務省は介入資金調達のためにＦＢを発行するのだが、旧日銀法の時代はそのＦＢを日銀に直接引き受けさせることが多かった。その場合、日銀はＦＢの市中売却によって資金を吸い上げる「不胎化」政策をとるが、財務省の了解を経なければならなかった。

日銀法改正後は、財務省が円売り、ドル買い介入の業務を日銀に委託するだけで、財源は日銀資金ではなくＦＢに限定される。ＦＢ発行による資金調達が事務的に完了するまで日銀資金が利用されるが、日銀がＦＢを直接引き受けることはなくなった。さらに、日銀による外為取引は事務に限定されるので、外債を保有することは意味をなさなくなり、保有外債の大半は財務省に移管されたのだ。

財務省がＦＢ発行で資金調達し、米国債を買う現行システムはマクロ経済上、重大な誤りを引き起こす。本来は国内投資に向けるべき貯蓄が政府の手で吸い上げられ、米国債購入に充当されること自体異常である。世界の主要国で巨大な外貨準備を抱えている国は日本以外では中国など新興国しかないのだが、日本はわざわざ貯蓄を原資にしている。しかも、これまでの円高で、外為特別会計は四〇兆から五〇兆円もの為替差損を被っている。ＦＢという短期の債務で為替リスクを伴う米国債という長期債券を運用するのは民間の金融機関ではありえない。長期の米国債を購入するなら、日銀券という、無利子の永久国債同然の債務証書を原資にするのがスジというものだ。

外為特別会計の一〇〇兆円相当の米国債を日銀に譲渡する意義は、日銀の業務を国際標準に戻すことばかりではない。国内で使われるべき一〇〇兆円を国内に回帰させることだ。そのためには上記の日銀法四〇条の改正が必要になると指摘されるかもしれないが、同条は日銀による外債保有自体を禁じているわけではない。そもそも国益を無視して財務省の省益を優先するような法解釈が許されるはずはない。

こうして官僚の思惑に左右されることなく、債務を増やすことなしに一〇〇兆円規模の日本再生基金を創出できる。つまり、安倍内閣は政治的に決断さえすれば、公共投資を含む長期的な財政出動のための財源を容易に確保できるのだ。

公共投資の効率を改善するには

残る大きな課題は、むしろ公共投資をどう位置づけ、日本再生に生かすかという実行プログラム、言わば基本ソフトウエアにある。

まず、「無駄で経済効率が悪い」という公共事業をどう考えるべきか。

筆者の出身地、高知県を例にとろう。何しろ高知県の場合、自動車、電機など輸出産業がほとんどなく、県経済の公共投資への依存度は全国の中でもずば抜けて高く、一九九〇年代後半からの公共事業削減とともに、県民所得を減らしてきた。

筆者が一八歳まで過ごした県央の山間部では、氾濫を繰り返してきた谷川の水を一級河川に流し込むための長大なトンネルが出来、ふもとの集落は洪水を免れるようになった。ところが山あいを縫う狭い町道は整備されないまま、事故で折れ曲がったガードレールがところどころで車道に向け突き出ており、慣れない者は車体をガリッと傷つけてしまう。過疎化は止まらず、ほそぼそと高齢者が守っている田畑では猪、猿が我が物顔で横行している。「まるで縄文時代だ」と知り合いが嘆くありさまだ。ふもとの町では新しい道路が出来たが、行き交う車はほとんどない半面、旧集落は新道で遮断され、隣近所のつきあいが途絶えた。

他方で幹線の狭い国道は昔のままで、高知市に向かう車で渋滞がひどい。自治体は山裾を切り崩しながらバイパス道路工事に着手したが、見ると所々で寸断され、多くは工事が中断されたまま野ざらしになっている。地元の土建業者の何社かが廃業に追い込まれた。

もとより人口密度が少なく、工業立地もほとんどない地方での公共投資の経済波及効果が貧弱なのは当然である。だからと言って、「浪費だ」と決めつけて予算を削り、工事を中断して貫通させないこと自体が、地方の一層の疲弊を招いている。

別の地域の山間部国道沿いドライブインでは山でとれる岩ダケ（希少キノコの一種）、山菜などの特産物が好評である。舗装された農道を頼りに山村に入ってみると、突如、幾層にも重なっている見事な棚田が見える。その下では神戸から移住してきた料理人がレストランを開いている。背後の棚田がU字型で音響効果がよいだろうとみて、夏には知り合いの楽団を呼んで、このレストランの敷地でクラシックの屋外コンサートを開くという。

以上は高知県の光景のほんの一端なのだが、それだけでもインフラ整備と地域再生の統合プログラムの必要性を痛感する。プログラムが地域住民の手作りででき上がれば、地方での公共投資の効率の悪さはかなり補える。半面で、そんなソフトが欠如しているようだと、無駄が無駄を呼ぶのである。

もともと公共投資（国民経済計算で言う「総固定資本形成」）の実施主体は地方政府が約七五％で、地方主導である。地方自治体は中央政府から補助を財源に、声の大きい地元の利益勢力の圧力に押されて無計画な事業に予算を付けているケースが目立つ。中央の政治家は地元への利益誘導のために公共投資予算の上積みを霞が関に働き掛けることはあっても、無駄な投資のカットには無関心である。中央官庁も補助金の総枠を査定しても、個別の事業の評価までは手が回らない。こうして、公共事業の多くは確かに経済効率よりも政治的動機により選定され、実行される。もともと不要不急な事業は、中央補助がカットされると、いともたやすく中断に追い込まれるのだろう。

公共事業の効率を改善するためにはどうすべきだろうか。事前の事業評価や経済波及効果、負担と利益の計算を厳密に行うとはもっともらしいが、上記の高知県のようなインフラ投資が、東京のような大都市圏での橋や道路整備のような高い経済利益を生むはずがない。やはり自治体が自覚して地域経済の活性化や利便性、防災などの安全性など、総合的な地域社会への貢献度を評価して優先順位を決める。しかもそのプロセスを広く公開して、地域住民や外部からの批判にさらすべきだ。

財務官僚の策謀

地方や地域の観点からすれば、公共投資は老朽化したインフラの維持・補修を含め、経済の物差しでのみ判断するのは現実のニーズに合わない。しかし、国家レベルでは、国土全体の保全や耐震化、強靭化の視点と合わせ、マクロ経済効果を総合的に判断すべきなのだが、公共投資は不当なまでに貶められ、財政政策上の位置を引き下げられてきた。その背後には、増税と公共事業削減に奔走する財務官僚の策謀がある。

代表例が二〇一〇年八月二九日に内閣府計量分析室がインターネット・ホームページの「経済財政政

策関係公表資料」コーナーで「計量経済モデル資料」として追加公開した「経済財政モデル（二〇一〇年度版）」である。地味で目立たないが、内閣府計量モデルは言わば、国家経済財政を方向づけるための「羅針盤」である。首相が菅直人、野田佳彦と続く民主党政権下での消費増税と財政健全化プログラムを導きだした。現在の内閣府に統合された旧経済企画庁のエコノミストで、計量経済学の大家でノーベル経済学賞受賞の、米ペンシルバニア大学のL・R・クライン教授と共同で独自の計量モデルを開発済みの宍戸駿太郎筑波大学名誉教授に言わせると「狂った羅針盤」である。

計量モデルの内容はいかにも高度で専門的で、思わずすっ飛ばしたくなるが、実は単純で、「乗数効果」さえ理解すればどうってことはない。乗数効果とは公共投資や増減税の結果、どれだけ景気や財政収支で効果があるかという予測値で、財政政策を動かす。入力する変数次第で、計測値は大きく変わるので、計量モデルと銘打っていても、人為的操作の産物なのである。

「官僚の中の官僚」で、内閣府計量分析室の人事権を事実上握る財務省官僚が、並み居る官庁エコノミストたちに指示し、羅針盤を操作する。菅直人氏は財務相時代の二〇一〇年一月下旬、参院予算委員会の質疑で乗数効果について答弁できず、立ち往生した。官僚はそんな経済音痴につけ込んでいとも簡単に菅氏を屈服させ、操縦するようになった。

くだんの計量モデルを見ると、いかにも増税論者に都合のよい乗数効果が満載されている。公共投資を減らしても増税しても国内総生産（GDP）はさほど減らず、財政収支が改善に向かうという基調で一貫している。公共投資を一単位追加しても、経済への波及効果は一にも満たないとし、民主党政権のスローガンだった「コンクリートから人へ」のロジックを裏付けてもいる。消費税については、二％ポイントずつ引き上げると、消費者物価は一・三％以上押し上げられ、公債発行残高は五年目にはGDP比で実に四・六一％分も減るという具合である。一％程度の物価上昇による脱デフレ、増税と成長の両立と財政再建をうたい文句にする民主党政権はこのシナリオに飛びついた。

宍戸・クライン・モデルはもとより、日本経済研究センターなど他の有力民間経済研究機関のモデルが示す乗数効果に比べて、内閣府モデルは極端なまでに増税、財政支出削減によるマイナス効果を低く見積もっている。民間機関の公共投資乗数効果は軒並み二以上、つまり公共投資を一兆円追加すれば二兆円の波及効果があると見積もっている。内閣府モデルとのギャップはいかにも不自然だが、日経センターなど権威あるシンクタンクは不思議なことに内閣府に論争を挑んだこともない。もともと旧経済企画庁や内閣府出身者がトップに座る日経センターの場合は、旧同僚の批判を避けているのである。

個別のケースを見ると、高知県での道路建設は確かに県民所得増加予想額は投資額に満たないだろうが、大都市圏でのバイパスや大型橋の建設は数倍、数十倍もの効果があるはずだ。また八ッ場ダムのような場合、確かに波及効果は低いだろうが、工事中断に伴う損失の大きさを評価しないのは重大な誤りを生む。

全国ベースで考えるとどうか。バブル崩壊後の一九九五年度に日本の公共投資は三一兆六〇〇〇億円に上り、八八年度より一三兆二〇〇〇億円増やしたが、その間名目GDPは一一四兆円増えた。公共投資を主とする財政出動がバブル崩壊に伴う経済への打撃を抑え、成長を持続させたのである。逆に、九七年度から政府は公共投資の削減を始め、二〇〇八年度以降は一五兆円前後、ピーク時よりも一五兆円以上カットした。ところが、九八年度からデフレが始まり、名目GDPは一一年度に九七年度比で五五兆円も減った。九七年度には消費税率引き上げに踏み切ったことからみても、増税と公共投資削減のセットが、名目GDPを物価下落以上の幅で減らす日本型慢性デフレの元凶になったと推定できる。デフレとともに、税収は大きく減る半面で社会保障支出は膨張を続け、政府債務が膨らんだ。

内閣府計量モデルについては、一〇年一月五日、当時の鳩山由紀夫首相が宍戸駿太郎教授らの指摘を受けて、内閣府に見直しを命じたいきさつがある。ところが、その矢先に鳩山首相は退陣に追い込まれた。内閣府計量分析室はほんのわずか微調整しただけで、素知らぬ顔で以前とほぼ同じモデルを菅内閣に受け入れさせる一方、宍戸教授らの問い合わせをしばらく無視し続けた。それが上記の二〇一〇年度版なのだが、旧モデルと中身の差はほとんどない。

マクロ経済政策の失敗を省みずに、内閣府は財務官僚の意向を受けて「狂った羅針盤」を設計して、不当に経済効果を評価し、更なる失敗を重ねようとしているのが現状なのである。

金融・財政の両輪をフル稼働させよ

「アベノミクス」はこれまでのところ、金融の量的緩和への期待から来る円安をもたらし、株価を引き上げ、世間のこれまでの悲観ムードのかなりの部分を払拭するのに成功している。しかし、黒田東彦日銀総裁や岩田規久男副総裁の新日銀体制による金融緩和あるいは円安頼みで、二％のインフレ目標達成を黒田総裁が約束したように二年程度で達成できるだろうか。過去の一五年間のうち二度あった二年間程度の円安期でもデフレ基調はびくともしなかった。

他方、円安による燃料や原材料の輸入価格の上昇を背景に、鉄鋼、石油化学、繊維など産業素材、さらにトイレ紙やティッシュ紙、小麦粉などでも値上げの動きが広がっている。ところが、やはり過去一五年間の経験では、これら企業の出荷段階での値上げと消費者物価とはほとんど連動しない。企業は出荷価格を引き上げても末端の小売り段階では、その価格では売れないとして値上げできていないし、逆に値下げしているケースもあるのが実状だ。結局、コストの上昇分は下請け企業や流通業者が負担し、最終的には全体の雇用や勤労者所得にしわ寄せされる。

やはり、経済学の原点に立ち返り、総需要を引き上げるしかない。安倍内閣は今、ビジネス界に賃上げを働きかけ、流通業界や自動車業界ではその声に応える動きがある。しかし、非農林水産系雇用の八割を受け持つ中小企業を含め産業界全体に賃上げが浸透するためには、やはり金融と財政の両輪を連動させてフル稼働させる必要があるはずだ。

安倍内閣は公共投資など財政出動を正当に評価し、脱デフレに寄与させるプログラムを再構築するべきなのである。単に、選挙目当てだけの一過性の水増しで済ませてはならない。

安倍内閣の財政政策

片岡剛士

本稿ではアベノミクスを支える「機動的な」財政政策について検討する。具体的には、第二次安倍政権の経済対策（日本経済再生に向けた緊急経済対策）と、二〇一四年四月から予定されている消費税増税についてみていきたい。

「日本経済再生に向けた緊急経済対策」の概要

昨年の一二月二六日に成立した第二次安倍内閣がまず着手したのが、二〇一二年度補正予算による経済対策の実行である。これは「日本経済再生に向けた緊急経済対策」として今年の一月一一日に閣議決定され、二月二七日に成立した。

二〇一二年度末まであと二カ月くらいしか期間がないにもかかわらず二〇一二年度補正予算に基づく

図表1　日本経済再生に向けた緊急経済対策

（兆円）

	国の財政支出	事業規模
Ⅰ．復興・防災対策	3.8	5.5
東日本大震災からの復興加速	1.6	1.7
事前防災・減災	2.2	3.8
Ⅱ．成長による富の創出	3.1	12.3
民間投資の喚起による成長力強化	1.8	3.2
中小企業・小規模事業者・農林水産業対策	0.9	8.5
日本企業の海外展開支援等	0.1	0.3
人材育成・雇用対策	0.3	0.3
Ⅲ．暮らしの安心・地域活性化	3.1	2.1
暮らしの安心	0.8	0.9
地域活性化	0.9	1.2
地方の資金調達への配慮・経済対策の迅速な実施	1.4	
公共事業等の国庫債務負担行為	0.3	0.3
経済対策関連計	10.3	20.2
年金国庫負担2分の1の実現等	2.8	
補正予算全体	13.1	

（資料）「日本経済再生に向けた緊急経済対策」平成25年1月11日より筆者作成。

経済対策に踏み込んだのは、アベノミクスの「第一の矢」である金融政策が実体経済に好影響を与えるまでの間、需要を支え、現下の経済状況の下支えを行うという狙いがある。

図表1は日本経済再生に向けた緊急経済対策の支出額をまとめている。それぞれ国の財政支出（一般会計に基づく支出と特別会計に基づく支出を合わせたもの）と事業規模について金額を示した。

図表から補正予算額は一三・一兆円だが、経済対策としての国の財政支出額は、補正予算額から年金の国庫負担等に充てられる二・八兆円を除いた一〇・三兆円となる。内訳をみると、復興・防災対策に三・八兆円、成長による富の創出として民間投資の喚起や中小企業・小規模事業者・農林水産業対策に三・一兆円、暮らしの安心・地域活性化（医療や農業体質強化など）に三・一兆円となっており、そのうち地方の資金調達への配慮といったところに一・四兆円が支出される形だ。

事業規模は、国の財政支出を呼び水にして事業が進んだ場合の支出額である。経済対策としての国の財政支出は一〇・三兆円だが、事業規模は二〇・二兆円となっている。二〇・二兆円から一〇・三兆円を差し引いた差額は国以外の主体（地方自治体や民間部門）が支出すると見込まれている金額であるため、国の財政支出が呼び水になって経済全体にどの程度の影響をもたらすのかを判断することが必要となる。つまり国の財政支出がどの程度の経済効果をもたらすのかが重要となるわけだ。

政府が見積もる効果は過大推計である

政府資料によれば、経済対策は実質GDPを二％程度押し上げ、六〇万人の雇用を創出すると試算されている。補正予算は緊急性を要すること、事業効果よりもむしろ支出可能な事業が優先されることを勘案すると一単位の投資が経済に与える影響を示す乗数効果は一程度であると考えられる。二〇一二年第4四半期の実質GDP（年率ベース）が五一六兆円であるため、一〇・三兆円を五一六兆円で除して二％程度というのが試算の根拠だろう。

しかしこれは過大推計である。なぜかというと、国の財政支出一〇・三兆円は、今回新たに追加された財源ではないためだ。以下この点について検討しよう。

図表2　平成24年度補正予算の枠組み

（兆円）

歳　　出		歳　　入	
1. 事前防災・減災等関連経費	2.2	1. 税収	0.3
2. 成長による富の創出関連経費	2.7	2. 税外収入	0.1
3. 暮らしの安心・地域活性化関連経費	3.1	3. 公債金	5.2
4. その他の経費	0.2	4. 前年度剰余金受入	0.9
5. 規定経費の減額	-1.7		
6. 復興特会への繰入	1.4	5. 前年度剰余金受入（復興税源）	1.1
7 国家公務員等の人件費削減	-0.3		
8. 基礎年金国庫負担等	2.6	6. 年金特例公債金	2.6
合　　計	10.2		10.2

（注）図表1の経済対策にかかる国の財政支出（10.3兆円）は、図表2の歳出（1、2、3）の合計額8兆円に特別会計分2.3兆円を加えた値となる。図表の4及び8を加えた値が補正予算額13.1兆円となる。特別会計分2.3兆円の多くは復興関係経費や来年度の復興財源の追加分である。

（資料）財務省資料より筆者作成。

図表2は一般会計における歳出と歳入の関係をみている。これをみると、歳入のうち税収分は〇・三兆円、税外収入が〇・一兆円、前年度剰余金受入が〇・九兆円、復興財源に回る剰余金受入が一・一兆円、年金国庫負担に回る年金特例公債金が二・六兆円となっており、これらの歳入は既に手当てした、もしくは毎年支出することが予定されている財源である。よって、補正予算で新たに追加された財源は公債金の五・二兆円となる。

公債金五・二兆円の内訳は、建設公債の増額分五・五兆円と特例公債の減額分のマイナス〇・三兆円に分かれる。新たに追加された財源は建設公債であったということだ。

建設公債とは政府が建設事業を行うために発行される公債である。補正予算で追加的に支出するための財源となったのが建設公債であり、その使途は建設事業であると理解すれば、今回の経済対策で何がメインになっているのかは明らかだろう。つまり公共事業を行うということになるわけだ。経済への影響を考える場合には、出資金や移転として処理される用地補償費を除いた金額を計算することが必要となる。建設公債五・五兆円からこれらの額を控除した四兆円程度が、今回の経済対策で公共投資として経済にプラスの影響を与える項目となる。

四兆円の経済効果はどの程度となるのだろうか。乗数が一であることを念頭におくと、補正予算の経済効果は、四兆円を実質GDP五一六兆円で除して〇・八％程度実質GDPを押し上げることとなる。つまり、二％実質GDPを押し上げるという政府試算の半分以下の効果しかないということである。

政府の経済対策には様々なものが含まれるが、建設公債以外は税及び剰余金といった財源によって既に手当された額を使うため、これらによる経済効果はない。経済対策の効果として当面影響するのは四兆円程度ということになり、その効果は政府が発表するほど大きなものではないと考えられるのである。

低下する公共投資の経済効果

以上、国の財政支出の金額に着目しつつ、経済対策の効果が大きくはないことを指摘した。

加えて考慮すべき点は経済対策が行われたタイミングである。今回の経済対策が二月二七日に成立したことを考慮すると、補正予算として計上された公共投資の多くは即座に支出されることはなく、多くが翌年度以降に繰り越されることになる。国の公共事業費は二〇一二年度当初予算額でみて約五兆円である。新たに五・五兆円もの事業を年度末が近づく二月に設定して全て行うのは困難だ。事実、二〇一二年度補正予算で予定した事業の実施は四月に入り本格化し、六月末までに国が行う事業の九割程度が実施段階に入った。

そして支出の規模とタイミングに合わせて考慮する必要があるのが、建設業の供給制約の問題だ。当初予算で計上された金額以上の公共投資を新たに行うには、建設業に国からの受注を受けるだけの余力があることが必要だが、現状はその余力が失われている。

建設業の供給制約の要点は、以下の五つのポイントとしてまとめることが可能である（小林真一郎・中田一良（2013））。

最初のポイントは建設業の規模の減少だ。建設業許可業者数は二〇〇〇年三月時点には約六〇万社だったが、二〇一二年三月末には四八・三万社程度まで減少しており、建設業男性就業者数はピーク時（一九九七年）の五七三万人から二〇一二年には四三二万人と一五年間で二五％程度減少した。男性就業者数は全産業ベースでは二七六万人減少しているが、減少率は七％である。高齢化が進むことで男性就業者数は減少しているが、その半分が建設業におけるものである。加えてクレーン、ブルドーザー、トラクターといった建設機械の保有台数も、ピーク時（一九九九年度）の一二〇万台程度から二〇〇九年度には八〇万台程度に落ち込んでいる。

二点目のポイントは建設業の就業者の高齢化が進んでいることだ。過去一〇年間の建設業の年齢別就業者数（男性）の変化をみると、若年世代（二〇代から三〇代）と熟練技術を有していると考えられる四〇代から五〇代前半の減少幅が大きくなっている。以上から建設業では五五歳以上の労働者の割合が高まるという高齢化が進んでいる。

建設業の規模が縮小したとしても、規模の縮小を埋め合わせるだけの生産性の伸びが確保されていれば、需要の拡大に対応することは可能だが、高齢化が高い生産性を実現することを困難にさせていると考えられる。

三点目のポイントが、建設工事が特定地域に集中していることである。東日本大震災に伴う復興事業や円高対策を反映して公共事業は増加傾向で推移しているが、建設業の就業者は減少傾向にあるため、建設需要が集中している被災地で労働力の確保が困難となっている。全国的に建設業の労働力を確保することが難しい中で、地域別にみても労働力不足に偏りが生じている。

四点目のポイントは、建設業の雇用不足感が高まる中で特に技能労働者への不足感が高まっていることだ。技能労働者は元々数が少なく、かつ短期間のうちに確保するのが困難である。技能労働者の不足によって建設工程の進捗が行き詰まれば、建設計画全体が遅延することにもつながるだろう。

最後のポイントが鉄鋼・セメントといった建設資材の不足である。鉄鋼・セメントの国内生産能力は、一九九〇年代初頭と比較して二割から三割程度減少している。二〇一四年四月に予定される消費税増税前の駆け込み需要を考慮すると、建設資材需要の高まりが予想される。

望ましい公共事業のあり方とは

これまでみたように、今回の経済対策でも政府は大規模な公共事業を行っているが、補正予算に基づく経済対策の規模は、新たに支出される財源の規模に着目すると実は経済対策費として計上された一〇・三兆円の半額程度となる。また経済対策が行われたタイミングから考えると未消化の割合が大きくなると考えられ、さらに建設業自体の供給制約の高まりから当初期待した効果が生じるのは難しいだろう。

公共事業については山梨県の笹子トンネルの天井板崩落事故を契機として、インフラの老朽化問題がクローズアップされている。根本祐二氏（東洋大学教授）が指摘するように、新規投資よりも既存のインフラの維持補修や更新投資を優先する方針を明確化することや、施設やインフラの特徴に応じた管理方法の検討を進めることが重要だ。

むしろ景気対策として公共投資を行うのではなく、中長期的な財政再建スケジュールを明示しつつ、持続的なインフラ整備の観点から公共事業を実行することが必要ではないか。

経済対策として何が効果的か

それでは景気悪化の下支えとしての経済対策にはどのような手段が有効なのだろうか。

筆者が考えるのは定額給付金や社会保険料の減免といった形で人々の懐を温める政策である。所得税減税を行っても現在所得税を負担していない所得階層に減税の効果が及ばないため、むしろ社会保険料の減免の方がより広い層に影響が及ぶ。給付付き税額控除といった形で、税額控除で対応できない残りの層に対して現金給付を行うといった方法も一案である。

第二次安倍政権は二〇一三年三月一日にマイナンバー法案（社会保障・税の共通番号法案）を提出し今国会で成立を見込んでいる。これは国民一人一人に番号を付与して、政府が個人の所得水準や年金・医療の受給実態を把握・管理するというものである。安倍政権は消費税の逆進性緩和のための給付付き税額控除には反対の姿勢だが、マイナンバー制度を導入するのであれば、むしろ特定階層をターゲットとした機動的な減税策を実施する上でも給付付き税額控除の枠組みを作ることが必要だろう。

一九九七年四月の消費税増税の影響とは

安倍政権の今後の財政政策について考える際に重要な論点となるのが、二〇一四年四月と二〇一五年一〇月に予定されている消費税増税である。まず一九九七年四月の消費税増税の影響を念頭に置きながら考えてみよう。**図表3**は国内家計消費の前年比と各財の寄与度をみたものだ。

当時の消費税増税の影響を判断する際に厄介なポイントは、中里透（2010）で整理されているとおり、消費税増税を行った前後の時期には様々なイベントが連続して生じたため、個別のイベントが経済にど

図表3　国内家計消費前年比と各財の寄与度

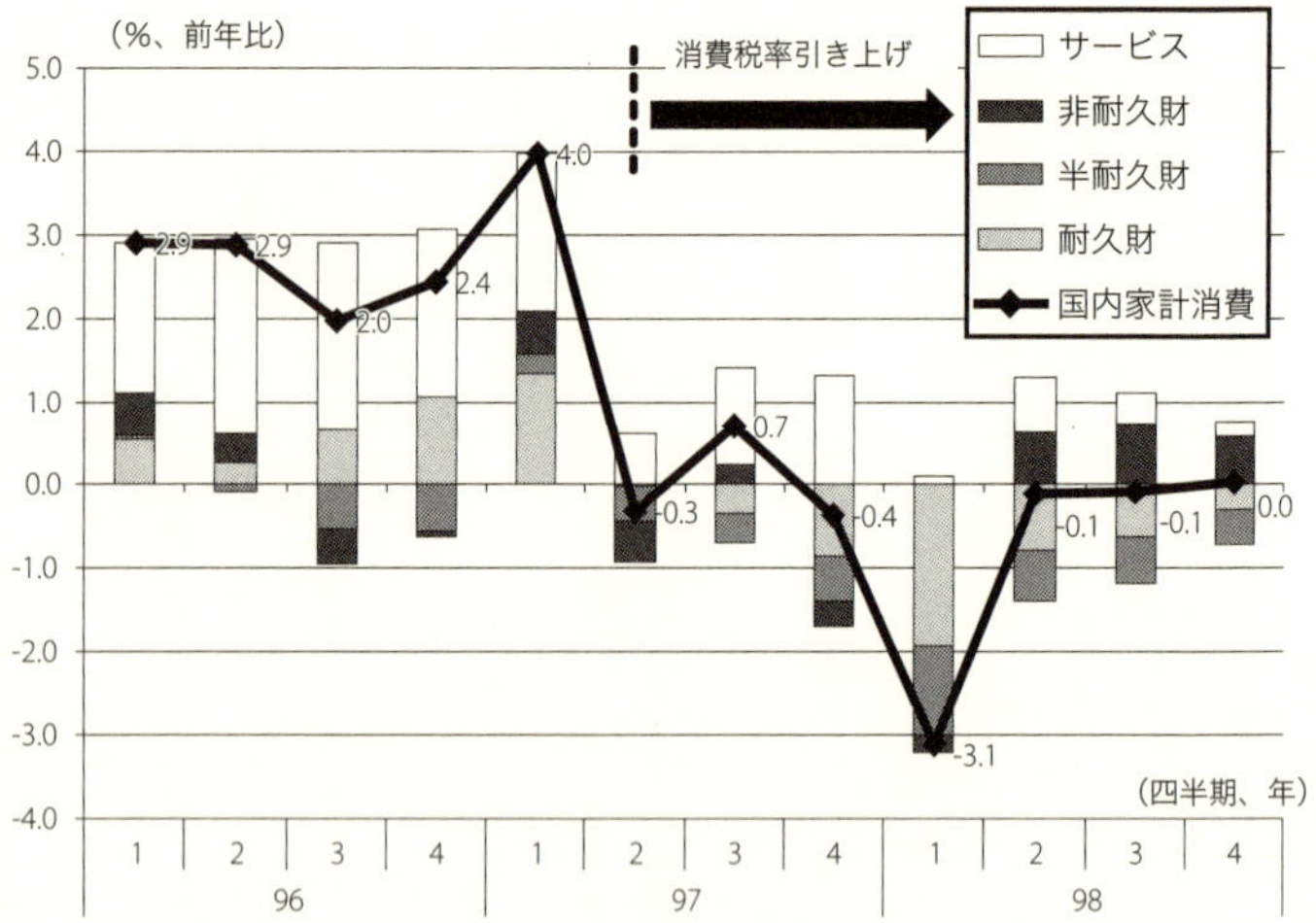

（資料）内閣府経済社会総合研究所『国民経済計算年報』より筆者作成。

のような形で影響したのかを分析するのが困難を極めるという点である。

判断の際にポイントとなるイベントは、一九九六年半ば以降の歳出削減（公共投資削減）、一九九七年四月に実施された消費税率の引き上げと特別減税の廃止、一九九七年七月以降のアジア通貨危機、一九九七年一一月以降の金融システム不安定化、一九九七年一一月の財政構造改革法の制定の五つである。このうち財政運営に該当するのは一九九六年半ば以降の歳出削減（公共投資削減）、一九九七年四月に実施された消費税率の引き上げと特別減税の廃止および一九九七年一一月の財政構造改革法の制定となる。

そして中里透（2010）が消費税増税前後の消費の動きを整理して得たポイントは次のようなものだ。

まず消費税率引き上げ前の一九九七年第1四半

図表４　国内総投資前年比と各投資の寄与度

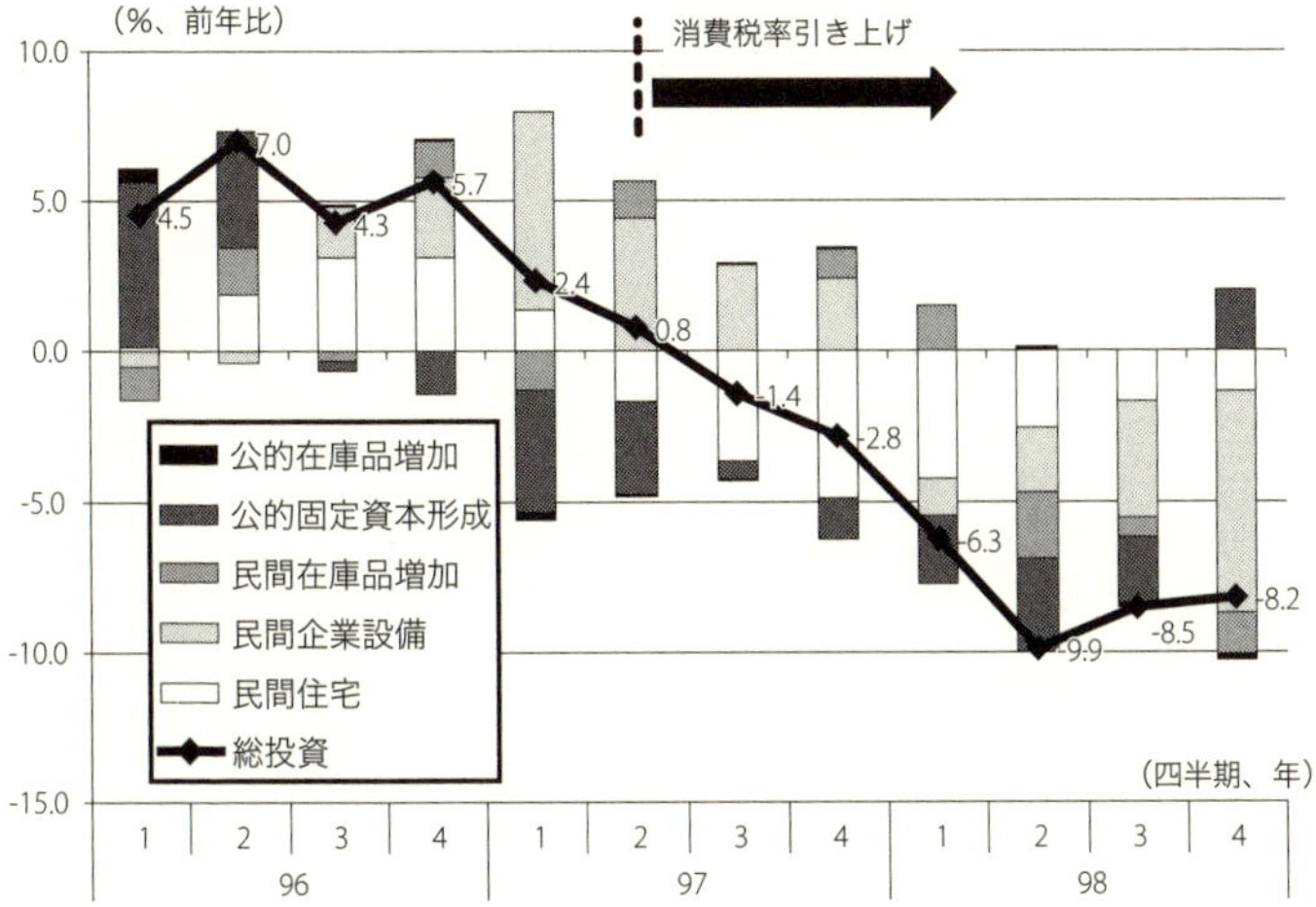

（資料）内閣府経済社会総合研究所『国民経済計算年報』より筆者作成。

期には耐久消費財の消費が大きく増加し、消費税率引き上げ後の一九九七年第2四半期には耐久消費財の消費が大きく減少した。家計消費全体の動きについては一九九七年第2四半期に前年比マイナスとなったものの、一九九七年第3四半期には前年比プラスとなり、一九九七年半ば時点まで生産や雇用環境には大きな変化がみられなかったと述べている。そして消費が急激に落ち込んだのは、金融システム不安定化が生じた一九九七年一一月以降であって、消費や生産の動向をみるかぎりは、消費税率の引き上げがその後の景気の落ち込みの主要因になったとは考えにくいとしている。以上の点は**図表3**からも確認できるポイントだ。

また、Cashin and Unayama（2011）では、消費税増税による駆け込み需要と反動減により消費が一〇%以上変動したこと、さらに一九九七年の消費税引き上げは所得税減税を先行させた後で行われたため税収中立的な変化であったため、所得の変動による消費への影響は小さかったと述べている。

これらの二つの研究は消費税増税が家計消費に与える影響をみているが、八田達夫（2002）は消費税率引き上げが家計の資金制約に影響して、半耐久財消費や耐久財消費、そして住宅投資の下落につながったと指摘している。

図表4は国内総投資の前年比とそれぞれの投資の寄与度をみている。八田達夫（2002）が指摘するように、一九九七年第2四半期以降住宅投資は前年比マイナスの寄与度となり、その後住宅投資は下落を続け、一九九八年第1四半期には民間企業設備投資も減少に転じていくことがわかる。消費税増税が住宅投資への下押しをもたらし、アジア通貨危機や金融危機の影響がさらに設備投資の減少を伴う形で総投資の大幅な下落をもたらしたとも考えられる。

以上の研究から得られた消費税増税の影響をまとめておこう。まず消費税増税は駆け込み需要と反動減という形で消費の変動を増幅させる。また可処分所得を低下させることを通じて消費を低下させる。さらに、家計の所得制約に影響して住宅投資の下落につながるとなる。

消費税の影響についての対応は適切か

消費税の影響についての対応をみていこう。駆け込み需要と反動減について二〇一三年一月二四日に自民党と公明党が決定した二〇一三年税制改正大綱をみると、住宅及び自動車といった耐久財への減税

図表5　消費税増税前の税制措置の比較

2012年	・子供手当に所得制限導入 ・法人税減税と復興付加税 ・個人住民税増税（扶養控除廃止・縮小） ・地球温暖化対策税導入	1994年	・酒税の税率調整等 ・所得税の特別減税（マイナス5.5兆円） ・相続税負担軽減 ・法人特別税の廃止
2013年	・所得税増税（給与所得控除に上限） ・個人住民税増税（退職金の優遇廃止） ・所得税復興増税	1995年	・租税特別措置の整理合理化 ・所得税の制度減税（マイナス3.5兆円） ・特別減税（マイナス2.0兆円）
2014年	・消費税増税（5%→8%） ・個人住民税増税（給与所得控除に上限） ・個人住民税への復興増税	1996年	・所得税の特別減税（マイナス2.2兆円） ・地価税の税率引き下げ
2015年	・消費税増税（8%→10%）	1997年	・消費税増税（3%→5%）、特別減税廃止

（資料）各種報道等を参考に筆者作成。

措置を講じることで駆け込み需要の反動減を抑制しようとする動きがある。

例えば住宅ローン減税についてみると、消費税導入後には住宅購入が落ち込むことが予想されるが、これを緩和するために二〇一四年四月から二〇一七年末までに入居する場合の最大減税額が年四〇万円と倍増することになった。現行制度と比較してみると、二〇一二年中に住宅を購入した場合の最大減税額は年三〇万円、二〇一三年に住宅を購入した場合の最大減税額は駆け込み需要を考慮して年二〇万円となっているが、これを消費税導入後に倍増することで駆け込み需要の反動減を抑えようということだ。

自動車への減税措置については、自動車取得税を消費税増税の段階で縮小し、二〇一五年一〇月に消費税が一〇%となるタイミングで全廃することになった。五%から一〇%へ消費税増税が進むタイミングで自動車取得税五%分が全廃されるということで購入時の負担増は相殺されるという見方もある。しかし実際はエコカー減税の適用によって燃費が良い車に対しては現状も自動車取得税が免除されているため、全廃というのは言い過ぎだろう。エコカー減税を拡充するかどうかが今後の論点となる。

可処分所得低下への影響に対しては対策が講じられているのだろうか。筆者は一九九七年四月の消費税増税と比較して、この点への対応が不足していると考える。

図表5は消費税増税前のタイミングで講じられた税制措置を比較しているが、Cashin and Unayama (2011) が指摘するように、一九九七年四月の消費税増税前には所得税減税が先行する形で税収中立的な状態を保つように配慮されている。しかし今回の場合は子ども手当に所得制限が導入され、復興付加税導入、個人住民税の段階的増税といった形で政府は減税なき増税を実行しようとしている。これらの点を念頭におくと、今回の消費税増税の方が一九九七年時点と比較してより明瞭な形で悪影響が現れると考えられる。

消費税増税に際し「景気条項」を満たすことが可能なのか

これまで消費税増税が経済に与える影響についてみてきたが、消費税増税の判断にあたっては「景気条項」(附則第十八条：消費税率の引上げに当たっての措置)が重要となる。引用してみると次のようになる。

消費税率の引上げに当たっての措置（附則第一八条）

・消費税率の引上げに当たっては、経済状況を好転させることを条件として実施するため、物価が持続的に下落する状況からの脱却及び経済の活性化に向けて、平成二十三年度から平成三十二年度までの平均において名目の経済成長率で三％程度かつ実質の経済成長率で二％程度を目指した望ましい経済成長の在り方に早期に近づけるための総合的な施策の実施その他の必要な措置を講ずる。

・この法律の公布後、消費税率の引上げに当たっての経済状況の判断を行うとともに、経済財政状況の激変にも柔軟に対応する観点から、第二条及び第三条に規定する消費税率の引上げに係る改正規定のそれぞれの施行前に、経済状況の好転について、名目及び実質の経済成長率、物価動向等、種々の経済指標を確認し、前項の措置を踏まえつつ、経済状況等を総合的に勘案した上で、その施行の停止を含め所要の措置を講ずる。

野田首相（当時）や財務省は「これは努力目標」と説明していた。前原誠司政調会長（当時）は「政府の成長戦略を法律化して政府に義務を課す形にしている」と話したという。

景気条項には増税推進派と反対派双方にとって都合よく解釈することが可能な文言が含まれているが、増税推進派にとってみれば名目GDP成長率三％、実質GDP成長率二％という望ましい経済成長率がハードルになる。そして二〇一二年一二月一六日の報道で安倍首相は「二〇一三年四―六月の経済統計をみて、デフレから脱却できる状況になっているか、総合的に判断して決めていきたい[1]」と述べている。九月に公表された二〇一三年四〜六月期のGDP二次速報値で、実質GDP成長率は前期比年率三・八％となり、民間最終消費、民間企業投資が堅調に推移するとともに、二〇一二年度補正予算や二〇一三年度本予算を反映して公共事業が大きく増加、円安によって輸出も増えるという結果になった。しかし四〜六月期のGDPデフレーターは前期比でほぼ横ばい、前年比ではマイナス〇・五％と下落率は改善傾向にあるとはいえ、デフレは続いている。

確かに今後段階的な消費税引き上げは必要だ。だが早すぎる増税よりも優先すべきは、デフレの現状から、総需要の増加を伴った形での二％の安定的なインフレ率に復帰することである。

政府と日銀が共同宣言で明らかにした消費者物価指数に基づく二％の物価安定目標を日銀が達成できれば、その場合のGDPデフレーターの伸び率は一％程度となるだろう。そしてその際には景気条項に記載されている名目GDP成長率三％、実質GDP成長率二％を達成する可能性が高いだろう。このような状況まで待つことがリスクの少ない方法ではないだろうか。

参考文献

小林真一郎・中田一良（2013）「多額の公共投資を消化できるのか？――建設業の供給制約の問題について」『日本経済ウォッチ（二〇一三年二月号）』

中里透（2010）「一九九六年から九八年にかけての財政運営が景気・物価動向に与えた影響について」井堀俊宏編『財政政策と社会保障』バブル／デフレ期の日本経済と経済政策5、第四章所収。

David CASHIN and UNAYAMA Takashi（2011）“The Intertemporal Substitution and Income Effects of a VAT Rate Increase: Evidence from Japan”, RIETI Discussion Paper Series 11-E-045.

注

（1）ロイターの報道（http://jp.reuters.com/article/marketsNews/idJPT9N09D04L20121216）を参照。

安倍内閣の経済政策と賃金

高橋洋一

インフレ目標とは何か

アベノミクス、特にインフレ目標についていろいろな人に話していると、若い人がきょとんとしていることがある。筆者が社会人になったのは一九八〇年だが、その年より後に生まれた人だ。考えてみれば、バブル景気の頃はせいぜい小学生なので記憶がない。物心がついてから一貫してデフレなので、インフレの経験が全くないのだ。

その一方、筆者より上の世代は、第二次世界大戦直後の猛烈なインフレの印象が強く、インフレと聞くとハイパーインフレと過剰反応する。このときのインフレ率は年率五〇〇%くらいであった。もっとも、この原因は戦争で生産設備が壊滅的な打撃を受けた結果の、モノ不足によるものだ。

一九八〇年代後半のバブル景気の前に、七〇年前半の狂乱物価もあった。一九七四年のインフレ率は二〇%くらいだった。この原因は、一九七三年一〇月に勃発した第四次中東戦争に端を発した第一次オイルショックによると説明されるが、変動相場制移行に伴う国内への過剰流動性の供給が原因である。これは金融引き締めでおさまった。

バブル時代は、実は、一般の財・サービスの価格の上昇率、つまりインフレ率は高くなかった。その一方、当時のバブルは株式・土地の資産市場だけで価格が上昇した。カネが資産市場だけに流れ込んだので、資金規制で潰すべきで金融政策での対応は必要なかったわけだ。筆者はこのとき大蔵省（当時）における担当者であったが、株・土地への取引規制を行い、その結果バブルは収束している。ところが、七〇年代の狂乱物価とバブル景気を混同して、金融引き締めをも行ったのは大失敗だったのだ。

この失敗は、この時にインフレ目標二%が導入されていたという思考実験を行えば、金融政策を変更せずに金融引き締めを行うことは誤りであることがわかる。さらに悪いことに、日銀官僚の無謬性があるので、バブルつぶしの金融引き締めは正しい政策だということは、その後二〇年間にも及ぶ金融引き締めを正当化する根拠になっている。その後のマネー伸び率は世界でも最低水準であるので、この金融引き締めは日本だけがデフレになった原因といえる。

なお、インフレ目標二%が世界的に採用されているのは、インフレの社会的コストとの関係である。インフレの社会的コストは、価格を書き直す「メニュー・コスト」、現金を保有するときに目減りするコスト、インフレが高くてもすぐに価格を書き直せないことによる資源配分の非効率コストなどである。

学者によっていろいろなモデルでの計算があるが、インフレ率二％程度でインフレの社会的コストは最小になって、GDPの一％程度というものが多い。これからインフレ率が一％程度乖離すると、インフレの社会的コストは〇・二％程度変動する。例えば、インフレ率マイナス一％のデフレからインフレ率二％のマイルド・インフレに持っていくと、社会的コストはGDPの一・六％から一％へと減少するというのが経済学者の意見になる。

インフレ率はコントロールできる

アベノミクスの金融政策は、人々のデフレ予想をインフレ予想に転換するが、そのロジックはただ一つ、日銀が管理できるマネタリーベース（日銀当座預金と日銀券残高）を増加させると、半年程度のラグで予想インフレ率が上昇するという事実だけだ。これは、リーマンショック前における日本の量的緩和、リーマンショック後の海外での量的緩和によってデータが得られている。

具体的にいえば、二〇〇一―二〇〇六年の量的緩和では一〇兆円増で〇・三％程度、リーマンショック以降は一〇兆円増で〇・一五％程度、インフレ予想が高まっている（拙著『日本経済のウソ』ちくま新書）。

この関係だけがいえれば、①実質金利（＝名目金利－予想インフレ率）の低下と輸出、消費、設備投資の関係とタイムラグ、②輸出増、消費増、設備投資増によるGDPギャップの縮小とインフレ率の関係とタイムラグという、タイムラグ付きの連立方程式を考えれば、半年〜二年後のインフレ率や賃金がおお

図1　マネーストック対前年度比（2年前）とインフレ率対前年度比の推移

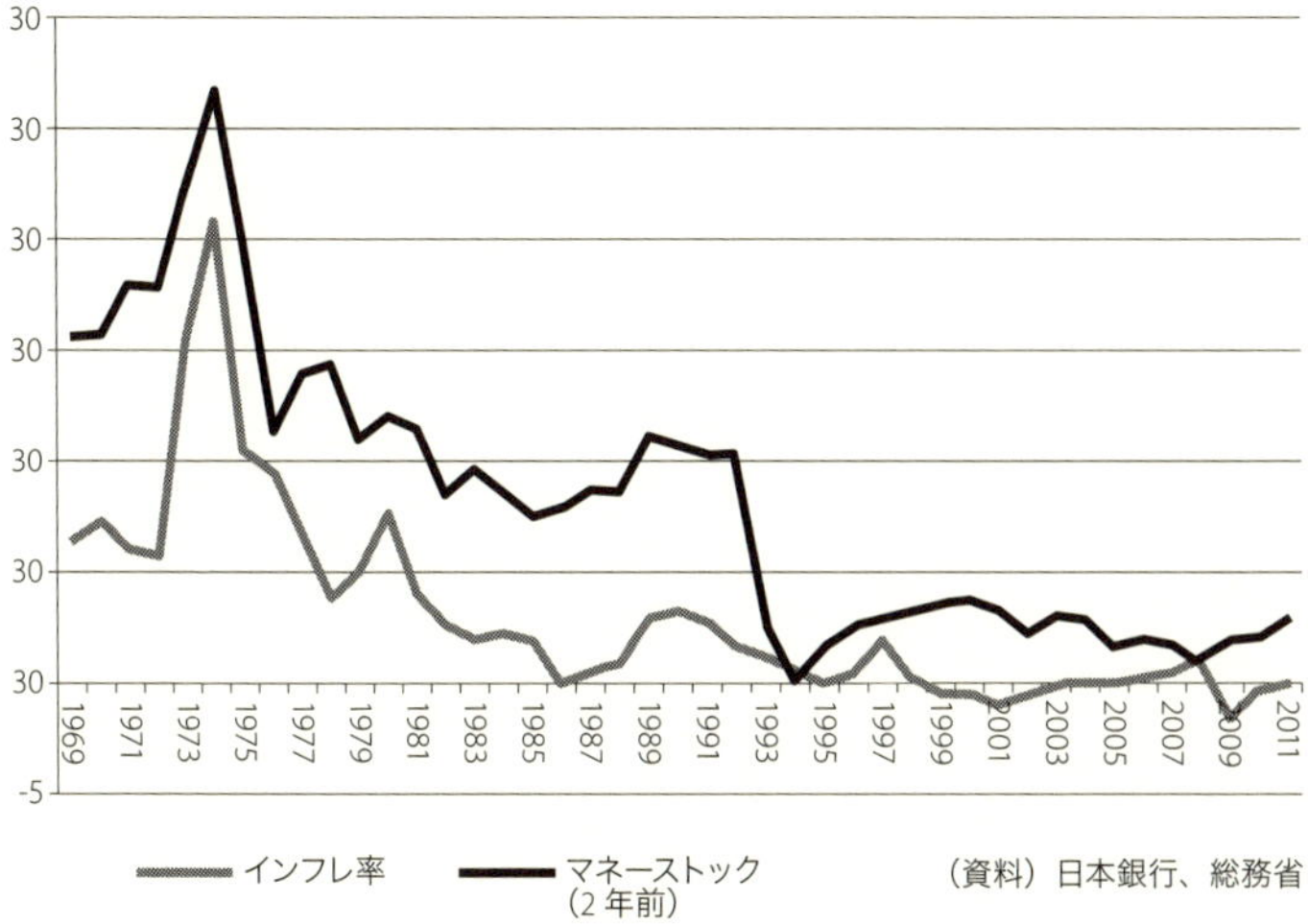

（資料）日本銀行、総務省

よそ計算できる。

なお、①をやや詳しくいえば、輸出なら、実質金利（＝名目金利－予想インフレ率）の低下から為替を通じて輸出量増、また消費は、実質金利低下から株高を通じて資産効果が出て消費増、設備投資は、実質金利低下で設備投資増、となる。

こうした連立方程式の中から、マネーストック（金融機関の預金残高総計）とインフレ率の間には安定的な関係がある。二年前のマネーストックは今のインフレ率に影響があり、一九六九年度から二〇一一年度を見ると、相関係数〇・八九となり、

インフレ率＝－二・一＋〇・六二×二年前のマネーストック増加率

という関係がある（**図1**）。

これをもって、日銀がインフレ率を管理出来ないという「日銀理論」は間違っていることがわかる。

たしかに、マネーストック＝マネタリーベース×信

用乗数で、信用乗数は変化する。しかし、それでも正の数であることに変わりはない。仮に信用乗数が半分になったとしても、増やすマネタリーベースを二倍にすれば問題ないはずだ。そのためのプロが中央銀行のはずだ。しかも、上記の①と②の連立方程式を解けば、おおよその解がわかるはずだ。

いずれにしても、マネタリーベースを拡大すれば、半年～二年後のインフレ率や賃金がだいたいわかる。

賃金は上がるか

それでは、インフレ率と賃金はどうなるのだろうか。これまで二〇年間はデフレだったので、賃金はほとんど伸びていない。今後、インフレの世界になると賃金の伸びが期待できるが、一体自分の賃金はどうなるのか、誰でも関心があるだろう。

ただし、日本は自由な労使関係を前提とする資本主義社会であり、賃金の伸びは労使交渉の世界なので、個々人のことは誰もわからないし、国が強制できることでもない。

一般的に、労使交渉は、インフレ率に企業や産業ごとに異なる生産性向上分を加えて行われる。このため、これまでの一九七一年からのデータを見れば、結果として賃金の伸び（一人当たり報酬伸び率）は、インフレ率を少し上回る形で決まってくる。両者の相関係数は〇・九五とかなり高く、

一人当たり報酬上昇率＝〇・二六＋一・四五×インフレ率

図２　一人当たり報酬伸び率とインフレ率の推移

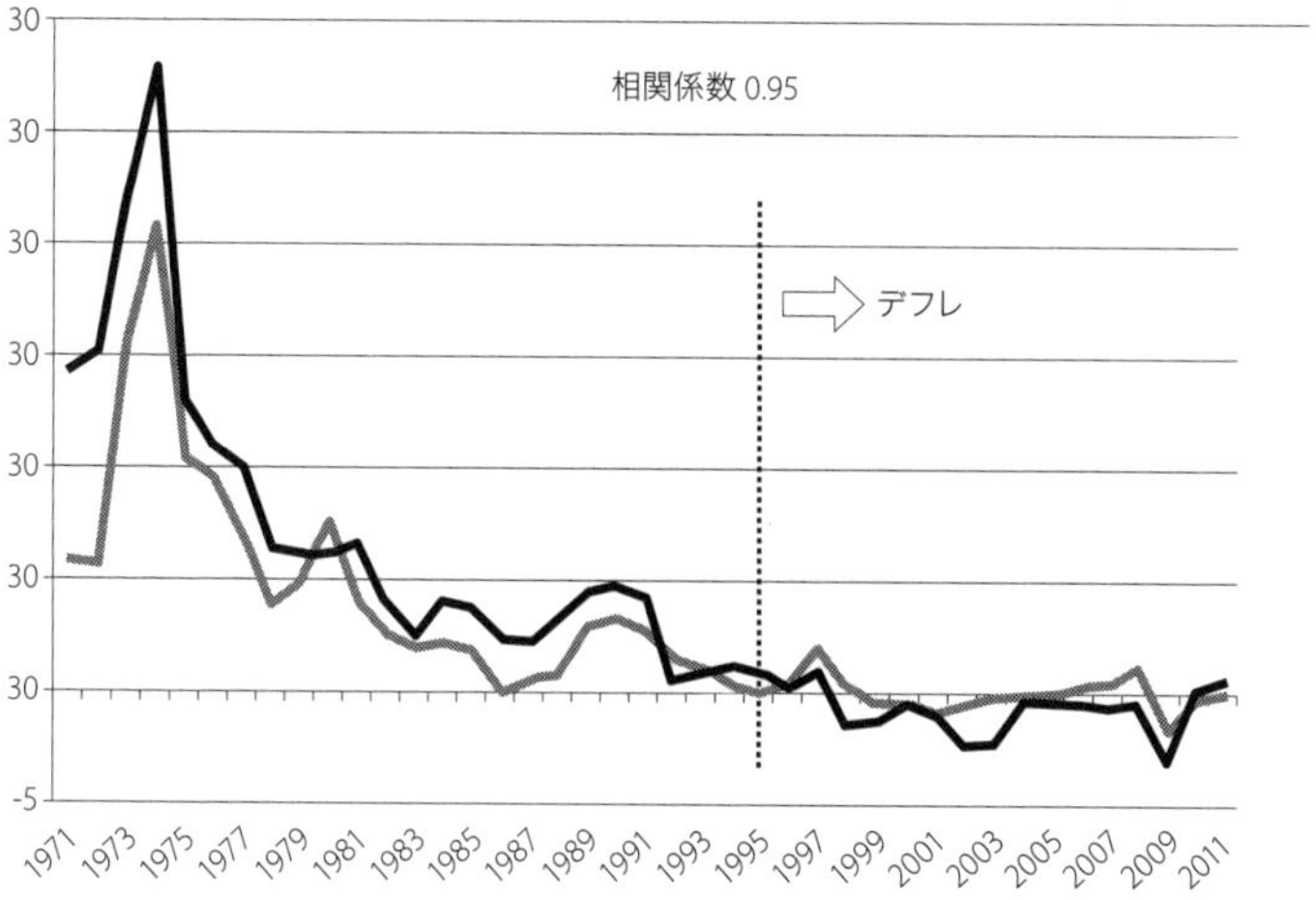

（資料）日本銀行、総務省

という関係がある（**図2**）。ただし、賃金と物価は相互に関係があり、両者の間の因果関係を決めるのは難しいが、仮にインフレ率が上がれば、それに応じて賃金は労使交渉で上がる方向になるはずだ。

なお、上のグラフをよく見ると、賃金はインフレ率を少し上回るといいながら、一九七一―九四年までのインフレ時代と一九九五―二〇一一年のデフレ時代では違っている。

それぞれの時代を、賃金上昇率とインフレ率とで、前者が大きければ「勝ち」としてみてみよう。インフレ時代は二一勝三敗、デフレ時代は五勝一二敗。デフレ予想からインフレ予想に変わって、完全に賃金の調整が終わるまでには二年程度かかるかもしれないが、いずれにしてもインフレのほうが労働者は勝つ。

また、二年前のマネーストックとインフレ率の関係、インフレ率と賃金の関係によれば、吉川洋東大教授が主張する「賃金がデフレ（インフレ率）を決めている」は奇妙なことだ。というのは、もし賃金がインフレ率を決めるなら、賃金は二年前のマネーストックも決めることとなってしまうからだ。

もっとも、ここまでは全国の平均的な話であり、政策としては重要だが、身近なことに関心がある多くの人にとっては別世界の話に思えるかもしれない。そこで、分析可能な産業レベルまで、マクロ経済をブレークダウンしてみよう。

そのために、ある産業の賃金が産業全体の賃金の動きに比べて大きいか小さいかを示すものとして、全産業感応度を考えよう。これは、個別証券と市場（マーケット）の連動性を示すベータ値（β）といわれるものと同じコンセプトで、過去一定期間の各産業の賃金変化率を全産業の賃金変化率と回帰分析することで推定したときの回帰直線の傾きとして計測される。一般に全産業感応度が一であれば、全産業平均と同じ値動きをしたことを示し、また一より大きければ全産業平均より変化率が大きく、逆に一より小さければ全産業平均より変化率が小さかったことを示す。いわゆる安定産業では全産業感応度が小さくなる傾向がある。

産業によっては全産業の動向とは無関係に賃金が決まる業種もあるが、比較的安定的な全産業感応度を持っている産業で考えてみると、大きいものから順に鉱業、卸売・小売業、運輸業、建設業、その他サービス業、情報通信業、製造業、医療・福祉、電気・ガス・熱供給・水道業で、それぞれの全産業感応度は、一・四一、一・三八、一・三四、一・一五、〇・八二、〇・七七、〇・七二、〇・七〇、〇・六四となっている。

なお、フルタイムとパートタイムで比べると、〇・六六と〇・八一となっており、パートタイムのほうがフルタイムより感応度が大きい。

要するに、雇用形態で見ればフルタイムよりパートタイム、業種で見れば鉱業、卸売・小売業、運輸業、建設業が相対的に賃金の上昇スピードが高いだろう。労働集約的な業界が並ぶ。

大手コンビニチェーンのローソンが平均三%の賃上げを表明して話題になっているが、先をみれば合理的な発言だ。人手不足になってからでは遅いので、今から手を打っていると考えたほうがいい。なお、もちろん、同じ業界でも企業によって千差万別であることはいうまでもない。

本来左派側の政策のはずだったのに

松尾　匡

雇用拡大なき再分配で貧困はなくせるか？

成人の日の『朝日新聞』の一面に「百円マック」で夜をすごす多くの若者達を報じる記事が掲載されていた。これまで「ネットカフェ」で夜をすごす「ネットカフェ難民」が話題になっていたところだが、今やネットカフェでさえ支出に耐えられず、マクドナルドで百円マックを買って宿をとるようになっているのだと言う。その多くが非正社員で、不況のあおりで派遣切りにあった人々だと言われる。

リーマンショック以来、全国いたるところでホームレスが増え、中心市街地がさびれている。いかに多くの人々が、この長い不況のために人生が狂い、苦しんできたかということである。

私見では、このかんの総選挙や参議院選挙での、革新系、中道・リベラル系の大敗の原因には、この認識が足りなかったことがある。「原発が争点」など、一〇年後に癌になるリスクよりも今日明日生き延びることが重要な多くの人々から見れば、恵まれた立場の者の声に見えるだろう。これを、「目の前のことにとらわれて騙された」などと見下す態度は、人権とも連帯も無縁の立場と言わなければならない。

筆者は何年も前から、インフレ目標を定めた大規模な金融緩和によって景気を拡大するべきことを主張してきた。詳しくは、二〇一〇年に出した拙著『不況は人災です!——みんなで元気になる経済学・入門』（筑摩書房）をご覧いただきたい。そこでは、労働者の雇用拡大のために景気拡大策を求めることは、左派政党や労働運動にとって当然の立場だと論じた。

今日広がる深刻な貧困問題に対処するために、まっとうな雇用を拡大することなしに、ただ再分配だけで解決しようということは、戦争中、傷痍復員兵や戦死者の遺族が困窮しているから生活をちゃんと保障しろとだけ言い、反戦を言わないことに等しい。いくら手厚く保障しても、戦争が続く限り次々と対象者が現れてきりがない。

このような態度が、戦争指導者の責任を免罪し、結局は戦争体制を支えるものであるのと同様に、雇用拡大を説かない再分配は、このかんの不況をもたらした自民党と旧日銀の責任を免罪し、労働者がクビ切り賃下げに抵抗できない不況体制を支えるものと言わざるを得ない。

ところが金融緩和政策は日本ではもともと左派系で評判が悪く、一〇年くらい前の量的緩和の時代には、社民党でも共産党でも「低金利は国民の所得を奪う」と批判していたものだ。[1]

もっとも、その後の量的緩和解除やゼロ金利解除を「正常化」であり、「当然」であると歓迎した結果、じき景気拡大にストップがかかってしまい、やがてリーマンショックの奈落の底に落ち込むに至っては、さすがに低金利批判を見かけることもなくなった。やはり、金融緩和が不況を防ぐためには必要との認識が広がってきたのだと思っていたところである。

ところが、いわゆる「アベノミクス」の登場以来、左派空間では、インフレ目標を定めた金融緩和政策への強烈なアレルギーであふれかえっている。びっくりしたのは、朝日新聞と東大谷口将紀研究室による二〇一二年一二月の衆院選前後に行った共同調査の結果に見られた、各党の国会議員のいろいろな政策への賛否の数値化データである。共産党では、改憲への賛否の数値がマイナス六・二だったのに対して、インフレ目標への賛否の数値はマイナス一〇・〇。反対の満点である。[2] 改憲よりも反対なのである。

失業解決のために金融緩和を唱える欧米の左派

もともと欧米では、金融緩和は左派系の主張である。保守側がインフレ抑制のために金融引締めと緊縮財政を志向し、左派側が雇用拡大のために金融緩和と積極財政を志向するというのが常識の図式なのである。それゆえ、保守派の側は中央銀行の独立性を重視するのに対して、左派側は中央銀行の独立的性格を改めようとする傾向にある(3)。

ＥＵの社会民主主義政党の連合である「欧州社会党」は、綱領的文書において、二番目の理念に「完全雇用」を掲げ、その実現のために、労働市場政策や成長・投資戦略を提唱。統一通貨ユーロのための中央銀行システムについて、「高成長と雇用創出のための経済政策」とつじつまが合うように再調整すべきだとしている。つまり、欧州中央銀行の金融政策の現状が、インフレを警戒した慎重なものであることを念頭において、もっと景気拡大政策と整合する緩和的なものでなければならないと論じているのである。そして、そのために、ユーロ加盟国の財務大臣の会議（Eurogroup）を、ユーロ貨に関する決定機関にすべきだと言っている。

ＥＵの共産党や左翼政党の連合である「欧州左翼党」はもっと鮮明である。「欧州左翼党宣言」では、欧州中央銀行の優先順位を雇用や公共投資に向けさせるべきことを唱える。〇七年の第二回大会テーゼでは、完全雇用実現のため、金融・財政政策が協調した公共投資で域内経済の強化と内需回復をはかるとされている。そしてその目的のために、欧州中央銀行を民主的コントロールのもとに置くことを主張している。

さらに、一〇年の第三回大会で採択された文書では、欧州中央銀行は欧州議会に責任を負うべきことが主張されている。一二年の欧州首脳会議を批判する共同声明においては、欧州中央銀行の任務を職の創出とすること、欧州中央銀行の作った資金と資本取引税を資金にして、欧州公共銀行を設立し、産業発展のための公共支出を促進すべきことが謳われている。

スウェーデンでは、九〇年代冒頭に政権についた保守中道政権は、通貨価値を維持しようとして金融を引き締め、大不況を導いて退陣、復帰した社会民主党政権は金融緩和に転じて通貨価値の下落を放置して好景気を実現した。これには、復帰前年の九三年から導入されたインフレ目標政策も効いている。

アメリカでは、ことあるごとに緊縮財政を主張し、金融緩和に反対するのが、茶会党を極とする保守派共和党側であることは周知のとおりである。日本経済のために最初にインフレ目標政策を提案したポール・クルーグマンは、自国ではこのような保守側の論調を最も激しく批判してきた論者として知られている(4)。

同じくアメリカのジョセフ・スティグリッツは、ブッシュ政権の戦争やIMFの新自由主義強要政策や格差拡大を批判してきたことで、日本の左派にも支持者が多いが、彼は中央銀行の独立は不要であるとの主張を繰り返している(5)。

〇三年四月一六日に日本の財務省で行われた講演において、スティグリッツは日本のためにインフレ誘導と円安を唱え、そのために政府紙幣の発行すら提言している。そしてやり取りの中で、中央銀行が独立した方がパフォーマンスがよいとする根拠はないと言っている。この講演にさいしてコメンテーターの役をしたのが、ほかならぬ当時内閣官房参与であった黒田東彦で、基本的に提言に賛成と述べ、さすがに政府が「マネーファイナンス」することについては、日銀が大量の国債を購入する方が現実的としたものの、「面白いアイデア」「興味深い」と評している(6)。

なお、スティグリッツはインフレ目標政策を一般には批判しているが、それは、目標インフレ値が低すぎて失業を解決できないケース（EU）があるからである。[7] 〇二年の日経のインタビューでは、日本に三％のインフレ目標を提言している。[8]

「アベノミクス」の真の危険は的外れな批判がもたらす

ところで、インフレ目標政策の理論上の想定では、貨幣以外のあらゆる商品の価格が一様に上昇し、各時点内での相対価格にはさしあたりは影響しないことが想定されている。したがって、労働の価格である賃金も同様に上昇する想定である。

しかし、現実には賃金の上昇は放っておけば遅れると予想される。したがって、法令で容易に決められる最低賃金の引き上げスケジュールは、人々のインフレ予想を確実にするよいコミットメントとなる。共産党の言う「賃上げ目標」論も、その意味でインフレ目標政策と矛盾するものではなく、むしろこれを確実にするものと評価できよう。同様に、生活保護水準も公務員の給料も、整合的に二％で上げてこそ、人々のインフレ予想を確実にすることができる。現政権のように、逆にこれらを引き下げることは、インフレ目標政策の足をひっぱるものだと批判されなければならない。

なお、共産党の主張の場合、金融緩和と対置して「賃上げ目標」を打ち出しているようであるが、金融緩和なき賃上げは、実質貨幣供給を減らすので、金融引締めと同等の効果を持って景気の押し下げ圧力となる。

また、左派で介護や医療、教育、子育て支援などの充実を望まない者はいないと思うが、このようなことを唱えると、すぐに「財源は？」との声が保守側から飛んでくる。財源のために増税や、別の支出の削減をすれば、景気の足をひっぱってしまう。これに説得的に答えることなしには、広く公衆の支持を集めることはできまい。

実はこのためにこそ、「大胆な金融緩和」で無から作った資金が使えるのである。失業があふれて生産余力がある間は――ましてや、デフレが続いてきた状況では――これで悪性のインフレになることなどあり得ない。無から作った資金を政府支出することで直接有効需要が作り出されるのだから、デフレを克服し、景気を拡大するための効果的な手段になる。

いわゆる「アベノミクス第二の矢」の財政支出増大は、これを旧来型公共事業で行うものである。もう二度とこないかもしれないチャンスをそんな用途に使うなという、「中身」をめぐる批判はすべきであるが、景気拡大効果自体は確実にある。政府が国債を発行しても、日銀がおカネを作って買うので、国債市場への売り圧力にはならず、金利高騰などは起こり得ない。

むしろ、左派側が正面から反対すべきなのは、いわゆる「第三の矢」の「成長戦略」である。第一の矢、第二の矢が、欧米の左派が求める総需要を拡大させる政策であるのに対して、第三の矢はその対極、供給能力を高めるための政策＝新自由主義政策である。それはさしあたって一般に総需要を萎縮させ、景気拡大の足を引っ張る。方向性の違う経済政策が一つのパッケージになっているのである。

ところがこれを反対する側までもが真に受けて、一緒になって「アベノミクス」などとひとまとめにして呼んで批判することは、相手の術中に嵌るものと言えるだろう。なるほど消費税引き上げの景気抑制効果は非常に懸念すべき重大なものであるが、第三の矢の他の政策の景気引き下げ効果は、第一の矢、第二の矢の景気拡大効果には及ばない。それゆえ、質はともかく、景気そのものは拡大し、失業解消が進んでいく可能性が高い。

このとき世間では、これが第三の矢も含めた「アベノミクス」全体の成果だと受け取られる可能性がある。そして、第三の矢の政策がもたらした格差などの問題に対して、「必要悪」だったとの認識がなされるおそれがある。これが「アベノミクス」の本当の「危険」である。「アベノミクス」という、ひとまとめにした言い方はやめるべきである。


さらに「アベノミクス」にはもうひとつの、もっと恐ろしい「危険」がある。

〇九年の政権交代は、小泉改革以来、自民党政権の、締め付けばかりの「しばき上げ」供給力強化論が結局民衆の生活を何も改善せず、ついにはリーマン恐慌に至ってしまったことへの批判がもたらしたものだっただろう。しかし、誕生した民主党政権は、インフレ警戒と緊縮財政志向を一層強めることで、大衆の望みとは逆に、日本経済を停滞に落とし込んだのである。

もしインフレ目標を定めて日銀が無から作った資金を、子ども手当や高校無償化や震災復興などに糸目を付けずにつぎ込んでいたならば、デフレを脱却してまっとうな雇用を拡大し、好況の中で選挙を迎えたはずである。当初連立を組んだ社民党にとっても、福祉にも少子化対策にも戦後補償にも、誰の負担にもならずに資金をつぎこむ絶好の機会だったはずである。

しかし、そのチャンスを棒にふって、鳩山所信表明の美しい言葉の数々を泥まみれにさせて、みじめに敗北し、このチャンスを安倍内閣の旧来型公共事業のために使わせて、おまけに将来来るべき景気回復の手柄をわたしてしまったわけである。この上、今に至ってもなお、「ハイパーインフレ」「金利暴騰」などと、デフレ不況下であり得ない批判をして、現実にそうならずに二、三年後の絶好調の景気を迎えたならば、そのような批判者は大衆の信頼を失い、安倍総理のカリスマ性は、誤った批判を振り切って好況をもたらしたものとして、かえって高まってしまうことになろう。

そのとき総選挙が行われたならば、安倍内閣の改憲をはじめとする右傾化政治に対して歯止めをかけることができる勢力は、はたして残っているだろうか。大不況の中で政権についたヒトラーが、大規模な公共事業などで景気回復させ完全雇用を実現し、支持を盤石にした故事を思い出さないか。

安倍総理の目標は、改憲を成し遂げ、戦後民主主義体制に替わる新体制を樹立した者として歴史に名を残すことである。この大目的のためには、まずは経済で成功しなければならないという戦略は本気だろう。一、二年でボロがでることをするはずがないのである。必要と思えば企業側に負担をかけて大衆に好況実感をもたらす政策もとるだろう。

左派やリベラル派が願望半分で民衆に恐怖のハルマゲドンをさんざん予言したあげく、いざそうならずに好況が実感されることになったならば、次の選挙での安倍総理の殺し文句はこうだろう。「あんなことを言っていた人たちに政権を渡して、また不況に戻りたいですか。」

注

（1）前掲拙著一四九―一五二ページ参照。拙サイトの左のページでは、典拠にリンクをつけている。
http://matsuo-tadasu.ptu.jp/essay__100112.html
（"essay" の次はアンダーバー "_" が二つ）

（2）shavetail1「2013-01-30 安倍内閣と各党の距離を数値化してみた」『シェイブテイル日記』
http://d.hatena.ne.jp/shavetail1/20130130
の著者による、朝日新聞記事「有権者の期待、議員と距離」
http://www.asahi.com/senkyo/asahitodai/?ref=com_rnavi
の数値化。

（3）以下、前掲拙著一四四―一五〇ページ参照。この内容は、前記拙ページ、
http://matsuo-tadasu.ptu.jp/essay__100112.html
で典拠にリンクをつけている。その後の資料については、拙サイト内の左ページで、解説と典拠へのリンクをつけている。
http://matsuo-tadasu.ptu.jp/essay__121124.html
http://matsuo-tadasu.ptu.jp/essay__121130.html

（4）クルーグマンの評論の翻訳が次のようなサイトで読める。
『道草』http://econdays.net/
『P．E．S．』http://d.hatena.ne.jp/okemos/
『クルーグマン経済学の翻訳ブログ』http://anomalocaris89.blog69.fc2.com/

（5）ウェブ上で確認できる主張が、「スティグリッツ「中央銀行の独立なんかいらない」」『himaginary の日記』二〇一三年一月一〇日

http://d.hatena.ne.jp/himaginary/20130110/Stiglitz_on_central_bank_independence

でまとめられている。

（6）財務省「第4回最近の国際金融動向に関する専門部会議事録」二〇〇三年

http://warp.ndl.go.jp/info:ndljp/pid/1022127/www.mof.go.jp/singikai/kanzegaita/giziroku/gaic150416.htm

（7）ジョセフ・E・スティグリッツ、藪下史郎、藤井清美『スティグリッツ教授の経済教室――グローバル経済のトピックスを読み解く』ダイヤモンド社、二〇〇七年。この本のインフレ目標批判の主旨については、左のブログ記事を参照。

「スティグリッツ曰く「(日本は) インフレターゲットは導入すべきではない」……しかし」『A. R. N［日記］』二〇〇七年一〇月一九日

http://d.hatena.ne.jp/arn/20071019/p1

田中秀臣「スティグリッツの日本のデフレへの対処（おさらい）」『Economics Lovers Live ReF』二〇〇七年一二月二一日

http://d.hatena.ne.jp/tanakahidetomi/20071221

（8）「経済教室：日本経済再生の処方せん――ノーベル賞経済学賞スティグリッツ氏に聞く」『日本経済新聞』二〇〇二年五月九日。これは、黒木玄のサイト内の左のページで抜粋が読める。

http://www.math.tohoku.ac.jp/~kuroki/Readings/stiglitz.html

八〇年前、メディアはリフレ政策をどう伝えたのか
――高橋財政期の報道をめぐって――

中村宗悦

はじめに

二〇一二年末に発足した第二次安倍晋三内閣は、まずデフレ脱却が重要であるとの認識からインフレ目標政策の導入を実行する人材を日銀総裁・副総裁に据える人事を実行し、二〇一三年三月黒田東彦日銀新体制を発足させた。そして、四月四日、新体制となった日銀は、二年間で物価上昇率を二%に引き上げるため、資金供給を二倍にすることを明言したのである。このリフレ政策発動によって日本はようやく「失われた二〇年」とも呼ばれるデフレ不況からの脱却をはたしつつある。

しかし、油断は禁物だ。リフレ政策に対してはまだまだ根強い抵抗勢力があり、かつさまざまな誤解や意図的な曲解も存在しているからである。とくに新旧大小の各メディアが世論形成にはたしている役

割は小さくない。このことは約八〇年前に「昭和恐慌」からの脱却を目指し、高橋是清がリフレ政策を推進した際にも同様であった[1]。本稿では、高橋財政期(一九三一年一二月～三六年二月)の新聞論調を分析し、当時のリフレ政策がどのように評価されていたのかを明らかにする。分析対象としては、当時もっとも発行部数が多かった新聞の一つである『東京朝日新聞』を取り上げる。

なお、一般に高橋財政期とは、犬養内閣で高橋が蔵相に就任した時から二・二六事件までの四年二カ月の期間を指すが、以下では次の時期区分にしたがってみていく。まず「金再禁止」から五・一五事件まで、続いて三五年度予算編成に向けて公債漸減主義を打ち出した三四年六月の時点まで、そしてそれ以後である。

一　「金再禁止」直後の論調(三一年一二月～三二年五月)

一九三一年一二月、犬養内閣が成立すると、すぐさま高橋蔵相は金輸出を再禁止し、円相場を市場の自由に任せるという円安放任政策を採用した。旧平価での金解禁をおこなうために民政党内閣が採っていたデフレ政策を放棄したのである。この「金再禁止」が決定された翌日の社説「金本位制度再びなし」(31・12・14[2])は、金本位制を完全無欠の制度ではないとしながらも、「国内及び国際間の貸借関係を、公正ならしむる上において固守すべき唯一の実際的制度たるが故に、徒らに眼前の苦痛を緩和するがためこれを停廃するの不可」を主張し、犬養内閣は「極めて空ばくたる財界立直しの理由をもつて、遂に金本位制を停止するに至つた」と断じた。
また、「新内閣の予算方針」（31・12・18）では、「新内閣が国民のもつとも苦痛とする増税計画を中止し、……減債基金繰入の一部中止を採用したことに賛意を表することを惜しまない」とする一方で、「公債の不当増加より以外に、かゝる放漫な整理復活の要求に応ずる財源はな」く、公債発行によるスペンディング・ポリシーの展開については否定的な見方を取っていた（「放漫の兆候現はる」31・12・25）。そして、「政友会伝統の放漫政策」によって「インフレーションを行ふが如きことあらば、我国の正貨はます〳〵流出し遂に全く枯渇するに至るものと覚悟せねばならぬ」（「正貨現送の問題　金再禁止の大きな犠牲」31・12・26）とした。

　年が明けてもこうした論調に大きな変化はみられなかった。社説「生活の安定か脅威か」（32・1・15）は、「金禁止の翌日から対外為替は惨落し、物価は続々騰貴しつゝある」と指摘し、低為替政策は「対外信用を失墜せしめ、為替を惨落させ、円貨の価値を暴落させ、それによりて国内産業を振興せしめようとする」ような「不堅実な方策」であると批判した。

　高橋が日銀による赤字公債引受策を含む本格的なリフレ政策を表明したのは、一九三二年三月八日であった。新聞は、こうした「インフレ政策」の実行によって「一般金融の緩和、金利の一般的低落傾向を生じ、昨年秋正貨擁護の犠牲となつて苦しみつゝあつた産業界も、これによつてある程度の余得を受けるであらう」（「日本銀行の利下　ぼう《ママ（膨）》張政策の第一歩」32・3・12）と予想する一方で、「財界運行の客観的基準なる金本位が失はれた今日、財界は金に拘束されざるが故に紙幣による購買力の人為的創造、つまりインフレーションは極めて容易であるが、それだけこゝに危険性は包蔵される」と、デフレ不況のただ中においてインフレの危険性が強調された。

さらに三月末には満州事変費として新たに六七〇〇万円が公債によって支弁されることとなったことに対して、新聞は、軍事費増加分のみを公債によって賄うことは憂うに足らないとしつつも、「昭和七年度における公債の増加は〔その他事業を含めて〕六億円を突破するものと見られてゐる。……〔しかして〕それ以上更に公債発行を激成するやうな積極政策を提唱した所でそれは事実行ひ難い」がゆえに「空虚なる景気論などに迷はさるることなく、……財政基調の悪化を阻止し、これを真面目に立て直すべき」(「財政基調の悪化」32・3・26)であると述べた。ここでも今現在の景気回復よりも将来に訪れるであろう財政基調の悪化を懸念する論調である。さすがに民政党内閣期の緊縮方針に立ち戻れとまでは言わなかったが、高橋のリフレ政策自体は「一にも公債二にも公債と総ての財政問題を公債のみにより解決せんとする」方策で「甚だ不堅実な遺方」であり、「軽率のそしりを免れない」(「追加予算の決定」32・4・13)ものであると断じられたのである。

こうしたリフレ政策批判の背景には、次の引用に見られるような第一次大戦中のドイツでのハイパーインフレの経験があったと考えられる。

「吾人はこの問題に関連して、昨秋ドイツ中央銀行総裁ルーテル氏が同国のインフレーショニストに告げた言を思ひ出さざるを得ないのである。いはく『吾人ドイツ人はインフレーション政策のもつとも苦い経験を有してゐる。その利益は僅に、初期において享受し得るもので程なく消滅し、恐るべき有害の結果のみが残るのである。インフレーションの利益をいふものはその後に来るものを忘れてゐる。統制せられたるインフレーションの如きは夢想だに行はれ得べきことではない』」（「財界の悪化とその対策　金再禁の結果は何を語るか」32・4・20。傍点は引用者）

その一方で次のような論調も現れていることには注意を要する。たとえば、「日本銀行は、金本位制擁護のためになせる昨季来の高金利政策を以て、今日においては無意義なりとし、過日公定歩合の引下を断行したのであるが、……もし日銀当局が利下の効果を完全に収めようとするならば、その利下と併行して、現在の資金逼迫を緩和するだけの通貨増発、或は信用拡大の方針を取る」ことを忘れてはならないのであり、「この時に当つて、たゞ徒らに過去の収縮政策からせん〔潜?〕《ママ》脱しないで、貨幣価値の維持策ばかりを固執してゐることは、却て経済界の運行を不自然ならしむるの結果に過ぎない」（「通貨政策を確立せよ」32・3・31）とも論じられていた。

もっとも、通貨増発が重要であるという認識がこの時期に社説で主張されるのはまれであった。金本位から離脱したのであるから、理論的には国内の通貨調整策はフリーハンドでおこなわれうるのだが、「全然金から離脱した紙幣制度の実現を期する如きは国際経済関係から考へても、或は対内的に通貨の流通信用を確保する点から考へても為し難いことである」（「兌換券条例の改正」32・4・16）といったように、新聞論調はいまだに金本位制の軛《くびき》から脱却できていなかったのである。

二　斎藤内閣成立から公債漸減主義への転換まで（三二年五月〜三四年六月）

五・一五事件によって犬養が斃れると挙国一致の斎藤実内閣が成立した。高橋は蔵相として留任し、リフレ政策は継続された。斎藤内閣が「帝人事件」によって瓦解する三四年六月までの約二年間にわたるこの時期においては時局匡救事業が全国的に展開されると同時に、日銀の利下げ、「資本逃避防止法（のち為替管理法）」制定など、多くの重要施策が実行された。またアメリカも三三年三月に誕生したF・ルーズヴェルト政権下で金本位制から離脱、ロンドン国際経済会議が不調に終わり、国際金本位制再建の道は決定的に閉ざされた。新聞論調は、放漫主義に流れる傾向を危惧しつつも、全般的には財界好調を肯定的に捉える方向に変化していった。また高橋のリフレ政策について言えば、以下のような批判や評価がなされた。

まず、赤字公債政策の続行とその中でのとくに軍事費の増加についての懸念があった。新聞は、「今日の歳出激増の原因たる兵備改善費も、満州事変費も、時局匡救費も、為替低落差損も、明後年度においては昨年度と同様に支出され、或はそれ以上に増加すべきこと明瞭」（「歳出激増の継続性　特に兵備補充実費の問題」33・1・28）であり、「軍事費が年々財政史上の最高レコードを作りつゝある事実は、国家の全体現象として深甚の憂慮なきを得ないことである」（「決定せる予算案」33・12・3）と述べた。

第二に、増発された公債の市中消化能力の限界と増税の問題である。要するに「或る程度の公債発行はやむを得ないであらうが、急膨張せる経費の整理、増税の断行、公債発行額の減少、この三つを同時に行ふことが財政建直しの要旨であることを知らねばならぬ」(「財政建直しの問題」33・4・1)のであり、「歳出は緊縮せず、しかもその不足財源はその全部を公債によるといふ方針の継続はこれまた不堅実極まるものである。……吾人は財政の極端なる悪化を阻止するためには、この際或る程度の増税もまたやむを得まいと考へてゐる」(「明年度予算の目標」33・7・29)という主張が新聞論調の主軸を形成していた。

第三に、インフレ問題についてである。新聞は、「無論一進一退はあるであらうが、大体において〈物価は〉昂騰の勢いを示すであらう。……今日までは政府の巨額の公債発行が、日銀の市場政策その他により大体市場で消化されるが、今後はさうは行かぬ」(「物価の近状と今後」33・5・27)と述べた。しかし他方、「財政膨張は当然インフレーションの原因となるべきであるが、今日までのところは厳格なる意味のインフレーションでなく、……手形交換の増加、銀行預金の増加、銀行手持公債の増加等の形において現れ、かつ処理されてゐるのである。この状態がいつまで続くか。……兎に角今日のところでは通貨の上には、未だ財政上の悪影響が現れてゐないのである。……吾人は無統制のインフレーションには反対するものであるが、必要に応じて通貨を増発することは進んでなすべきことである」(「通貨政策の問題」33・9・7)と、かつては統制されたインフレは不可能であると主張していた新聞も、インフレ統制は可能であるとの認識を示すようになっていった。

関連して第四に日銀の金融政策については、「いかに低金利の大勢であるといつてもひとり我国にのみ人気的に物価の騰貴を誘起するやうな金利政策であれば、多少考へ物であるけれど、米国を始め各国相率ゐて通貨政策による適度の物価引上を考慮しつゝある時である以上低金利政策のもつ一方の危険性には左様に心配する必要はないであらう」（「日銀の利下　低金利に意義あらしめよ」33・7・2）と述べ、これが「日本銀行がその引受公債を市中に売却する方針に出」たことに起因する点を指摘している。

第五は為替の問題である。新聞は、貿易の好調が為替の急低下に基づくものであるが、「注意すべきことは、本年の貿易額、特に輸出増の重要原因が満州への増加であるといふことである」（「本年貿易の考察」33・12・4）と、為替低落だけでなく、日本の貿易構造そのものへの注意を喚起している点が注目される。

以上を踏まえて、「高橋財政」に対する三四年上半期時点での評価は、「高橋蔵相の健在健闘は深く多とすべきではあるが、この老翁の抱懐する思想も今の時勢には十分適合し難い自由放任主義時代のそれを基調とするもの」（「指導力を欠く政府」33・12・9）にすぎず、そのことは「依然として現下の国際情勢並に我国経済界の現状から考へ、直に歳計収支の均衡回復を企図することにのみ専念するは常を得て居らないと、今日のインフレ財政を正当視するやうな議論を吐き、将来容易に赤字財政の解消せざるべきを暗示してゐる」（「財政の根本方針を示さず」（34・5・3）というものであった。

三　赤字公債漸減主義への転換から二・二六事件まで（三四年六月～三六年二月）

三四年五月には上記のように評された高橋が、赤字公債の漸減方針を明らかにしたのは、六月二六日の三五年度予算編成方針策定の閣議においてであった。新聞は、その内容を「速やかに収支の均衡を恢復すべき素地を作り、努めて公債の発行額を減ずるをもつて根本の精神となし、各省新規経費に対しては緊縮方針を取ると共に、既定経費に対しても十分の節約を計る」(「明年度予算の編成方針」34・6・27)ものであると伝えるとともに、「蔵相が赤字公債の消化力に言及し、消化力の限度を破る時は公債市価の低落、物価の暴騰を招来し国民生活上ゆゝしき大事を生ずるものと力説したことは、吾人平素の主張でもあり、甚だ悦ばしく感ずるのである」(同上)と賛意を表した。

しかし、先にも述べたように「帝人事件」で斎藤内閣は倒れ、後継の岡田啓介内閣の蔵相には高橋の説得で藤井真信《さだのぶ》が就任した。新聞は、大蔵官僚時代より健全財政論者として知られる藤井蔵相には、予算編成に当たって「真剣なる努力をこゝに要望せざるを得ない」(「予算分取を自制せよ」34・8・12)のであり、かつ「財政上の赤字はある程度においてこれを克服せられねばならない、又現に進行しつゝある財政インフレに対しては、その弊害を抑制するために金融上の政策を円滑に遂行せねばならぬ」(「赤字公債の消化は困難」34・9・19)と注文をつけたのであった。

同時に、それまでは遠慮がちに述べられていた増税策については、これを断行すべしという論調も強くなっていった。なぜならば、非常時挙国一致内閣である岡田内閣にあっては、「民政党はもとより、政友会も官業を創設し整理節約してなほ足らぬ場合に増税の用意ありといつてゐる。軍部も増税意見を臓《ママ》すといふ」のであるから、「増税策は既に、議論の期間を経過して断行の時期に到達してゐると吾人は信じて疑はぬ」(「増税を敢行せよ」34・9・24)のであるし、また「金再禁止後における財界の情勢は何人の眼をもつて見るも、明かに経済界の一部に負担能力の増大しつつあることを看取し得られる。その方面に向つて積極的に課税方針に出づることは決して不穏当でなく、又そのため経済界に立ち能はざる大打撃を与ふるほど、我資本組織は脆弱であるとは信じられぬ」(「増税と蔵相の態度」34・11・6)からであった。

しかし三五年度予算編成は、財界からの増税反対、軍部の拡大要求によって難航を極めた。結局、一一月二四日、「岡田首相の裁定による再復活承認五千七百四十万円に対し、軍部両相並に蔵相も遂に同意を表することとなり」、閣議決定した。この予算案では「公債漸減方針は前年度発行高に比較して辛うじて低位を維持するを得たのであるが、然し総額七億円を死守するといつたかの防衛線は、遂にわけもなく撃破せらるゝこととなつた」(「十年度の予算案の決定」34・11・24)。そして、藤井蔵相がこの予算案成立と同時に病気辞任すると(三五年一月三一日死去)、高橋が通算五度目の蔵相に就任した。

新聞は「高橋翁の出馬をもつて、再びインフレのマスコットを迎へるやうな気持を持つたとすれば非常な認識不足である。何故かなれば藤井蔵相の取つた健全財政の方針は、即ち前高橋財政の遺産を継いでゐるものに外ならぬ。財政の内容を強化し、収支の均衡を計り、公債の発行額を減ずるといふ方針は、斎藤内閣の末期において高橋蔵相の決意した将来の一貫せる財政方針であり、現内閣も亦明かにこれを継承してゐるからである」(「高橋氏の再出馬」34・11・28)と、財界の期待に釘を刺しつつ財政健全化政策の後押しをした。

明けて三五年初、社説は三四年の経済情勢について「いろ〳〵の波乱はあつたが、これを大観してまづ順調の推移を辿つたものといふことが出来るのである。日本銀行のいはゆる市場操作を槓杆《こうかん》とする財政インフレの進行と低金利の平準化、円為替の相対的安定を基礎とする輸出の好勢持続、軍需品並に輸出関係事業の活況など、一方不測の災害を蒙った農村方面の窮迫から跛行的景気の矛盾は決して解消されなかつたが、少くとも表面的には特にこれといふほどの悲観的傾向を財界のどの方面にも現さずに済んだのである」（「「危機年度」の経済界」35・1・8）と総括した。

また、三五年の半ばからやや景気が反動の兆候を示し始めていた時期においても「同時に又、今日の沈滞をもつてほとんど絶望的な反動期に入つたものであるかの如く考へ、徒らに悲観を事とするの当を得たものでないのはいふまでもないところである。……即ちいはゆるインフレ景気の二大支柱をなす赤字と円安に重大なる変化の起らない限り、現財界の基調はたとへ上述のやうな部分的な反動兆候があるとしても、その基本的な変革を生ずべき理由はないといはねばなるまい」（「インフレ景気の反省期」35・6・19）と述べ、またとくに好調であった貿易に関して言えば、「輸出の増進は目覚ましいものがあり、近年各国の日本品輸入防遏《ぼうあつ》政策の妨害あるに拘らず、良質低廉の邦品はこれらの障壁を乗り超えて依然世界の各市場に闊歩しつつあることを物語つてゐる」（「貿易日本の躍進」35・11・1）のであった。

三五年六月に土方久徴《ひさあきら》日銀総裁が病気のため、総裁職を副総裁の深井英五に譲り、日銀の金融政策の踏襲が明確になって以降、再登板の高橋蔵相に期待されたのは、引き続き財政の建て直しであり、膨張する軍事費の抑制であった。その財政の建て直しに関して、三六年度予算編成方針が出された六月、新聞は「結局、高橋蔵相の今なほ固持せんとする赤字漸減政策は、政府全部が渾然一体となつてその実現に努力する場合にのみ辛うじて所期の目的を達し得る」(「高橋蔵相の予算編成方針」35・6・26)とし、また「従来蔵相自身必ずしも赤字公債悲観論者でないかの如く受取られたものが、再度に亘つて強く財政堅実化の必要を力説し、時に無軌道の如く思はれていた公債政策を、正常の軌道に引戻さんとする熱意を表明するに至つたことは、……元よりこれに同感する外はないのである」(「公債政策と蔵相の声明」35・7・28)と積極的に評価した。

しかし、「軍部大臣を始め各閣僚は各自の事業本位の立場があり、それに近頃では赤字公債漸減の法則自身に対して相当異論が勢力を得、何か従来の正統論健全財政主義を全然時代遅れの迂闊論の如くいひ颯らす論者も少くない」(「予算査定方針の検討」35・11・12)情勢であった。

おわりに

三六年度予算は議会で否決され、二月には実行予算がおこなわれることになったが、二・二六事件により内閣そのものが清算され、日本の進路は大きな転機を迎えた。三月二日の社説「慎重を要する事件後の財界」(36・3・2)は、「故高橋蔵相の政策が絶大の人気を博したのも、この危地に臨んで而も巧妙円滑の政策を操つたために他ならないのであるが、その要は公債市価の維持を心棒とするインフレーションの統制であつた。然し乍ら、既に四ヶ年に亘るかゝる操作を継続するためには流石の蔵相も健全財政の建前まで退却せざるを得なかつたのであつて、しかもその政策も、根本に於ては早や行詰りといふの他ない状態に立至つてゐたことは吾人が前に指摘した所であつた」（下線引用者）と述べ、「輿望内外に大きかつた高橋氏既に亡き後においては、単なる高橋模倣的健全財政から一歩を進めて、名実備はる健全財政を機構的に確立するのでなければ、これまで名人芸によつて辛うじて支へられた我が金融及び為替の安定は不可能」であると論じ、広田弘毅内閣のもと蔵相に就任した馬場鍈一が打ち出した積極方針に対しては、「所謂高橋財政を修正して全面的な積極方針へ転回することが新内閣の持つて生れた運命的な課題である限り、謂ふ所の国民経済力なるものが、既に高橋財政からかなり急角度の方向転換に堪へ得る程度に発展せるものと認定されざるを得ないことは当然」（「所謂「国民経済力」の認識」36・3・16）だとした。

しかし「高橋模倣的健全財政」から脱して、「名実備はる健全財政を機構的に確立」とは、要するに金融統制に基づく公債増発政策でしかなく、そうした経済政策が広田内閣の標榜する「国民生活の安定」を到底達成すべくもないことは次第に明らかになっていく。たとえば、八月、寺内正毅陸相は「国防予算の三十億位に驚いてはならぬ五十億でも差支へないと言つたが、百億でもかまはぬ」（「軍事費は公債に限る／要は唯、肚の問題／帰京の寺内陸相談」36・8・1）と放言するなど、もはや政府は財政面から軍部の予算増額要求を押しとどめることができなくなっていったのである。

引用資料の出所

・朝日新聞戦紙面データベース「昭和元年〜九年編」（一九二六年一二月〜一九三四年一二月）「昭和一〇年〜二〇年編」

（一九三五年一月〜一九四五年一二月）

注

（1）当時はリフレ政策という用語は一般的ではなくインフレ政策と呼ばれたが、ここでは高橋財政の本質をリフレ政策として考えている。なお、新聞記事の引用ではそのままインフレ政策という言葉を用いる。

（2）以下、記事・社説はタイトルと日付（例：一九三一年一二月一四日は31・12・14）のみを記し、引用文中の中略箇所は「……」、引用者補足は〔　〕で示す。なお漢字は新字体に、かな遣いは旧かな遣いのままとし、記事中のルビは省いたが、一部難読の語にルビを加えた。

「リフレ派」の系譜学
——先駆者、岡田靖の貢献から[1]——

田中秀臣

はじめに

二〇一三年四月四日、日本銀行は従来までの金融政策のスタンスを劇的に変更。デフレを脱却し、二％のインフレ目標を二年をめどにできるだけ早期に実現するとして、今般の物価安定に全力を尽くすことを内外に力強く声明した。日本銀行の新しい首脳、黒田東彦総裁、岩田規久男副総裁を中核とする、いわゆる「リフレ政策」への大胆な政策転換が実現した。何十年にもわたる日本銀行の伝統的な考えを捨て去り、マネタリーベースコントロールという岩田副総裁ら、日本の「リフレ派」といわれる政策集団の提言がそのまま日本銀行の政策に反映されたことは、内外に強い衝撃として伝わった。為替レートは、例えば対ドルについては政策変更前は一ドル九二円台だったのが一気に九六円台になり、また株価も大きく反発、先物なども勢いよく動いた。日本経済の劇的な変化に向けてのスタートダッシュ。やがて資産市場だけではなく、物価、雇用、成長など経済の実体面の改善が進むように日本銀行の政策はさらに進展していくだろう。

本稿は、この「リフレ政策」を生みだしたといっていい一人の人物と、それをとりまく知的なネットワークの形成を振り返るものである。

一　日本の「リフレ派」とは何か

「リフレ派」reflationistは、アベノミクスが世界的な話題になるにつれて、内外で言及されることが多くなってきた言葉だ。〝リフレ〟とは「リフレーション」reflationの略語で、金融政策によってデフレーション（持続的な物価下落）から脱却し、低インフレに物価を安定させることで、雇用の最大化や経済成長の安定をなしとげることである。「リフレ派」は、このようなリフレを現代の日本で遂行するべきだと唱える人たちのことだ。いまの日本銀行副総裁の岩田規久男氏、内閣府参与の浜田宏一氏（イェール大学名誉教授）、原田泰氏（早稲田大学教授）らがその代表格である(2)。

日本でリフレを主張した最初の人物は石橋湛山であった。以下の石橋の発言は、リフレとは何であるかを明瞭に述べている。

云う所のリフレとは、かつて米国のローズベルト大統領が、其の新通貨政策を始めるに当って宣言した如く「農業及び工業をして再び失業者に職を与える点まで物価の水準を引き上げ、又公私の債務は其の締結せられた当時の水準にほぼ近い物価に於いて、其の支払いをなし得る如くなさんとする」ものである。即ち言い換えれば過去のデフレを訂正し経済界の活動発展を常態に回復するのに必要な程度まで通貨の供給を増加するのがリフレーションだ。従ってリフレ政策が行われれば、物価は騰貴するけれども、其の物価騰貴は、必ず之に伴って生産を増加し、全体としての国民の実質収入を、したがって其の生活程度を向上せしめる。昭和七年以来の我が国の通貨膨張、物価騰貴が、一般に歓迎せられた通りの好結果を経済界に齎したのは、全くそれがこのリフレの線にそって行われたものであったからだ(3)。

このようなリフレを主張する論客は、戦前からいるわけだが、もちろんそれは日本経済がデフレに陥っているときにしか現れない。戦前の昭和恐慌、そして戦後のドッジラインの時代、さらに一九九〇年以降の長期デフレがそのリフレ派の活動時期として知られる。ただし前二回が主に雑誌や新聞などの媒体を中心にリフレ派の論客が生まれたのに対して、今回はそれに加えてインターネット上に日本の「リフレ派」は声をあげたといっていい。

「失われた二〇年」とも「平成大停滞」ともいわれる今回の長期デフレ。この期間に現れた「リフレ派」は、今も指摘したように日本のインターネットで生まれた草の根の活動ともいえる。そして様々な経済学者やエコノミスト、政治家や評論家などを集めながら、今日のアベノミクス誕生の下地を作った。そのリフレ〝派〟の命名者でもあり、またリフレ派のさまざまな基本的な考えに大きな影響を及ぼしたのが、本稿の主人公である故・岡田靖氏（元内閣府経済社会総合研究所主任研究官）である。岡田氏は大和総研、クレディスイスファーストボストン証券（現クレディスイス証券）、学習院大学客員教授を歴任した後、内閣府で経済分析の仕事に携わってきた日本屈指のエコノミストであった。

二　ネットでの活動＝ドラエモンとして

野口旭氏（専修大学教授）が、「岡田さんは（民間）エコノミストでは日本で一番の人だった」といったことがあるが、筆者も同じ考えを共有している。また岡田は、実務型のエコノミストとして活動する一方で、ネットの世界で「ドラエモン」（ネット上の匿名）としてその見識の高さを知られ、「リフレ派」「リフレ政策賛同者」たちに影響を与えた人としてきわめて大きな功績を残した。日本のリフレ派がネット発祥を一つの大きな契機としていることからも、岡田のネットでのリフレの「啓蒙」活動の意義はきわめて大きい。著者自身も岡田のネットでの活動に大きく影響されたひとりだ。

著者が初めて岡田靖氏と出会ったのは、二〇〇一年の暮れのことである。当時、私は野口旭氏と『構造改革論の誤解』（東洋経済新報社）を世に出したばかりだった。この本は小泉純一郎内閣の「構造改革」を批判的に検証し、同時に日本の長期停滞を日本銀行の政策の失敗に求めたものだった。時を同じくして岩田規久男氏（当時学習院大学教授）の『デフレの経済学』も、同じ版元と同じ編集者（中山英貴氏）によって企画編集され、世に問うたばかりであった。

岩田氏の本は、日本の長期停滞が日本銀行の事実上の金融引き締め政策の反映であること、その政策の失敗としてのデフレーションを止めることを提言した。中山氏の仲介で、その年の年末に岩田氏、野口氏、私、そして岡田氏を加えて一席を共にすることになった。

その少し前に、野口氏からネットに「苺経済板」というのがあって、そこで書いているドラエモンという人がいて私たちと考えがとても似ている、ということを教わっていた。[4] いまから思うと信じてもらえないかもしれないが、当時の私はメールを使う以外は、ネットにまったく興味がなく、もちろん掲示板にも関心がなかった。

その最初の会合で、後に『昭和恐慌の研究』（東洋経済新報社、二〇〇四年、日経経済図書文化賞受賞作）に結実することになる昭和恐慌の研究会をしようという話がでたことと、そして帰り際に野口氏が「岡田さんがドラエモンなんだよね」と教えてくれたことは覚えている。その日の深夜だったと思うが、初めて私は「苺経済板」を見た。さっきまで一緒に食事をしていたはずの岡田氏＝ドラエモンが、もう物凄い勢いで書き込みをしていた。

しかも経済問題を数字と理論、そして独特の語り口で、数多の名無し・匿名を相手に丁寧に経済問題を解説しているかと思うと、他方では（ちょっとしたユーモアを交えながら）次々と論破していった。これは面白い世界だな、と私はとてもひきつけられたのである。

その後、「苺経済板」は二〇〇一年から〇四年冒頭ぐらいにかけて、ドラエモンを中心に非常な活況を呈した。もちろんその背景には、小泉＝竹中構造改革、そしてなによりも速水優総裁下の日本銀行のずさんな政策、また後にテイラー・溝口介入として知られる緩和政策の発動などが、話題としてあった。

要するに日本の経済危機に多くの人々が不安を抱き、その不安の解消を求めて、ネットの世界を漂流していた。そして少なくない人たちが「苺経済板」にたどり着いていた。そこで新聞やテレビなどの既存メディアで喧伝されていた、構造問題、財政破たん、中国発デフレ説などなどと、違う見解を論じていたのが、苺のマスターことドラエモンであったのだ。

当時の「苺経済板」にはいろいろな匿名コテハンがいたのを思い出す、ドラエモン、すりらんか、一夢庵、ザモデルなどなど。彼・彼女らとの時に有益、時に無駄な論争は、いまはとても懐かしいし、またちょっと恥ずかしい（笑）。そして唖然とすることは、今に至るまでそこで論じられていた日本銀行の失政がまったく変わることなく繰り返されてきたことだ。もちろん現在では、この日銀の失敗の繰返しも、リフレ派のリーダーである岩田規久男氏が副総裁についたことで終止符がうたれるだろうが。

しかしそれでも世論の方においても、日本の長期停滞にデフレが大きく関わっていること、そしてそのデフレ解消に日本銀行が責任を持つものであることが、次第に理解されてくるようになったと思う。特にいまのネット論壇（そのようなものがあるとしてだが）では、日本の経済問題をちゃんと論じることのできる人たちの圧倒多数がいわゆる「リフレ派」もしくは「リフレ政策賛同者」たちだ。

このネットの経済問題の世論形成に決定的な影響を及ぼしたのは、疑いなくドラエモンだろう。特にドラエモンとして「苺経済板」で思うままに論議する一方で、日本でも稀有な「実務家と同時に経済学者」（高橋洋一氏［嘉悦大学教授］談）の資質をフル回転していたクレディスイスファーストボストン証券のチーフエコノミスト岡田靖として、その傑出した部下であった安達誠司氏（現・丸三証券経済調査部長）とともにこれまた惜しげもなくネットに送りだしてきた「日本経済ウィークリー」の名論説は、日本の草の根レベルの経済問題の意識を決定的に向上させたと思う。思えば（世の中は経済危機であったが、知的な意味では）幸福な時代だったと思う。

岡田靖＝ドラエモンによって、少なくともネット世界では「リフレ派」は確固たる存在になった。もちろん黒木玄氏（東北大学助教）、山形浩生氏らの活動も忘れてはならない。もちろん「リフレ派」などというものは、党派ではない。単にデフレ（デフレ不況）を、低インフレ状態に移行することで長期停滞を脱しようとする意見の人々を括っただけにすぎない。だからドラエモンは党派のリーダーでもなんでもなかった。彼は単に標準的な経済学を、エコノミストとしてのハードな本業の合間に、ほとんど不眠不休で掲示板に思うままに書いていたにすぎない。彼の意見に賛同する人たちは単に「ふつう」になっただけにすぎないのである。

ドラエモンは膨大な掲示板への書き込みを残した。検索によるとその数は二万件に迫る。また2ちゃんねる掲示板に書き残された匿名氏による経済ディストピア小説「経済学がこの世から消えたら……」もまたドラエモンの作品である。(5) これは岡田氏から直接聞いたことなので確かだろう。

この掲示板の書き込みは経済学が禁止された近未来を描くもので、そこではまたデフレが超長期化した末の日本の国土崩壊を描いていた。批判精神とぴりりと利いたジョークが十全に発揮された短編だった。この空想小説を核にすると、ドラエモンとしての一連の書き込みもよく配置できるだろう。これは稲葉振一郎氏（明治学院大学教授）の指摘でもあった。

たとえば『夕刊フジ』での追悼記事（二〇一〇年四月二七日、中田達也記者）でもコメントしたことだが、ドラエモンとして一番ユニークな発言というのは、ネット社会で日夜流通している経済学の常識では考えられないようなおかしな議論を「トンデモ経済学」として批判したことと、あわせてその「トンデモ経済学」の由来である経済学者やエコノミストあるいは新聞やテレビでの記者や評論家たちの発言を容赦なく批判することであった。

このような試みは掲示板だけにとどまることもなかった。例えば、二〇世紀末からそのような「トンデモ経済学」を批判し始めていた野口旭氏の試み（『経済学を知らないエコノミストたち』〔日本評論社〕などとして結実）とも共鳴し、それがやがて私、野口氏、そして若田部昌澄氏（早稲田大学教授）の編著である論争書『エコノミスト・ミシュラン』（太田出版、二〇〇三年）にも結実していった。もちろん岡田氏はこの本にも重要な寄稿者として参加している。

また掲示板では何度か有意義な「論争」が行われた。ドラエモンとしては、いわゆる「ザ・モデル論争」というものがあった。これは九〇年代から経済学の主流になったＤＳＧＥ（動学的確率的一般均衡理論）をめぐる話題であった。

例えば、ポール・クルーグマン（プリンストン大学教授）がデフレ不況脱出の処方箋として提起したインフレターゲットの理論的基礎を、掲示板レベルで再考する際の「勉強」レベルに注意を促したものであったと思う[6]。日本ではこの話題については、特に加藤涼氏（日本銀行）の『現代マクロ経済学講義』（東洋経済新報社）を読めばある程度の見通しがつくだろう。

もうひとつの「論争」は、主に黒木玄氏の掲示板を中心に行われた塩沢由典氏のリフレーション批判をめぐってのものだ[7]。これは事実上デフレのまま日本経済の清算をすすめるべきであるという塩沢氏の価値判断を炙り出す一方で、デフレから低インフレにするコストが社会厚生上ほとんど問題とならないことが「論争」の成果であった。

またこの論争のスピンオフとして掲示板や内閣府での報告などで黒木玄氏が、そして猪瀬直樹メールマガジンなどで高橋洋一氏が、齊藤誠氏（一橋大学教授）のブラックホール仮説への批判を行った。簡単にいうとデフレ脱出の理論的可能性やハイパーインフレーションが貨幣的な現象か否かを争うものであった。これらは今でもネットでの経済問題の論議で何度も変奏されながら語られていることでもある。その論議の中で岡田＝ドラエモンは中心的な話題の提供と論議の方向付けを行っていた。

三　岡田靖のリフレ論の核心

岡田氏自身の公表された経済学のスタンスは、もちろんリフレ派的な主張のものが大半である。日本のデフレがなぜ長期にわたり、なおかつ小幅なのか、という問題をめぐるものであった。その理論的な答は、日本銀行の政策スタンス＝政策レジームにある、というのが岡田氏の結論であった。

もちろんこの点は昭和恐慌研究会でも多くのリフレ派、リフレ政策賛同者の間でも共通して抱かれている見解でもある。岡田氏はこの政策レジームの転換を通して、日本のデフレからの脱却を一貫して主張したのである。それも多くの人よりも先駆的に、なおかつ人並み外れて徹底的に考えていたと思う。その思索の方向を規定したのが、貨幣数量説への挑戦と、日本の停滞を構造問題に還元する様々な仮説との戦いを通してであった。

岡田氏の論文"Is the Persistence of Japan's Low Rate of Deflation a Problem?"(8)や、論文「バブルデフレ期の日本の金融政策」(9)では、伝統的な貨幣数量説に依存せずに、日本銀行の金融政策の運営が九〇年代において変化したこと（「物価の安定」とされる政策目標が事実上〇〜一％になり、それ以前までの水準から大きくひきさげられた）、さらにその極めて低い「物価安定」でさえも日本銀行は達成することに失敗していること（＝デフレとデフレ期待のまん延）を、理論・実証両面から明らかにした。

また浜田宏一氏との共著論文では、実質為替レートが九〇年代から今日まで高めに維持されていて、それが日本銀行の先のデフレ志向の政策スタンスと整合的であることを明らかにした。同時に交易条件と実質為替レートが異なるものであることに注目していることも重要であった。

この浜田・岡田論文は、日本の長期停滞を国際金融面の動向からとらえたすぐれた業績である。特に日本のメディアでしばしばとりあげられる産業の空洞化や、日本の若い労働者を中心とした人たちが「グローバル化」といわれて低い賃金に甘んじているのはなぜか、という点の「真因」を解明している点でも見事である。浜田・岡田論文を、岡田の師である岩田規久男氏の『国際金融入門　新版』(二〇一一年、岩波新書)をもとに説明すると、こうだ。

日本の交易条件というものがある。この交易条件の値が大きくなれば、日本は同じ輸出量でより多くの輸入財を輸入することができる。これを交易条件の改善という。他方で、例えば石油価格の値段が高騰した場合などは、日本は同じ輸出量で以前よりも少ない輸入量しか実現できない。この場合は交易条件が悪化した、などという。

九〇年代終わりから二〇〇〇年代の初めにかけてこの交易条件はとても悪化した。つまり日本の人たちは外国との取引でかなり不利益を被っていた。原油価格が高騰し、ガソリンや灯油などの価格があがったことをイメージすればわかりやすいだろう。

このような交易条件が悪化する一方で、日本銀行が金融政策を事実上引き締め気味に推移したことで(この時期にゼロ金利の解除があったことなどを想起されたい)円高が加速した。交易条件が悪化し、さらに円高が加速したことで、日本の輸出産業は打撃を受け、国内投資は冷え込み、さらに安い経費や安い労働力を求めて、日本の企業は中国などに移動した。

この安価な経費・労働を求めてのコストカットは、日本に留まる製造業にも影響し、それがいわゆる非正規労働者の累増を生んだ。これが「産業の空洞化」と「グローバル化」によるワーキングプア問題の真因である。

そしてこの事態をもたらしたのは、中長期の為替レート(円高)を決めるのが日本銀行であるかぎり、この日本経済の苦況は、日本銀行の責任である。そして交易条件の悪化と円高（＝事実上の金融引き締め）の進行は、つい最近まで日本が経験していたことでもあり、この事態を放置したままでは今後、ますます若年層（二〇代後半から三〇代）の雇用状況は悪化し、また全年齢層で失業は増加、日本の産業と社会の衰退は避けられない。

この浜田・岡田論文で、日本の長期停滞を構造問題に求める一連の見解が事実上成立しないこと（貨幣的で国際的要因が長期停滞の真因であること）も確証されている。貨幣的・国際的要因への注目は、もちろん同じく貨幣的・国際的要因がキーであった昭和恐慌の研究の蓄積が貢献しているのは疑いない。

この浜田・岡田論文をもとに現状の日本経済をみてみよう。二〇一二年の一一月の自民党総裁選後から、現在（二〇一三年三月末）まで、安倍晋三首相の主張する「大胆な金融緩和」＝リフレーション政策が進行中である。これによって人々のデフレ期待がインフレ期待に転換し、円安や株高がもたらされている。このアベノミクスの状態を、浜田・岡田論文と同じように実質実効為替レートと交易条件でみてみよう[10]。為替レートはインフレ期待への反転とともに円安の度合いを深めている（**図1**）。交易条件はわずかに悪化しているにすぎない。つまり「円高」がいままで日本の産業空洞化や輸出企業の衰退をもたらしていたとするならば、今回の円安傾向は、交易条件の悪化の度合いを遥かに上回っているということだ。このアベノミクス＝リフレの改善効果は、今年に入ってますます強化されている。岡田氏の師である岩田規久男氏が日本銀行副総裁に指名され、リフレ派はついに日本銀行の政策そのものを直接変えるところまで来た。この長い道のりの途中で、岡田氏が亡くなったのは本当に残念だ。おそらく岡田

図1

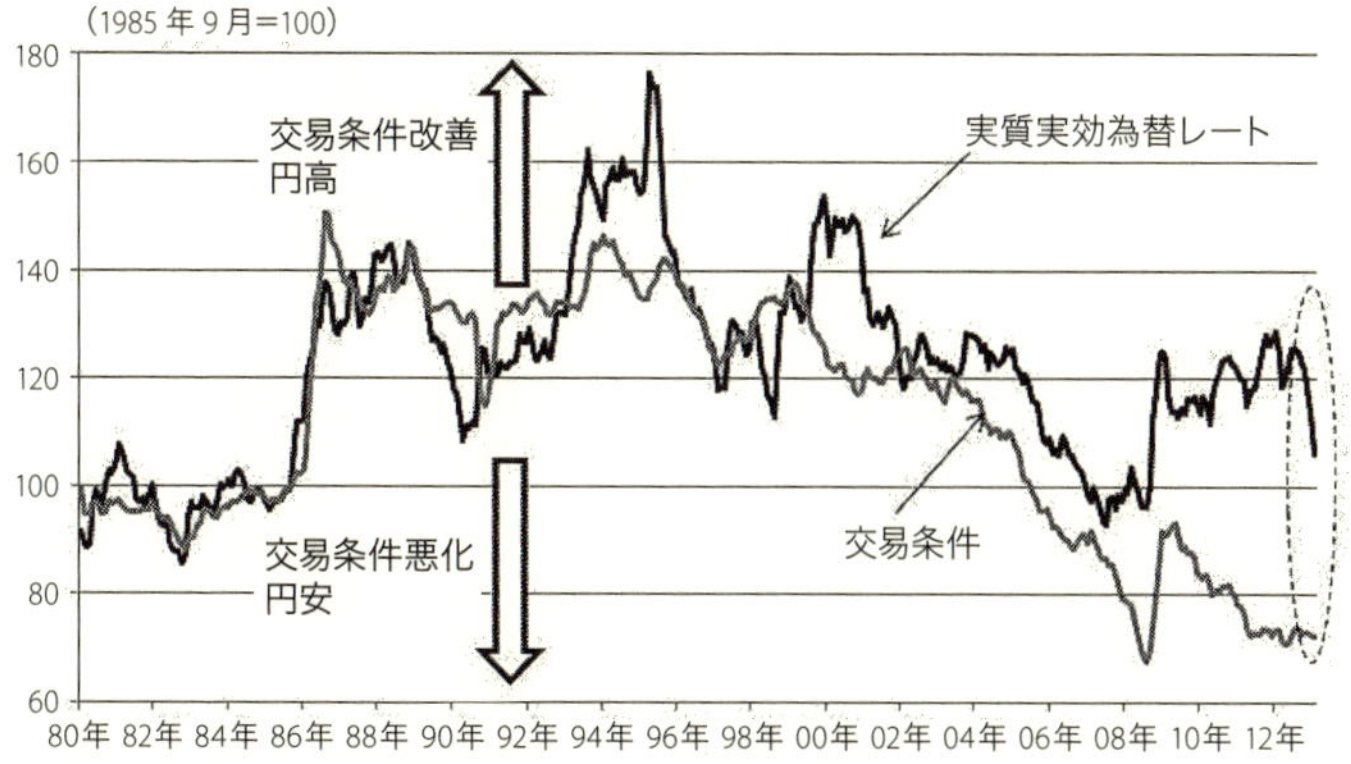

（注）交易条件＝円建て輸出物価指数／円建て輸入物価指数
（資料）BIS、日本銀行

氏ならば、いまの事態も独特の語りで評したかもしれない。

日本銀行の政策スタンスをめぐる問題でも、渡辺努氏（一橋大学教授）との間で論議の応酬をした『論争 日本の経済危機』（日本経済新聞社、二〇〇四年）、デフレが雇用の悪化、財政危機をもまねくことを説明した『まずデフレをとめよ』（日本経済新聞社、二〇〇三年）の中の論説、若い気鋭の論者たちと共同作業をした『経済成長って何で必要なんだろう？』（光文社、二〇〇九年）など、数は少ないながらも岡田氏の鋭い論説はすべて現在のリフレ派の中心的な考え方を提供している。

ドラエモンとしての掲示板を中心とした活動はほぼ二〇〇四年を境として次第に落ち着いたものになっていった。これは荻上チキ氏（批評家、αシノドス編集長）とも話したことだが、ネットの中心が掲示版からブログへ、そしていまはTwitterなどへ移行したことが大きいだろう。しかしいまでもブログやTwitterをみれば、そこで論理的に整合的で、なおかつ実証的な意識鋭く論をたてて元気に論争している多くの名無し・匿名または有名の人たちに、ドラエモンの「息子」「娘」の姿を認めないわけにはいかないだろう。(11)

岡田靖氏の未完の草稿はやがて飯田泰之氏・矢野浩一氏たちの手によってまとめられることだろう。いままでの珠玉の論文も一書にまとめるべきだろう。そしてできればドラエモンとしてのネットの活動も適切な解説とともにまとめることが重要だろう。それが彼から影響をうけた人たちのささやかだが大切な仕事ではないかと思っている。またこれからの大きな楽しみでもあるのだ。

時は情け容赦なく人を忘却の中に追いやっていく。しかし岡田靖とドラエモンが、日本のきたるべきデフレ脱却と、まともな経済政策の採用にむけた、学術的レベル・草の根レベルで果たした決定的な貢献を忘れてはいけない。それは単なる回顧を要求しているのではない。いまも私たち自身が取り組むべき多くの課題を思い出させてくれるからだ。

注

(1) 本稿は、ビジスタニュース（ソフトバンククリエィティブ）二〇一〇年五月六日配信の記事（現在はhttp://bisista.blogto.jp/archives/1295857.htmlに再録）「岡田靖＝ドラエモンの経済学」に、現在の経済状況を踏まえて加筆修正したものである。

(2) 日本のリフレ派としては、岩田、浜田、原田の他に、若田部昌澄、野口旭、田中秀臣、安達誠司、飯田泰之、片岡剛士、村上尚己、中原伸之、上念司、勝間和代、矢野浩一、山形浩生、松尾匡、中澤正彦、黒木玄、高橋洋一、山崎

元、馬渕澄夫、金子洋一、宮崎哲弥、稲葉振一郎、中村宗悦、田村秀男、長谷川幸洋、森永卓郎、倉山満、浅田統一郎、栗原裕一郎らがいる。

（3）『石橋湛山全集　一一巻』二〇九頁、かな漢字は随時変更。

（4）苺経済版のＵＲＬは、http://www.ichigobbs.org/。

（5）現在はこのブログに保存されている。http://hicksian.cocolog-nifty.com/irregular_economist/2006/03/post_00a3.html

（6）詳細は矢野浩一氏［駒澤大学准教授］のブログのエントリーを参照。http://d.hatena.ne.jp/koiti_yano/20061221/p1

（7）詳細は黒木氏がまとめた岡田氏の発言リスト参照。http://www.math.tohoku.ac.jp/~kuroki/YasushiOkada/index.html。またば私の掲示板時代の経済学をまとめたブログエントリー参照。http://d.hatena.ne.jp/tanakahidetomi/20080128p3

（8）翻訳は以下のブログ参照。http://d.hatena.ne.jp/Hicksian/20100414p1

（9）浜田宏一氏（イェール大学名誉教授）との共著（『デフレ経済と金融政策』［慶應義塾大学出版会］に収録）。

（10）図１は片岡剛士氏の作成・提供による。

（11）岡田＝ドラエモンについてのネットのまとめは Baatarism 氏のブログ参照。http://d.hatena.ne.jp/Baatarism/20100412/1271084250

2　アベノミクスの光と影

〈インタビュー〉

ユーロ危機、アベノミクス、日本の将来

ロベール・ボワイエ

聞き手＝藤原良雄
訳・構成＝植村博恭

ユーロ危機の現状と日本

――ボワイエ先生、今年も日本でお目にかかれることをうれしく思います。ちょうど昨日、先生の『ユーロ危機――欧州統合の歴史と政策』（藤原書店）の見本ができたばかりです。まず、なぜこの本を書かれたのか、この中で先生が解明しようとされたことは何か、といったことからお話しいただきたいと思います。

ボワイエ　この本はいまヨーロッパで起こっていることを分析したもので、解明しようとした点は、三つあります。まず第一に、最も言いたかったのは、これまで支配的であった経済学、特に「新しい古典派マクロ経済学」がユーロに関して間違った方策を示してきたということです。このような経済学者たちは、ユーロ圏の国家間における多様性と相互依存性について、全体として誤って理解していたため

に、ユーロ危機の分析と対処を誤ってしまったのです。当初、単一通貨をもつユーロ圏が創出されたことは、特筆すべき成功として欧州の歴史に記録されました。ユーロが導入された後には、ユーロ圏諸国は安定的な成長を達成できると期待されていたのです。しかし現実に起こったことは、それどころか北部ヨーロッパと南部ヨーロッパとの間での競争力と経済状態の大きな乖離でした。いいかえれば、南北ヨーロッパ間で国内の調整様式の乖離とその機能不全が起こっているのです。

第二に、金融のグローバリゼーションのなかで、経済統合を実現することがむずかしくなっているということがあります。ユーロ危機は、ここ数年、ギリシャ、そしてポルトガルとスペインへの金融の投機的活動によって急激に悪化したのです。ユーロ圏内では、もちろん各国間での為替レートの調整が存在せず、しかもイギリスやアメリカが大きく関わっている国際的な金融界を、欧州連合がコントロールすることは容易ではない。こういった状況は、とても注意を要するものです。実際、流動性の高い資本は、民主主義ではあるが経済的資源のとぼしいギリシャのような小国に大挙して流入してきました。金融のグローバリゼーションに伴う国際金融界の動きに対して、欧州経済の統合と国際的な調整が十分に対応できていないのです。

第三に、そういう状況の中では政治的な過程が重要だということです。フランスではかなりの国民が年金などの問題からユーロに反対していましたが、最終的に、フランス政府はユーロ参加を受け入れました。しかし、ヨーロッパのすべての国がユーロに参加したわけではありません。スウェーデンの人々は、農業部門が被る損失を考慮し、工業での複雑な調整問題を認識し、社会保障への悪影響を危惧したのでした。これらの結果として、まさに民主的な手続きを通じて、彼らは参加しないことを決定したのでした。むしろ、これとは対照的に、ギリシャなど南欧の国々はユーロのメンバーであることに積極的でした。こうしたなかで、ユーロ危機への対応策は、欧州委員会、欧州理事会、欧州中央銀行、各国政府、金融界といった様々なアクター間での複雑な国際的ガバナンスをともなった政治過程によって決定されている。このため、対応は迅速に行われず、それは金融不安定性を加速化させ、財政危機を悪化させるので、危機はきわめて深刻です。

――日本では、ユーロ危機が日本にどう関係してくるのかが、まだ十分に議論されていません。しかし、グローバリゼーションが進む世界経済の中で起こったユーロ危機ですから、当然日本にもこの危機の波は押し寄せてくるでしょう。アメリカもリーマンショック以降、問題だらけですから、アメリカの金融破綻とユーロ危機とも連動するでしょう。日本の長期デフレとの関連は、どうでしょうか。

ボワイエ　ユーロ危機と日本経済とは、次のようなかたちで結びついています。歴史的にいって、第二次世界大戦後の時期は、大量生産・大量消費のフォーディズムの時代でした。第二次世界大戦の直後には、ドイツ、日本、アメリカなどの国々においては国内経済の成長が志向され、それらの諸国は国民経済の自立性を維持していました。いいかえれば、対外的に貿易依存度があまり高くなく、そのため各国経済は自立性を保っていたのです。しかし、一九七〇年代以降の数十年間で貿易と金融の自由化が急速に進行しました。さらに、WTOの設立にともない、貿易による相互依存性はとても大きなものになりました。

世界経済の金融化は、一九八〇年代の半ばから急速に進行してきました。アメリカにおいて巨大な金融市場が出現し、しかも低リスクで収益性の高い投資先を海外に求めていきました。このことはパトリク・アルチュスというフランスのエコノミストが、きわめて興味深い分析をしています。かつてのフランスでは実物的な経済の基盤が作り上げられていて、そこで発生する利潤が金融資産市場での収益を生み出していた。因果関係は実物経済から金融経済へという方向でした。ところがフランスではこの一五年ほどでそれが逆転し、金融的な要因が実物経済を支配するようになったのです。近年、このような大きな転換が世界経済に生じています。

このことは、日本で何が起こっているのか理解する手助けになると思います。日本は、アジアの先進国としては、そのようなグローバル金融によって国内経済が攪乱される経験を持った最初の国だと言えます。一九八〇年代後半におけるバブルの形成とその崩壊は、もちろん国内的要因が大きな役割を演じたとはいえ、このような世界経済のパースペクティブから、金融自由化の帰結としてみる必要があります。現在の日本経済の停滞もこうしたことと結びついていて、アメリカでのバブルの形成と二〇〇八年のサブプライムローン危機の影響を大きく受けてきたのです。

ユーロ危機も同様に金融的な原因が重要な役割を果たしています。近年の西ヨーロッパにおける強い相互依存性は、金融化の進展によって生じたものであり、しかも金融投機の圧力によって不安定性が増大しています。国際金融市場を支配している国際金融界とでもいうべき人たちが、ユーロ圏南部の国々の国債を信用しなくなり、それらの国々の国債利回りが急上昇することになって、だんだんとユーロ危機が悪化していったのです。こうした動きは、必ず日本やアジア諸国にも大きな影響をおよぼします。

このように金融のグローバリゼーションによって各国の相互依存性が強まっているのですが、財の貿易についてみると、長期的にそれぞれの国が特定の財の生産へ特化していく傾向もみられます。たとえば、日本は自動車の生産に特化してきました。これに対して金融取引の世界では、瞬く間に資本が世界中を移動していくという特徴があります。たとえば、アメリカからブラジルへの巨額な資本移動がありますが、それによってブラジルだけでなくアメリカの金融レジームも不安定なものとなってしまう。こうして、金融の領域においては、ビルト・イン・インスタビリティー、すなわちそのシステム自体に埋め込まれた不安定性というものがかつてないほどに強まった状態になってしまいました。ですから、次の金融危機がブラジルから発生したとしても、私は驚きません。

このような金融不安定性は、例えば今後の日本経済の復活といったことにも強い影響を与えることでしょう。また、ヨーロッパにおける福祉国家や社会保障に対しても悪影響も及ぼしていくことでしょう。つまり、近年の金融グローバリゼーションは、各国経済の調整様式を大きく変えることになってしまったのです。

以上のことを、レギュラシオン理論の観点から整理すれば、次のようになります。国際貿易は国民経済間の相互依存性を作りました。そして、国際金融は一層濃密で不安定な相互依存性を生み出してしまった。なぜなら、金融によって作り出される相互依存性は、国際金融界のアニマル・スピリッツによって、突き動かされているからです。藤原書店から出版した私の『金融資本主義の崩壊――市場絶対主義を超えて』（藤原書店、二〇一一年）は、瞬時のうちに世界を動かしていくこの金融の不安定な相互依存性がいかに危険性をはらんでいるか、レギュラシオン理論の観点から分析したものです。ユーロ危機は、あきらかにこのような世界経済の大きな危機の一環なのです。

さらに、より長期的で歴史的なパースペクティブをもって、現在のこのような世界システムの転換を理解することも重要です。特に、国際政治経済の領域における地政学的分析として、ヨーロッパ、アメリカ、日本、中国のポジションの変化を考えていきたいと思っています（ボワイエ「アメリカの超パワーと中国の不確実性という二つの制約に直面する日本」『環』五二号、二〇一三年）。

アベノミクスをどう見るか

――物をつくり、それを交換しあうという世界から、お金が支配的な世界に転換しました。物がなくても、お金だけがぐるぐる回っている、そういう資本主義がもはや破綻の状況にあるということを、ボワイエ先生は『金融資本主義の崩壊』で描かれたのでしたね。話題を日本の方にシフトしますが、昨年一二月に自民党政権となり、安倍首相のもとで「アベノミクス」などと言われ始めました。金融緩和によって、二〇年以上にわたる長期的なデフレを脱却するのだという、安倍新政権のかけ声が響きわたったのです。今、日本では円安、株高です。経済の状態が好転しているように見えますが、どのようにアベノミクスを見ておられるでしょうか。

ボワイエ　アベノミクスについて議論するとき、重要なポイントが三つあると思います。**第一に、アベノミクスは、非常にイデオロギー的なケインズ主義だということです。**それは、公債を発行して資金調達し、公共投資を増やせば、ケインズの乗数効果が働くだろうと想定しています。そして、雇用も増えるだろうと考えられているのです。しかし、私はそう簡単なことではないと思っています。公共投資では財を消費をしているだけで、生産を行っているわけではありませんから、それだけでは日本における過剰生産能力の問題を十分に解決することはできないのではないか。たしかに、バブル崩壊以前の日本経済においては、このような公共投資政策が経済成長に対して補完的な役割を演じていました。しかし、現在、日本経済では製造業のシェアが小さくなっており、設備投資も停滞気味なので、こうした政策は、人々を一時的に喜ばせる効果しかもたないのではないかと危惧しています。

第二に、ポール・クルーグマンの議論についてです。どうもクルーグマンは、安倍政権のインフレ・ターゲットを中核とする金融緩和政策を、強く支持しているようです。しかし、私は彼の議論には賛成できません。現在の日本経済の問題は、たんに人々の期待に働きかけ、インフレーションを煽ればそれでなんとかなるというものではないからです。日本では、金融の専門家の間で「ひも理論」と言われている理論がありますが、わたしはむしろその考え方に賛成です。今回の金融政策の効果についても、それは当てはまります。金融政策は、「ひも」みたいなもので、引っ張ることはできるけれども、押すことはできない。むしろ、民間企業が投資を拡大させることによって、銀行による信用創造が進み、広義の通貨量が増加していくのです。これまで、日本では長期的に需要が停滞してきたために、企業は投資の必要性をさほど感じず、銀行による信用の供与も十分に行われてきませんでした。銀行が信用供与を減らすと、そのぶんだけ通貨は減少してしまいます。

同時に家計は、高齢化や福祉・教育の問題から、将来に対して楽観的になれません。新古典派の経済学者は将来的にインフレになるだろうと信じているのかもしれませんが、実際にはデフレが継続する可能性も大きいのです。この状況は、過剰生産能力の問題が解決されないかぎり変わらないでしょう。クルーグマンの言うように、金融を緩和してインフレを喚起すればなんとかなるという代物ではないということです。

第三に、ケインズのいうアニマル・スピリッツの問題があります。現在の日本経済においては、経済活動を積極的に行なおうとするアニマル・スピリッツに問題があるために、金融政策を行うだけでは、持続的な景気回復は成功しないだろうと思います。そのためには、投資を行うアニマル・スピリッツの高揚が必要となるのです。貨幣には、ハイパワード・マネーと信用貨幣という二種類がありますが、信用貨幣は資金需要によって作り出されます。たとえば、私が貨幣を使うと、貨幣はやがて銀行に預金されますが、預け先の銀行がそれをもとに信用を拡大させるか否かは、民間企業の資金需要によって決定しています。今回の金融政策の結果としてインフレになるかといえば、その可能性は高くない。金融政策だけでは、投資は十分に回復しないのです。

では、**なぜ金融業界がアベノミクスに喜んでいるのか**。それは、円安になることによって輸出企業の収益が増加し、株価がさらに上昇していくと考えられるからです。しかし、この利益がどれほどか完全に予想することはできませんから、実際にこの考えのようになるかどうか、その妥当性は疑わしいものだと思います。

日本は他国と比べて異なった経済の性質を持っており、投資行動はそれに影響を受けています。アメリカでは、株価の上昇が企業の設備投資に直結します。しかし、日本では、たとえばトヨタは、日本・ヨーロッパ・中国の工場の業績がよいときに投資を行います。トヨタの株価が上昇したとしても、投資を行うとは限らないのです。日本企業は、「トービンのQ」をさほど考慮していません。ところが日本に投資する外国人はこのことを分かっていないので、アメリカのように株価が上昇すると投資が増えるだろうと考えてしまうのです。日本は固有のモデルを持っている。有効需要が停滞していることが投資の制約要因になるため、株価が上昇しても投資が増えるとは限らないのです。

つまり、**日本経済を回復させていくためには、堅調なアニマル・スピリッツをつくり出していくことが必要ですが、金融政策だけではそれに成功しないでしょう。**クルーグマンは、もっとちゃんとしたケインジアンになるべきです。いま日本では、ただ金融界のアニマル・スピリッツの回復に成功しただけであって、本当の意味で経済の中の、製造業におけるアニマル・スピリッツが高揚したということではないようです。そのためには、製造業のなかの堅調な企業の強みをしっかりと認識して経済を発展させるべきです。

このように、**現在のアベノミクスのもとで日本経済は、イデオロギー的ケインズ主義、投資と資金需要の変化、そしてアニマル・スピリッツの停滞という三つの問題が複合的にからんでいます。**したがって、**レギュラシオン理論の観点からこの問題を分析すると、**次のようになります。アベノミクスの政策は伝統的なケインジアン政策であって、これだけではレギュラシオン理論のいう成長体制を、すなわち安定的なマクロ経済的規則性を、新たに作り出すことはできない。なぜなら、成長体制の創出には、新たな賃労働関係と新たなイノベーション・システムが必要になりますが、アベノミクスのような政策だけでは、そのための制度と調整様式の再構築ができないからです。

将来に向かった成長戦略について言えば、人間創造型《アンソロポジェネティック》の新しい成長体制を構築していくために、きちんとした制度改革が必要なのだ、というのが私の考えです。しかし、まだそういうことは行われていません。もう、日本経済は、輸出主導型成長だけに頼ることはできない。賃金を十分に上昇させていくことで、内需を拡大させなければなりません。しかし、賃金は株価にインデックスされているわけではないので、賃金上昇は保証されておらず、アベノミクスの結果として景気が少しよくなったりインフレ気味になったとしても、名目賃金の上昇がなければ、実質賃金はかえって下がってしまう可能性すらあります。そうなると消費が停滞し、それが企業の投資を阻害することにもなります。新たな経済成長のためには、所得分配や社会保障の問題にもっと配慮すべきなのです。

アベノミクスは、緊縮政策に対して異を唱えた。反緊縮政策を積極的に遂行しようとしている。その点では、正しいのですけれども、しかしそれは国内のいろいろな制度なり産業の競争力なりを再構築するような政策に至っていないのです。現在ヨーロッパで行われている緊縮財政政策よりはましですが、日本では、なによりも、しっかりとした成長戦略を示し、新しい成長体制を生み出していくための政策を実施してほしいと思います。

日本の将来——「人間創造型成長」の可能性

——日本で「失われた二〇年」といわれています。出版業界は景気に左右されないのが強みでしたが、一九九七年をピークに、二兆五〇〇〇億円から一兆七〇〇〇億円ぐらいまで、約一五年の間に三〇%以上パイが小さくなりました。そういう意味では、一時的な見せかけであっても、安倍政権が金融緩和というカンフル剤を打ったことが、これまで何もやってこなかった日本の政権の中では評価できるのではないかという気もします。ただ、ボワイエ先生が言われるように、それは本当に新しい成長体制にはならないでしょう。日本はフランスより人口が多く、また人口ピラミッドの構成から見ても、ここ一〇年で団塊の世代が高齢者となっていきます。高齢者が増えるということは、財政問題はもとより、さまざまな社会問題を引き起こしていくでしょう。これからの日本はこうあるべきだという見通しを、ぜひお聞きしたいと思います。

ボワイエ　日本はもうここ二〇年ぐらいにわたって準停滞期をずっと経験してきたわけです。やがてよくなると思うのが普通ですが、なかなかそうなっていないようですね。ただ、それは必ずしも悪いことではないという見方もできるのです。日本はある意味では不況に対する打たれ強さ、耐久力が非常に培われたという面があり、それなりに評価できるのではないかと思います。

私の考える成長戦略は、次のようなものです。**高齢化が進む日本においては、福祉、医療、教育などといった領域において様々な潜在的需要が存在している。したがって、それに対応した高品質の製品やサービスを開発し生産していくのです。そのためのイノベーションを進めていき、それを経済成長につなげていく。**これが、私の提案です。

たとえば、ヨーロッパでは、日本の技術は高齢者介助ロボットなどによって知られています。日本は、社会保障関連の製品を世界に売っていくことによって産業基盤を構築していくことができるのではないでしょうか。こうしたことは、すでにスウェーデンやフィンランドといったところでは行われています。中国も長期的に見れば高齢者人口の大きな増加を経験するでしょう。中国の社会構造の変化も、やがては日本と同じような道をたどると思います。そのようなときにこそ、日本がこうした領域において拡大する需要に対応するよう投資とイノベーションを進めていけば、とてもよい結果が得られるのではないか、そう私は思います。高齢化問題は、現在の日本においてはコストに過ぎないかもしれませんが、社会問題を解決するためのイノベーションに対するインセンティブにもなる点を強調したい。つまり、長期的に見れば、日本は高齢化社会問題に対応するための新たなイノベーション・システムを、先進的に作り出す可能性を持っているのです。そのためには日本はデンマークやスウェーデンやフィンランドがしているように、社会保障関連の領域に人的資源、物的資源を使っていくべきです。しかも、そうした方向へのイノベーションは、人々を幸せにするものになるでしょう。

要約すれば、**「人間創造型成長」ということが、長期的な成長戦略として目指されるべきなのです。**

アメリカは多くの部門が停滞していると言われていますが、その中で唯一停滞していない産業として、医療関係のサービスが堅調に伸びていて、医療部門のGDPに占めるシェアは安定的に上昇しています。アメリカのニュー・エコノミーについては、私の著書『ニュー・エコノミーの研究――二一世紀型経済成長とは何か』（藤原書店、二〇〇七年）でもすでに言及していますが、それはある意味で医療関係のサービス産業に牽引されてきたところがあります。アメリカの新しい発展は、フェイスブックやマイクロソフトによってではなく、医療関係サービスによっているということです。日本は、言わばこの方向で先陣を切るべきです。そのことによって、アメリカ市場に進出していくだけでなく、例えばアフリカのような途上国に対しても将来的に貢献することが可能でしょう。日本は、最も先端的なモデルを、このような領域で創造していけるポジションにある。ヨーロッパやアメリカでできなかった、日本独自の産業なりモデルといったものを生み出していく。そういった方向で考えてはどうでしょうか。

アメリカは残念ながら、ここ一〇年というところでみると、貧困な人々の平均寿命がどんどん落ちていて、これによってアメリカでは深刻な社会問題が発生しています。それに対して日本はたいへんな長寿国で、平均寿命が非常に長いですから、医療や社会福祉の領域で新しいイノベーションを生み出していく必要があります。これに対して、アメリカは主として費用を削減することを第一目標として経済を運営しているので、こういう領域で新しい調整様式なり成長体制をなかなかつくれない。日本はむしろ発想を転換して新しい成長体制をつくってほしい。どうか今から、二〇五〇年までの日本を展望してください。過去ではなく、これから二〇五〇年の日本がどのような産業を生み出し、どのような社会を作っていくのかを構想してほしい。そのとき、アメリカやヨーロッパのものをたんに模倣するのとは違った、まさに日本独自のものを生み出すことを期待しています。

日本人一人一人の自覚とアメリカニズム

――ボワイエ先生は、日本に対しておおむね楽観的に見ておられるようですね。日本は経済大国と言われ、一九六〇～八〇年代の間に経済的に上りつめましたが、その間に失ってきたものも非常に多い。それらが今、ツケとなって降りかかっています。

ボワイエ先生が指摘された「人間創造型成長」とは、一人一人、個人の役割が重要で、自覚的な個人がしっかり主導していく改革を指摘しておられると思います。しかし、今の日本では、その個人に問題が生じています。例えば、フランスは文化大国と言われるとおり、教育は無償で、一人一人の人間が育っていく場を国家が保障してきました。日本はそうではなく、しかも、今の大学生はほとんど勉強せず、本も読みません。したがって、本が売れず、出版界の低迷が続いているのです。

ふり返れば、戦後、占領体制下のアメリカの戦略のもとに、日本にテレビが入ってきました。GHQ統治の間に、戦後日本の体制の基本となる制度がすべて作られました。テレビに関していえば、日本人を白痴化しようという戦略ともいえます。また、二〇一一年の福島原発事故です。五四基もの原発が、この狭い日本につくられていたのです。一九五五年の原子力基本法で、「核の平和利用」が謳われました。原子力発電は軍事利用ではなく平和利用だという、アイゼンハワーの謳い文句です。アメリカの先導で、日本の政治家や実業家が主導的に進めていったことです。

先生の言われる「人間創造型成長」ですが、フランスではそれを支える人間が育ってきているかもしれませんが、日本ではそうではないのです。一人一人の個人ではなく、大衆消費社会の「マス」であり続けています。日本のこのような現状を、先生はどうお考えになりますか。

ボワイエ　まず出版界の問題ですが、本が売れないというのは世界的なことで、日本だけではありません。私が大学で教え始めた一九八〇年代初めには、フランスの大学生はみな何冊かの本を持ってゼミに来ていました。しかし、私が退職するころには本を持ってくる学生は誰もいませんでした。彼らはインターネットからのみ情報を得ている。この現象は世界的なもので、ある意味では若い世代が世界を理解する新しい形態と言えないこともないくらいです。本はもはや古い紳士のためのものであるという記事を読んだこともあります。フランスでも、本の販売は急速に落ちています。フランスでの本の衰退は日本よりも劇的です。コンピュータの使い方や中国旅行ガイドというような広く読まれる一般向けの本を除けば、本を買う人は本を書く人です。だから私は歴史家の本を読んでいるし、歴史家は私の本を読んでいる。けれども一般の人々はわれわれの本を読まない、という関係ができあがってしまっています。

日本人の思考がアメリカによって支配されている。それは、そのとおりだと思います。たしかに、「人間創造型成長」には、自覚的な個人の存在が不可欠で、それは日本にも妥当します。ところで、フランスはまた別のかたちの問題が起こっています。フランスの学生は日本よりも個人主義的で、反体制的であるように鍛えられています。しかし、彼らが就職して働き始めるとそれが大きく変化しはじめる。失業や低賃金への恐れが、彼らに態度を変えさせるのです。失業がずっと続くなかで、企業がいろいろな仕掛けを要求する。そして、労働者はそれを比較的容易に受け入れてしまっています。このように、フランスはフランスで違ったかたちでの規律づけが産業内部で進行している面があります。

映画についてですが、私にとって不思議なのは、日本ではフランスの有名な映画について知っている人はそう多くありません。人々はアメリカ映画にのみ興味を持っているようです。もし私が社会学者だったら、なぜこのようなことが進んでいるのか知ろうとするでしょう。アメリカ映画の支配は、非常に暴力的なかたちで進んでいて、ある意味でそれが世界にアメリカ流のものの見方を浸透させています。これが、アメリカのソフトパワーになっているのです。アメリカというのは近代性、現代性をひとり占めしているようなところがあり、アメリカ的な近代・現代のイメージを押しつけていくことが世界的な現象になっています。例えば、音楽の世界で言えば、私はビストロ・ファダなどのフランス音楽が好きですが、それらはフランス国外ではほとんど知られておらず、アメリカの影響によってジャズやロックといった音楽が人気を集めています。そういう意味では、**アメリカという国はたんなる経済的支配力だけでなく、文化的支配力を持ってしまっています。**

そのなかでアメリカというのは、そういうアメリカ的近代性のいわば創始者であり、アメリカ人はいつでも自分たちのやっていることが世界中で一番いい、ベストだと考えています。彼らはアメリカ以外のものは伝統的な古臭いものとみなす傾向がある。アメリカが最終的に世界の近代性・現代性を完全に掌握してしまっており、現時点でアメリカ文化の勝利になっているという感があります。

例えば、高等教育の面では、ラテンアメリカにも非常に多くの優秀な人たちがいるけれども、それを上手にアメリカの大学や機関に引き寄せて、そこでトレーニングしてまた戻していく。ある意味で、彼らを懐柔していくということが進んでいる。彼らは自国に戻った後、政府機関や中央銀行で働くことになりますが、アメリカの財政制度や中央銀行の仕組みなどを導入することによって、上から下へとアメリカニズムの改革を伝達していくのです。ラテンアメリカ諸国の社会の基底層にいる人たちは、アメリカニズムに対してはかなり批判的ですが、支配層はそういうふうに懐柔されて、親米となっているのです。社会学者のピエール・ブルデューによると、ある意味ではそういう支配層の人たちは、アメリカを自分たちの行動の規範として、自らの内に内面化していくということが進んでいて、それが社会における彼らのパワーになっていくという構造がつくり上げられているのです。

ヨーロッパは長い伝統をもっており、文化を大切にしているので、ヨーロッパ的なソフトパワーがあるのではないかと思われるかもしれません。しかし、ソフトパワーにも経済的な力や自立性が必要で、ヨーロッパはその点で不十分なのです。**残念ながら、ヨーロッパは世界の才能ある人々を十分に引き寄せて教育するだけの力を持っていません。**その中で、残念ながらヨーロッパの大学の教科書として、アメリカ製の本が使用されるようになっています。

ここでぜひ日本の方々にお伝えしたいのは、日本とアルゼンチンを比較した場合、確かにアルゼンチンは日本と違って個人主義的で、しかも才能のある人も非常に多い。しかし、国がうまくいかないというのは、個人主義が強過ぎてお互いに抗争したり、ぶつかったりして協力しようとしないので、社会的な混乱に陥っているからなのです。逆に日本人は、自分の考えを積極的に主張しようとしないところがありますが、人々は同質的で、非常に協力し合うというよいところがあるのではないか。あまり強過ぎる個人主義は、ある意味では社会の秩序を破壊する可能性すらあると言えないでしょうか。才能ある個人が低い協調性で動くか、同質的な人々が自覚的に高い協調性をもって働くか。

日本は仏教や神道やキリスト教を内包していて、精神性ということでいえばアメリカとは同一ではありません。お金を稼ぐことに対する見方も同じではなく、明らかな相違がある。お金を稼ぐことは、優先順位の下位にあります。そういう中で日本人は、家族を非常に大切にしているし、社会関係を大切にしている。アメリカは非常に現代的な文化をつくり出していますが、逆にアメリカの家族関係をみたら、それはたんなる個人の契約にまで形骸化してしまっている。そういう意味では、日本の同質的で協調的な文化を、将来に向けて上手に発展させていただきたいと思います。

日本文化、フランス文化の発信力

——日本で同質的で協調的な人間ばかりを育成してきたということは、同時に問題をはらみます。戦前の日本は、旧制高校や帝国大学という制度でエリートを育成し、エリートが大衆を支配するという体制をつくりました。けれども、戦後は一律平等で、盲目的にアメリカの考えを受け入れた社会づくりがなされてきた。もともと共同体的なものを守る日本の文化が、悪い方向に働いたともいえます。労働組合も「御用組合」と言われるように、企業の発展を助けました。失われた二〇年で、これは機能していません。

一九五〇年代、アメリカの中産階級の生活がバラ色に描かれ、テレビを通して宣伝され、そして、日本は高度成長を突っ走っていきました。しかしいま、量から質への転換を目指していかねばなりません。このまま敗戦以降の砂上の楼閣を積み重ねていくのではなく、日本は江戸徳川期からもう一度見直し、新しく国づくりを始めないといけないと考えます。江戸の文化はいまだに世界に影響を与えていると思いますが、明治以降は輸入するだけになってしまいました。福沢諭吉を筆頭に脱亜入欧で、学問の世界も伝統を捨てていきました。伝統を取り戻さないと、日本人としてのアイデンティティは生まれてこないし、立ち上がっていくことは難しいのではないかと思います。

ボワイエ先生が言われるように、「人づくり」が非常に大事ですね。日本が戦後、怠ってきたことです。

ボワイエ　日本の文化とかフランスの文化というときも、いつでも同じ文化や社会がずっと連続していると考えるのはまずいですね。そこには、連続しているものと変化してきたものがあります。いろいろなかたちで変遷してきたということを認識しなければなりません。

例えば、かつてのフランスと現在では、農業のやり方が変化しています。アメリカの研究者からは、フランスの農業は生産性を高めることはできないとさえ考えられていました。しかし、第二次世界大戦後には、国民に食糧を提供するために農業を近代化する必要が生じ、フランスはこれを価格管理と共同的な信用によって可能にして、いまではアメリカと同レベルの生産性を実現しました。

アメリカの音楽でも、もとをたどるとアイルランドに起源があったり、ジャズのように黒人奴隷の音楽に起源があったりします。しかし、それが次にブルースになり、ロックになりというかたちで、同じアメリカ社会の中でも支配階層によって発信されるものとなり、世界的な音楽になっていきました。これは一種の文化支配といえるものですが、それによってまたアメリカ的な文化のるつぼのようなものが創りだされています。

アメリカ文化の世界支配のやり方の特徴は、フランスとかヨーロッパで生み出されたものを上手に利用していることです。例えば、ヴィクトル・ユゴーの『レ・ミゼラブル』の映画化です。また、いろいろな音楽にしてもそうです。それらがうまくいくと、今度はアメリカが自分のものにして、アメリカらしい形で商業ベースに乗せて売り込んでいくというようなことをやっています。ここには、ある意味でアメリカのしたたかさというか、強さみたいなものがあります。特に、映画においては、これまでユダヤ人がかなりそれを担ってきたということがあります。彼らは、例えばオーストリアやハンガリーなどからナチに追われてアメリカに移っていった人たちで、結局アメリカの文化をつくり上げて、今やアメリカのソフトパワーの中核になっているのです。

こうしてみると、**日本の弱さは、世界の能力あるエリートを魅力ある国として引きつける力が弱いことではないでしょうか。**浮世絵のような伝統文化だけでなく、唯一いま注目されているのはマンガです。マンガは、ここ数年のあいだに世界的に影響力を増しているし、メイド・イン・ジャパンで力を持っている文化ではないかと思います。

――明治時代は西欧から輸入して日本で紹介することが非常に大事でしたが、特に敗戦以降はアメリカべったりになりましたので、ヨーロッパのものをうまく伝えることをしてきませんでした。ですから私は一九八〇年代から、フランスの人文社会科学を紹介してきたのです。フランスでは歴史、社会、哲学などの学問どうしがつながっている。それをふまえて、それぞれの分野が日本で別々に紹介していたものを、小社では有機的な連関性をもたせて紹介してきたのです。そして、今一番大切なことは、単なる経済成長ではなく、日本の方から世界に向けて発信していく力だと思っています。

ボワイエ　たしかに、現在の日本文化は、日本にもとからある独自の文化とアメリカ文化との折衷になっているようです。世界的にアメリカ文化が支配的ななか、日本文化とかフランス文化は伝統的でちょっと風変わりなもので、一般的ではないものとして扱われがちです。そういうものとしてしか、世界に受け入れられないところがあります。フランスでいうと多くのことがパリに結びつけられるという、ステレオタイプがあります。これは日本でも同じで、日本文化に関するステレオタイプはたくさんあります。日本文化といえば、マンガとカラオケがどこでも知られているというのがその一例です。これは残念なことで、日本文化は、そういう少し特異な、世界的な文化と違ったものというかたちの受け入れられ方をしているし、フランス文化ですらそういう受け入れられ方になっている状況だろうと思います。

ふたたび経済の領域にもどっていえば、つぎのようなことを経験したことがあります。私がアメリカの友人と論争になったのは、「組合（union）」という言葉についてです。「組合」とは何でしょうか。アメリカ人にとっての組合というのは、労働の市場的な価値と労働者自身が納得できる労働の価値とのギャップを調整するもので、彼らにとっては賃金格差を最大化する役割を果たしています。そこで私が彼らに言ったのは、ベルギーに行って、現地の「組合」を見てみるべきだということです。アメリカ人は、自らの「組合」の理論的定義と齟齬があるのであれば、標準から外れた特異なものなのだと言います。このように、**経済学の理論的な定義というものもアメリカのシステムを基準にして決まっています。**日本やイタリアやその他の国々で、「組合」について多様な定義があるはずなのですが、アカデミックな世界においては「組合」の定義はアメリカのものであり、比較するにしてもアメリカの制度が基準になっている。アメリカの理論が完全に席巻しているなかで、各国の特殊性や制度的オリジナリティがそこからの逸脱という形でしか扱われていないのは、とても残念です。

このように、**現在、アメリカ文化が非常に支配的になっているなかで、独自の歴史的伝統をもった日本文化やフランス文化は、そのオリジナリティを一層主張していく必要があります。**世界システムが大転換期にさしかかっているいま、アメリカだけでなく、ヨーロッパ、日本、東アジア、それぞれが独自のプレゼンスをしめし、多様な文化を発信していくことが求められているのです。

——長時間、示唆に富む貴重なご意見をありがとうございました。

(二〇一三年二月九日　於・藤原書店　催合庵)

(翻訳協力・田原慎二／Simi Thambi)

アベノミクスをどう見るか
――「構造的デフレ」の視点から――

榊原英資

I

いわゆるアベノミクスは「三本の矢」、大胆な金融政策、機動的な財政政策、および民間投資を喚起する成長戦略からなっているとされている。日本経済の実質GDPの成長率は二〇一一年はマイナス〇・六%、二〇一二年は二・〇%だったので、まだ経済は回復途上。積極的な財政・金融政策でさらなる景気回復を図ることは必要だろう。二〇一三年七月九日のIMFの二〇一三年の日本経済見通しは二・〇%の成長だが、アベノミクスによる景気刺激を期待し最近の日本のシンクタンクによる予測も上方修正されている。例えば、伊藤忠経済研究所は二〇一三年度二・〇%を予測している。二〇一二年一一月時点での民間二二機関の成長率予測の平均が一・四%だったのに比べるとかなりの上方修正である。

図1　実質 GDP の推移（1980 ～ 2012 年）

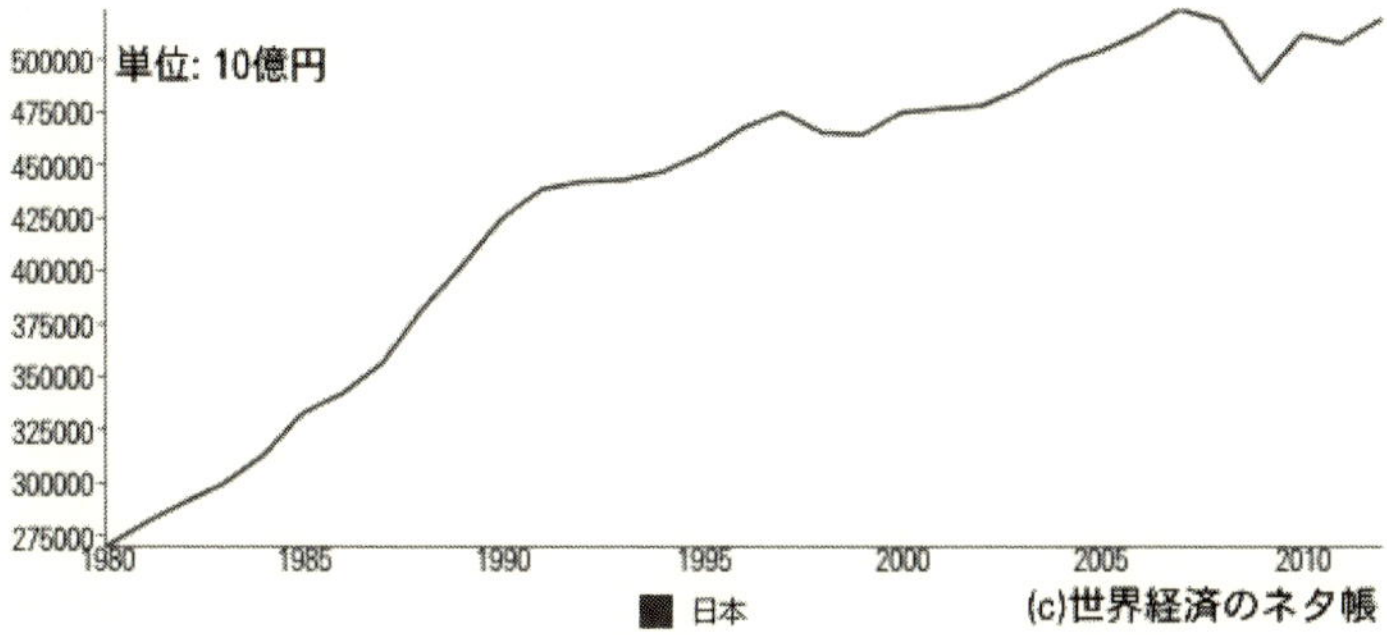

他方、世界銀行は二〇一三年一月、日中関係を主たる理由に予測を下方修正し、二〇一三年の成長率を〇・八%としている。おそらくアベノミクスによる成長の押し上げはあまりないと判断しているのだろう。実際、成長率が引き上げられるかどうかだが、筆者も二%程度の成長は可能だと思っている。日本のGDPは二〇〇八年・〇九年のリーマン・ショックで下がり、二〇一一年のの大震災で再び下がっている。**図1**でも示されているように、二〇一二年の実質GDPの推計値は二〇〇七年のそれをまだ下回っているのだ。ということは、二〇一三年にかなりの復興需要が期待できるということでもある。中長期的にはともかく、ここ一～二年は二%前後の成長をすることは可能だろう。ということは、アベノミクスによる景気の刺激が効果をもたらすことは充分可能だということであり、「大胆な金融政策」と「機動的な財政政策」によって成長率を高めようとする政策は適切であり、かつ、必要であるということなのだろう。

図2　インフレ率（年平均値）の推移（1980～2112年）

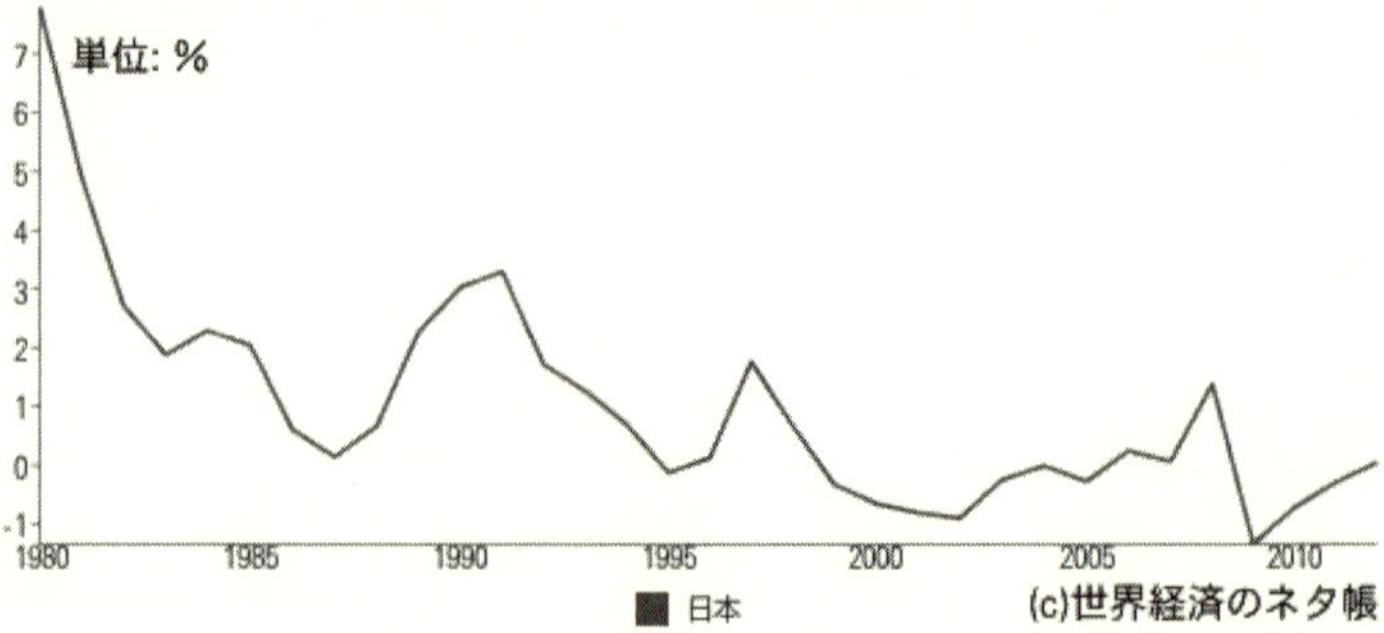

アベノミクスの問題はデフレ脱却の部分である。日本のインフレ率は一九八〇年前後からトレンドとして下落し、二〇〇〇年代に入ってからはしばしばマイナスになってきている（**図2**）。従来デフレは景気後退期に実質GDPの下落とともに起こるものだった。それ故、デフレという言葉にはネガティブなニュアンスがある。しかし、**図2**からも明らかなように日本のデフレは「構造的」なもので景気上昇期にも起こっている。例えば、二〇〇二年～〇七年は好況の時期で実質GDPの平均成長率はほぼ二％だった。現在の日本の潜在成長率は一％強だから、かなりの好況期だったということができる。しかし、この期間のインフレ率は年平均でマイナス〇・一九％だったのだ。

それでは構造的デフレの原因は何なのだろうか。主たる要因は日本と中国を中心とする東アジアの事実上の経済統合。今や中国は日本の最大の輸出先である。又、対中直接投資でも日本は香港・台湾・シンガポールに次いで第四位、年間四二億ドルとアメリカの四一億ドルを若干上回っている（二〇一〇年）。香港・台湾・シンガポールは中国系人口が極めて多い国。日本は非中国系の国としてはナンバーワンなのだ。日本の対外直接投資は最近はアジア地域が圧倒的に多いのだが、その中でも中国がトップ、それに続くのがタイと韓国。貿易面でも直接投資面でも日本と中国を中心とする東アジアの結びつきは急速に高まってきているのだ。統合はヨーロッパのように国が主導したものではなく、企業や市場が主導しているものだ。しかし統合のレベルは、実はヨーロッパに近いものになってきている。EU諸国の域内貿易比率はこのところずっと六五％前後で推移しているが東アジアの域内貿易比率は六〇％弱まで高まってきている。つまり、東アジアの経済統合は市場主導でヨーロッパに近いところまで進んできているということなのだ。そしてそのことによって日本と中国を中心とする東アジアの物価が緩やかに収斂して昨今の日本のデフレが起こってきているのだ。

とすればインフレ率のターゲットを二％に設定し、そこまで物価を上げるのは至難の業だということになる。前述したように実質GDPの成長率を押し上げることは可能だが、構造的デフレ下ではインフレ率はこれに連動して上がってこない可能性が高い。グローバリゼーションが進んでいる中で、一国の金融政策だけで物価を押し上げることはなかなか難しい。**図3**は世界のインフレ率の推移だが、各国のインフレ率は日本のようにデフレにはなっていないもののトレンドとして下がってきている。二〇一二年の時点でアメリカは一・五八％、イタリアは一・五二％、フランスは一・九二％、ドイツは二・一五％と各国とも一〇年前、二〇年前と比べるとかなり下落してきている。原因はグローバリゼーション。日

図3　インフレ率（年平均値）の推移（1980～2012年）

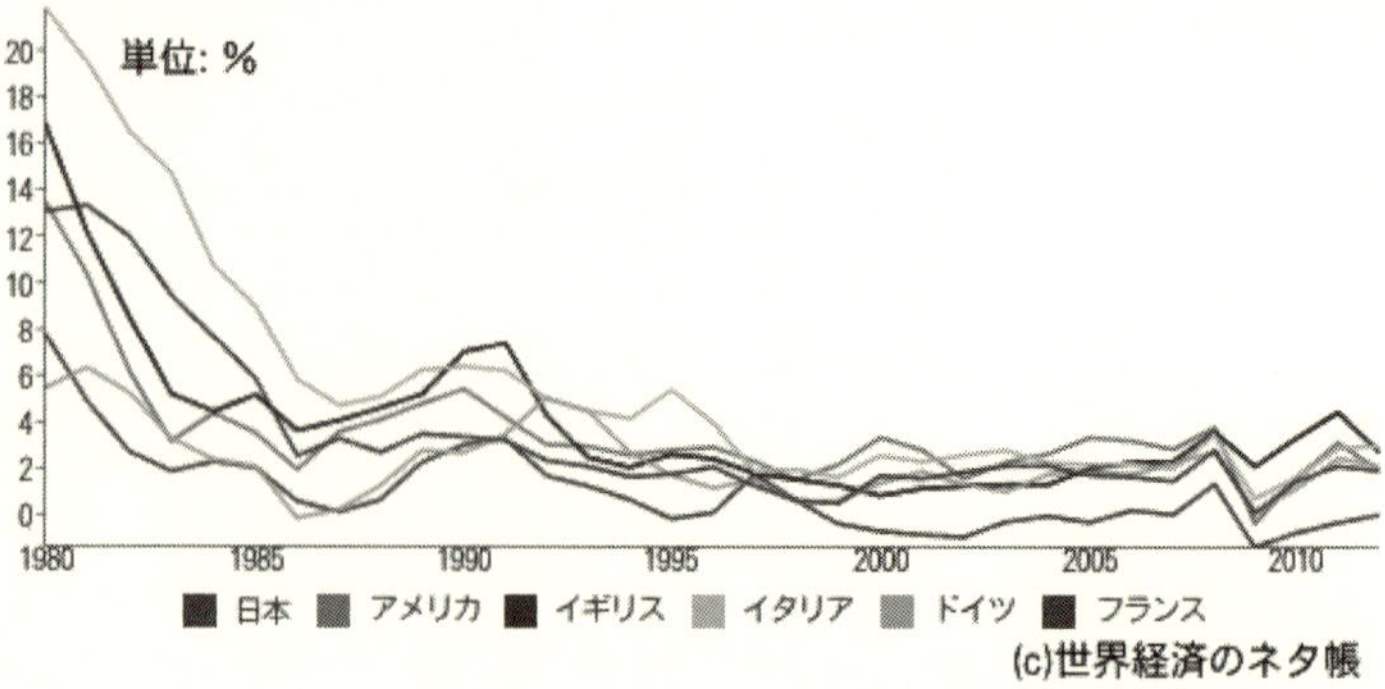

本は単なるグローバリゼーションだけではなく東アジアとの実質的経済統合が進んでいるので下落率が大きい訳だ。

又、何故インフレ率を二％まで上げなければならないのか。理解に苦しむ。実質GDPの成長率を目標にすることは当然だし適切だ。そして前述したように、日本の現状では、成長率とインフレ率は必ずしも連動しない。前述したように、二〇〇二～〇七年には好況とデフレが共存した。高い成長率を達成し、なおかつ物価が安定していればそれがベストの状況だ。インフレ率を下げるためにインフレ・ターゲットを設定するならともかく、インフレ率を上げるためのターゲットの設定は今の日本には不適切だろう。成長政策をとるのはいいがインフレ目標は撤回すべきなのだろう。

アベノミクスの光と影

中島將隆

一　経済学は、やっぱり、社会科学の女王だ

安倍首相が気迫をこめて主張する「大胆な金融政策」によって、市場には金融緩和の期待が高まった。金融緩和の期待によって短期間に円高が是正され、衆議院解散時点の昨年一一月一六日には一ドル八一円一二銭だった為替レートが、三月八日には九五円九六銭となった。円高是正によって株価も絶好調で、この間、日経平均株価は九〇二四円から三月八日には一万二二八三円となり、リーマンショック直前の一万二二一四円を上回った。円高是正と株価の好調によって、長らくの間、日本国民を苦しめてきたデフレ脱却の期待が高まりつつある。

潮の流れを大きく変化させたのは理論の力である。安倍首相の主張は、浜田宏一先生を筆頭とするリフレ派の経済理論がバックボーンである。「経済学は社会科学の女王」といわれながら、長らくの間、

女王の権威は地に落ち、見る影もなかった。だが、リフレ派理論は、魔法をかけたように現実を大きく変革し、日本国民に希望を与えている。経済学は世の中を変革する力があることを示した。経済学は再び女王の地位を復活するだろう。

二　アベノミクスの光と影

国民を苦しめてきたのは、デフレと円高に加えて、もう一つ、年金など社会保障制度の不安、将来の生活設計に対する不安である。日本の政府債務は先進国の中で最悪であり、財政制度の持続可能性に危険信号が灯っている。

財政危機が進行している中で、安倍内閣の成立と共に財政は一段と悪化した。昨年八月に内閣府が発表した試算によると、二〇一三年度の基礎的財政収支は二五・四兆円の赤字であった。ところが、二月二八日に政府が経済財政諮問会議に提出した資料では、二〇一三年度の基礎的財政収支は三三・九兆円の赤字で、財政状態は昨年よりも更に悪化している。

悪化した原因は、昨年末に成立した安倍補正予算で緊急経済対策費として一〇兆円強が計上され、財源として六兆二九五三億円の国債が増発されたからである。これによって、二〇一五年度までに基礎的財政収支の赤字を一六兆円にまで圧縮する、という国際公約を実現することが難しくなってきた。こうした財政悪化によって財政健全化の立法措置が必要になってきたが、安倍首相は立法措置を一度は約束したものの、三月六日の衆議院予算委員会で見送ると言明した。財政悪化は将来の生活に対する不安を拡大する。アベノミクスは二つの側面があり、円高是正と株価の好調という光の側面、財政悪化と財政規律の弛緩という影の側面をもっている。

三　なぜ日本の国債相場は安定しているか

日本の財政は国債累増によって危機的状況だが、にもかかわらず、日本の国債相場はアメリカ国債、ドイツ国債と並んで、世界で最も安定している。相場安定の通説は、国債が国内資金によって消化され外国資金に依存していないこと、政府債務残高が家計部門の純貯蓄の範囲内に留まっているからだ、と言われている。しかし、通説では、なぜ国内資金が国債投資に向うか、その点の説明ができない。国債は愛国心で消化されているのではない。国債に対する市場の信頼があるから、市場資金が国債投資に向かうのである。

では、国債に対する市場の信頼は何に基づくのか。一つは担税力に対する信頼であり、もう一つは危機管理能力に対する信頼、財政再建に対する信頼である。国債は国の借金であり、国債の担保は将来の租税収入である。従って、担保力が十分にあれば借金返済、国債償還に対する不安は生じない。日本の社会保障制度の国民負担率はＯＥＣＤ諸国の中で最低水準の部類に入る。消費税率は世界最低である。国民負担能力があり、税負担の拡大余地という担税能力があるから、国債に対する市場の信頼が維持されている。もう一つ、担保力に加えて、財政規律と財政再建計画に対する市場の信頼である。日本の政治システムは安定しているから、危機に直面しても財政再建は可能だ、いよいよとなれば政府は財政再建に取り組むはずだ、と市場は信頼している。この二つによって国債に対する市場の信頼が維持され、国債相場が安定しているのだ。

四　政府債務の累増は財政規律喪失の必然的産物

日本の政府債務残高が世界最悪になったのは、財政規律が失われたからである。バブル景気で税収入が拡大している時点で、驚くべきことに国債管理政策が変更され、赤字国債の無制限発行が可能になった。赤字国債発行の歯止装置である現金償還の原則を変更して建設国債借換と同じ六〇年償還ルールに変更されたのだ。建設国債の発行額は公共事業費の範囲内という限度が画されているが、赤字国債には発行限度がない。赤字国債償還方法の変更こそ、国債膨張を可能にした元凶である。この制度に乗っかって累進税率のフラット化、特別減税、恒久的減税など減税政策がすすめられ、減税による税収の不足を補填するため減税特例国債が発行され、大型景気対策として登場する公共事業費の財源や年々増大する社会保障関係費の財源を国債発行によって調達してきた。国債の累増は財政規律喪失の必然的な産物である。

五　「国民が好まないことでも、やらねばならないときがある。それが政治というものだ」

アベノミクスの影は、財政再建と財政規律の問題である。デフレを脱却すれば、税収入が増加し、担税力が強化され国債に対する信頼は強固となる。経済成長こそ、政府債務を解消する最も望ましい解決法である。しかし、デフレ脱却の過程で財政再建計画に対する信頼を失えば、国債に対する市場の信頼は失われ、国債相場は下落し、財政危機が顕在化する。日本の場合、累増している国債は過去に例のない低金利で発行された国債だから、僅かな金利変動でも国債相場は大きく変動する。デフレ脱却過程では名目金利は上昇し、国債市場価格も下落し、国債利払費は増加するだろう。しかし、国債に対する信頼があれば、国債大暴落は生じない。実質金利の低下によって経済活動が活発になり、税収入も増加するからである。デフレ脱却時に大事なことは、財政規律を維持して財政再建計画を提示し、国民に理解を求めることである。

財政再建と財政規律の維持は痛みが伴う。特に、選挙では痛みが伴う。しかし、財政再建に対する市場の信頼を失えば財政危機が顕在化する。特に、デフレ脱却時には、相場下落の危機は拡大する。赤字国債削減のため苦闘した大平首相は「国民が好まないことでも、やらねばならないときがある。それが政治というものだ」(大平正芳『人と思想』四九六頁)と常に側近に話していた。また、「理を尽くして説得すれば国民は解ってくれる」(同上、四九七頁)という信念を持っていた。アベノミクスに求められるのは、この財政思想である。

インディカティブ・ポリシーへ向けて

西部　邁

四半世紀に及んで、「政府の市場介入を排せ」と叫んでいた「マーケットの声」とやらが、安倍内閣による「インフレ・ターゲット」の金融政策をなぜ歓迎できるのか、それが一定の成功をどうして収められるのか、議論があって然るべきだ。その市場原理主義の叫びを唱導していたエコノミスト連までもが当内閣の周辺に群がっているのであってみればなおさらである。

ITをうまく使えば、市場の未来を確率的にプレディクトできるというのは単なるブルシット（嘘話）であった。つまり未来にたいする（「形式と数量」が重なっているという意味で）「合理的」な予測が可能であるというIT革命論は、証券市場におけるバブルの膨満と破裂の過程で雲散霧消した。政治にあっても、政策の「数値と期限と工程」を選挙民に選択してもらうのが政治の合理化、というマニフェスト政治も今では御笑い話になっている。しかし、そんな世論を煽った手合が、どんなカンバセあって日銀・財務省の金融介入を支持できるのか、説明も弁明も求めないというのは相も変わらず阿呆丸出しの世論といってよい。

確認すべき第一のことは、「市場は民間のものだ」というのがそもそも嘘話だということである。物々交換の市場でないかぎり、市場取引の決済は貨幣で行われ、そして貨幣の供給は（中央銀行のことも含めて）政府によって操作される。だから、ミルトン・フリードマンのような市場原理主義の大親分ですら、市場の調和的な発展を、「貨幣供給増加率を一定にする」という意味での「k%ルール」を提唱しなければならなかったのである。

インフレ・ターゲット論とて、市場均衡は容易に達成されると見込んでいる。しかもこの均衡が（経済成長率や資本蓄積率が一定という意味での）ステッディ・ステートつまり「恒常状態」の近傍に簡単に達しうると想定しているのだ。物価上昇率を一定に保つことの長期的な経済効率を謳い上げることができるのは、そうした市場の安定的な進歩への楽観論が背景にあってのことなのである。

ところが、安倍内閣あたりでもそうであるが、「インタゲ」とやらに唱和する連中が、事が経済成長のことに及ぶと、皆して「イノヴェーションの活性化」に期待を寄せる。ジョセフ・シュンペーターに倣っていうと、「新製品・新工程・新販路・新資源・新経営」におけるいわゆる「創造的破壊」は市場を不断に不均衡・不安定へと追いやる。それどころか、創造的破壊が破壊的創造へと逆転している、というのがこの二一世紀初頭における世界資本主義の（予測不能な不確実性の到来としての）クライシスつまり「危機」ということである。この危機が証券市場でのバブル・クライシスや国際経済でのカントリー・クライシスとなって増幅されているのも周知のところだ。

したがって、インタゲが長期的に奏功するかどうかは、金融政策以外の（とくに財政出動による）政府の市場介入に依存するということになる。これは、計画経済におけるようなイムペラティヴ（命令）ではないものの、市場の全体（および各産業）にたいして政府がインディケーション（目安）を与えるということである。そうした「目安」を政府が提供することによってはじめて、危機に満ちた未来のなかに何ほどか確からしい進路がある、と民間の経済主体が（予測とまではいわずとも）予想し想像する。そうするほかに資本主義的な市場経済は持ちそうにない。

政府は、市場全体に関与しうる質量の「情報と組織」を有しているということのほかに、立法による強制に直接的にかかわることによって、破壊的創造の波間に漂う現代経済の未来への進み方に、一定の「目安」を指し示すことができる。その必要を広く固く認識するという意味でのインディカティヴ・ポリシー論は、市場原理主義の対極にある経済観である。あっさりいうと、それは市場の経済論から「国民とその政府」つまり国家の経済論への逆転である。

市場に「目安」を示す際、最も大きな政府の公務は、パブリック・アクション（公共活動）を、パブリック・ワークス（公共事業）をはじめとして、立案遂行することであろう。そうするためには、一つに、「民間資金を公益資金に誘導する」ための、ローリスク・ローリターンのパブリック・ファイナンス・イニシアティヴ（公共資金戦略）が必要であり、二つに、「地域ごとに具体的」で「官と民との協調」および「中央と地方の連携」による公共活動のプロジェクトを編成しなければならない。それを実行するための公共組織も作らなければならない。

それは、挑発的な用語でいうと、ナチ（国民社会）にたいしてファッショ（束ね）を（目安として）与えることだ。それが危機に満ちた作業であればこそ、健全なナチ・ファッショの基準を求めて、「国民の歴史」への遡及が始まる。そうなるのが現代資本主義のほぼ必然である。

第Ⅲ部　日本経済は再生するか？

〈二〇一三年度東京河上会公開シンポジウム〉

日本経済は再生するか？

原田　泰
高橋洋一
片岡剛士
〈コーディネーター〉田中秀臣

はじめに

田中　皆さん、お暑い中お集まりいただきましてありがとうございます。

今日、壇上にいる四人は、長い間日本の経済停滞の原因をデフレに求めていて、特に日本銀行の金融政策が失敗してデフレが長期にわたって続き、それが日本経済を停滞させていたという考え方を、長い方では二〇年以上、短くてももう一〇年近くずっと言ってきたメンバーです。「リフレ派」と呼ばれたりしますが、別に仲よしグループでも秘密結社でもなくて、世界の標準的な経済学を主張している学者やエコノミストたちですが、それが残念ながら日本では非常に少数派なんですね。それで、知らぬうちに一種のグループみたいになってしまっています。

簡単に御紹介させていただきますが、高橋洋一さんは元は財務省にお勤めになっていて、『さらば財務省！』（講談社）というベストセラーを書かれたので、お読みになった方もいらっしゃると思います。小泉内閣のブレーンとしても活躍されて、さまざまな現実の経済政策に対する有力なアドバイザーとして知られています。「リフレ派」には多作の人が多いですが、その中でも高橋さんは「週刊高橋」と言われるぐらい非常に活発で、最新著の『こうすれば日本はもの凄い経済大国になる』（小学館）は、皆さんも注目されているアベノミクスが今後どうなるのかを、さまざまなメリットと、潜在しているリスク要因に対してどう取り組むかを、わかりやすくまとめておられます。

隣の原田さんは、いま日本銀行副総裁の岩田規久男先生とともに、二〇年以上、日本銀行の政策の誤りを指摘し、バブルがなぜ発生したのか、またなぜ崩壊し、その後のデフレになぜ至ったのか、といった問題について、論壇の中で戦ってきた方です。最新著は『ＴＰＰでさらに強くなる日本』（ＰＨＰ研究所）で、僕も付箋だらけしていますが、これも非常に勉強になる本です。今日も後半に話題になると思いますが、ＴＰＰについての、いろいろな誤った見方が流布されていますが、それをできるだけ客観的に、データを元に分析した本です。

そのお隣に座っている片岡さんは、新進気鋭のエコノミストで、この東京河上会の由来になっている河上肇を記念する、「河上肇賞」の本賞を受賞して論壇にデビューした方です。非常に実証的な著作を書く方で、最新刊の『アベノミクスのゆくえ』（光文社新書）は、まさに今日のテーマに大きくかかわるところです。読まれた方はわかると思いますが、今どきの新書にしては異例なほど情報が満載で、ほとんど専門書といってもいいくらいですが、それを非常にわかりやすく書いていますので、ぜひこれもお読みいただければと思います。

私自身は省略してもいいんですが、高橋洋一さんによると私は「リフレ派の芸能部長」だそうなので（笑）、確かにそうかもしれません。最近出したのは『日本経済復活が引き起こすＡＫＢ48の終焉』といって、アベノミクスが栄えるとアイドルが滅ぶという、自分でもなぜこんな本を書いているのかさっぱりわかりませんが（笑）。そういった多士済々のメンバーが今日は集いました。

最初に一人ずつ今後の日本経済の行方についての概説を、一〇分程度で順番にお話しいただければと思います。

問題提起

アベノミクスは金融政策が全て　高橋洋一

マネタリーベースを増やしたら予想インフレ率が高くなる

高橋　それではレジュメに沿ってお話しします。
アベノミクスには第一の矢、第二の矢、第三の矢とあるんですが、まあ第一の矢（金融政策）がほと

図　金融政策の波及効果

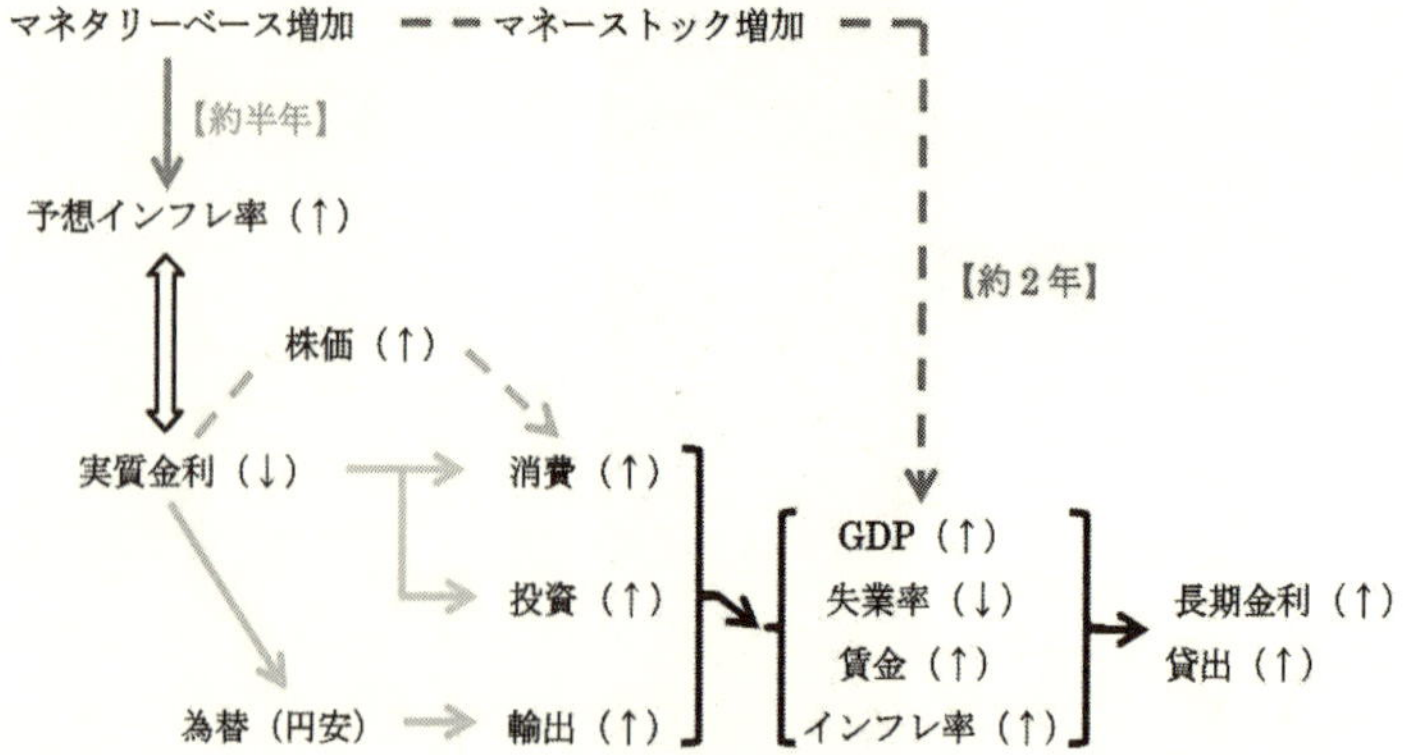

岩田規久男編「デフレをとめよ」（日本経済新聞社 2003.02）第6章 IS-LM分析で記述

んど全てなんです。それだけ見ていれば大体わかるので、金融政策の波及効果についてまずお話しして、それでどうなるかということを後で話します。

ここに挙げた**図「金融政策の波及効果」**は、実はもう一〇年以上前に書いたものです。ただ、そのときは全然誰も見てくれなかったようですが。そのときは、こういう誰でもわかるような波及図じゃなくて、IS―LM分析でさらっと書いちゃったので、もうちょっと細かく書けばよかったと思いますが。ただ、そのときにも「マネタリーベースを増やしたら予想インフレ率が高くなる」ということは書いたんですが、実はそのときは、どのぐらいの後にそうなるかというのはわかっていませんでした。理論的な話として書いたんですね。

左の方の「予想インフレ率」が高くなると「実質金利」が下がって、それで実体経済に全部影響がある、というのがアベノミクスの肝であるわけです。ただ、実は予想インフレ率が高まりさえすれば実質金利が自動的に下がり、実質金利が下がったら実体経済に影響がある、なんていうのは、私の理論でもなんでもなくて、経済学二〇〇年の歴史から明らかにされていることなんです。ですから、この中でのポイントは、マネタリーベースを増やしたときに予想インフレ率が高まるか高まらないか、という点だけなんです。理論的には高まると思ったのですが、それが現実のデータではその当時よくわからなかった。

もちろん、それで名目金利が一緒に上がってしまったらだめなのですが、名目金利はすぐには上がらないという理論もあって、一〇年前のときもそれを使っています。

マネタリーベースを増やせば、ちょっとなりともマネーストックが増えるという意味では、関係があることはわかっています。ただしこの関係は非常に複雑なんで、マネタリーベースを増減させると、マネーストックがすぐに増えたり減ったりするわけではないのでわかりづらいんです。だから、これを教科書のように、信用乗数で一定だと言ったら、金融政策なんてばかみたいな話になってしまって、恐らく日本銀行をはじめ中央銀行の総裁が給料をもらうことはなくなります。多分一〇人ぐらいでコントロールできちゃうんじゃないか。ほとんどエアコンのサーモスタットと一緒になるぐらいの感じです。だから、ここは実はわからなくて、わからないから中央銀行はお金もらって、何とか仕事ができるんだと思います。

言うなれば、これは暴走車に乗っているような感じ、トランスミッションが故障している車に乗っている感じなんです。アクセルを踏んだときに、どの程度スピードが出るかわからない。ただ、プロのドライバーであれば何となく感覚で運転できるでしょう、というレベルですね。

でもマネーストックが増えたときに、二年ぐらい経ったら、図の下の方に書いてあるように、GDPが増えて、失業率が減って、賃金が増えて、インフレ率が高まる――このくらいはわかっていました。こうした効果は、実はデータですぐわかるんです。ですからポイントは、マネタリーベースを増やせばおそらくインフレ予想率がこういう形で増えるでしょうという点だけですね。

この間ちょっと若田部昌澄さんと話をしたときに、私がリフレの勝利宣言しちゃったんで、それに反リフレの人がものすごく怒っていたんですが、私が言っているのは、マネタリーベースを増やしたらやっぱり予想インフレ率が「予想」どおり高まったでしょう、ということだけです。あとのロジックは、これは経済学の当り前のことです。実質金利が下がったときに実体経済に影響がないはずがない。これでおしまいです。

二年後にどうなるか

マネーストックが増えると二年後にどうなるかというのは、かなりの確度で実は言える。後で式を出しますが、それで終わりです。

それを踏まえると、マネタリーベースを増やし始めたのは今年の四月からですから、来年ではなくて、再来年ぐらいにこういう効果が出てくる、ということがわかります。今の黒田さん（日銀総裁）のやり方でしたら、たぶん二年ぐらいたったときに名目成長率は四か五になってないとおかしい。そのぐらいにはなるはずです。

量的緩和のキモ

1. 予想インフレ率の可視化
   → 2003 物価連動債の導入
   → 2008 発行停止
   → 2013 発行再開
2. マネタリーベースと予想インフレ率の関係
   → 2003 ～ 2006 の量的緩和
   → 2008 の欧米の量的緩和
3. レジームチェンジ
   →マネタリーベース増加の確固たる意思

そうすると、失業率がどのぐらいになるかというのも大体計算できます。三％半ぐらいです。賃金の上昇率も三％ぐらいの上昇になる。と同時に、インフレ率は二％ぐらいになる。それが二年後の話です。

もちろんいろんな可能性があって、二年ではなく二年半か三年かかるかもしれないし、ひょっとしたら一年半で達成するかもしれない。そのあたりはわかりませんが、方向は大体そんなものです。

そのときに、長期金利も当然上がっていますね。一方で貸し出しは、そのときぐらいからずっと増えてます。要するに長期金利がちょっとずつ上がると、だんだん債券から貸し出しに変わるだけなんですけど、徐々に起こる。

それが今のパターンですと勢いがついちゃっているので、こういうのって行って戻ったりすることがよく起こります。だから私は、株価が下がったら途端に「アベノミクスが失敗」とかどうのこうのと騒がれても何とも思っていません。そんなの大した話じゃないですから、ちょっと長いスパンで物を考えればいいだけのことです。

私はアメリカから帰ってきたときに経済財政諮問会議ですぐに物

価連動債の導入をやりました。この物価連動債から、先ほどの期待インフレ率を求めることができます。なのでとても重要な債券です。ただ、発行するときに財務省がぶつぶつ言って、なかなかやろうとしなかった。でも、粘り強く説得して二〇〇三年から発行したのに、何とリーマンショックのときに物価連動債の発行を止めちゃったんです。このため市場の厚みが減ったので、要するにいまの物価連動債から求められる期待インフレ率のデータがインチキだと言う人がたくさんいます。以前、日本銀行の人も言っていましたし、今でも言っている人はたくさんいます。「インチキだと言うなら、おまえそれで儲ければいい」といつも言っているんですが。どうしてかというと、「インチキ」だという人は、物価連動債から求められる期待インフレ率をみている市場の人たちを出し抜けるはずです。市場の人たちは「インチキ」を信じていて、自分たちの方が頭がいいと思っているわけですから。もちろん「インチキ」だといっている人たちで、本当に市場を出し抜いている人を見たことはないですが。

そういうわけで、物価連動債からの期待インフレ率は、これは多少へんちくりんでもあるんですけど、でもすごく長い目で見ると結構説明力があって。これを使ってやると、さっきのときで為替の話がちょこっと出てきていますけど、日米の予想インフレ率の差で見ると、あと名目の金利差で見ると為替はかなり説明できます。ということは、物価連動債を利用した期待インフレ率——これをＢＥＩ（ブレイク・イーブン・インフレ率）といいますが——は、やはり結構使えるものなんですね。もちろん予想インフレを出すときにこれだけじゃなくて、いろんなのを見るんですよ。ほかのもたくさん見ているんですけども、ＢＥＩは結構それなりに使える話です。

マネタリーベースと予想インフレ率の関係については、二〇〇三年から二〇〇六年までの量的緩和のときに私は政権の中にいたので、これを計測したところ、大体当たっていました。それで、実は二〇〇六年のときに、量的緩和を解除したら大変なことになりますということを安倍さんに言ってるんです。そうしたら、後で「高橋さんはよく先がわかったね」と言われたのですが、こういうことをわかっていたからです。これは日本銀行にもちゃんと言ったのですが、二〇〇六年の量的緩和の解除は、日銀がそれを無視してやった結果、失敗に終わりました。

二〇〇八年の欧州でも似たようなことをやったので、そのときも私は計測したんですが、日本と感じが似ています。ということは、これは多分日本だけではないでしょう。日本のときは、二〇〇三年から二〇〇六年まで大体わかっていたんですが、海外でやったやつもわかっていたんで、それで結構自信を持って、マネタリーベースを増やせば半年くらいするとインフレ予想率は高くなる、ということは言えました。

こういう話をしてしまうと、レジームチェンジはどこに行っちゃったのと言われるんですが、私の場合は数字で全部やっちゃうんです。ただ、デフレレジームを変える、という確固たる意志というのは全然マイナスの話ではないから、それはそれで、数字の話とこのレジームチェンジの話は、矛盾しません。ただし、数字ででてこないレジームチェンジはあまり信用しません。数字に出てくるのが本当のレジームチェンジです。

マネーの効果

1. BEI＝-5.3 ＋ 0.05 ×半年前マネタリーベース＋ 0.4* 消費税織込
   相関係数 0.91（2010.01-2013.05）
2. インフレ率＝ -2.1 ＋ 0.62 × 2 年前マネーストック増加率
   相関係数 0.89（1969-2011）
3. 賃金上昇率＝ -3.66 ＋ 1.00 × 2 年前マネーストック増加率
   相関係数 0.93（1969-2011）
4. 失業率＝ 4.36 － 0.16 × 2 年前マネーストック増加率
   相関係数▲ 0.82（1969-2011）
5. 名目 GDP 成長率＝ -2.1 ＋ 0.9 × 2 年前マネーストック増加率
   相関係数 0.91（1969-2011）

五つの式で説明できる

次に、**「マネーの効果」**です。本当は本を書くとしたら、この五つで式は全部終わりと言いたいんです。それぞれ相関係数が書いてありますが、一個の変数でこんな説明できることは、めったにないんですね。さきほど、半年前のマネタリーベースで大体予想インフレ率が決まると言いましたが、それで実質金利が下がって、その後細々とありますが、最終的な結論を言うと、二年前のマネーストックで「インフレ率」も「賃金の上昇率」も「失業率」も決まって、「名目GDP成長率」も大体決まる。私がさっき言った数字は、ここに当てはめて言っているだけです。そういう意味で、すごくシンプルな構造をしています。

最近は、みんな株価の話ばかり言いますが、先ほどからの説明で株価なんて一言も言っていません。株が上がった下がったに関心があるのはわかりますが、もしこういう形で株価を説明しろといわれても、ほとんどできないんです。株価が大体一年先のGDPを半分ぐらい先取りするというところはありますが、

図　日米英の株価上昇率（半年間）の推移

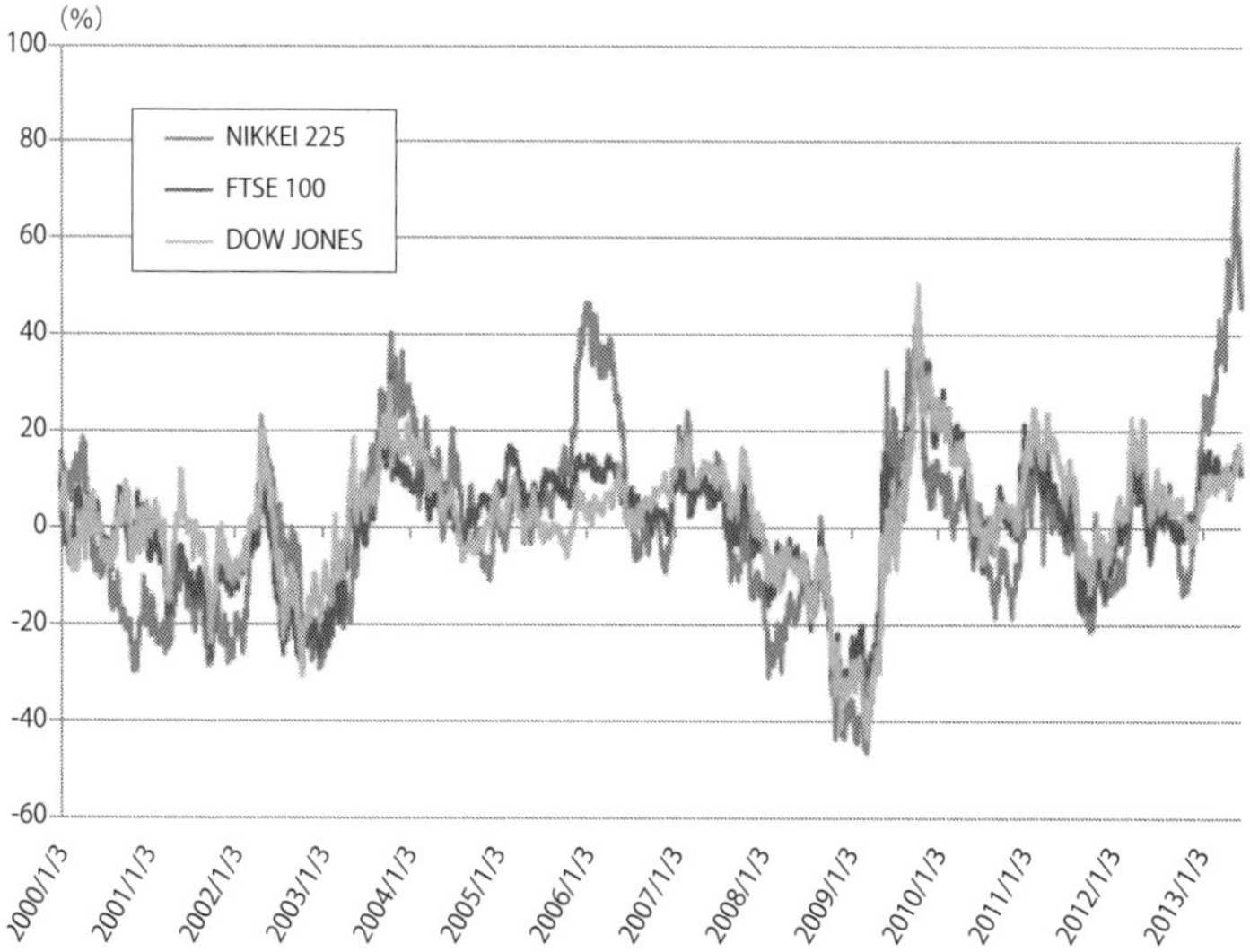

（資料）日本経済新聞社、ダウジョーンズ社、FTSE

説明力はあまりない。要するに株価の話については言えば、わからないことだらけです。

ただし、過去のデータを見るときには、必ず世界のデータと照らし合わせます。先ほどお話しした予想インフレ率も、海外の話を全部込みでやりました。**「日米英の株価上昇率（半年間）の推移」**というグラフは、日経とロンドンとニューヨークの株価の半年間の上昇率を、二〇〇〇年からざっと見たデータです。これを見ると、上昇であれ下降であれ、半年間で四〇％動くことはほとんどありません。最近では八〇％ぐらいにまでなってしまったんで、これはちょっとあり得ない世界です。いわばスピード違反状態ですね。ですから、どこかで揺り戻しがくる。揺り戻しのときには、マーケットは何かその理屈を探すんです。そこに、飛んで火にいる夏の虫になったのが、六月に発表された「成長戦略」で、恰好の材料になっていると思います。

もちろん消費税の話なんかちょっとあって、変な話もたくさんあるんです。さっきこういうので計算すると、先週の『現代ビジネス』で「名目GDP成長率3%では先進国でビリ！「増税至上主義」の財務省の影響がにじみ出る「久々の骨太」には大いに不満あり」（http://gendai.ismedia.jp/articles/-/36082）という記事を書きましたが、骨太の方針として、名目経済成長率がずっと「三%」と書いてあるんです。それを見ると、私などはのけぞってしまうのですが、あれは民主党と一緒じゃないか、と。違うと言っているのに、どうして同じ数字なのか。安倍さんも正直なところ細かい数字まではわからないですから、要するにだまされて「GNI（国民総所得）を一〇年後までに一五〇万円増やす」などと言ったわけです。

GNIを一五〇万円と言っても、二つわからないところがある。まず「GNI」とは何かがよくわからない。これは昔、GDPの前に使っていたGNP（国民総生産）とほとんど一緒なので、なぜそんな古い概念が出てくるのかわからないのですが、マスコミの人って、説明するときにわざとわからない話をすると、そこにわっと食いついて、あとの話がなくなるんです。だからこれも、変なことを言って、わかんないでそのまますっと過ぎちゃった全く典型的なパターンですね。

あと一五〇万円という数字がわからない。これはGDPで換算すると名目三%ですから、民主党と全く一緒です。そんなのあり得ないですよね。どこかで矛盾があります。

ということで、その矛盾で名目三%、実質二%と言って、デフレーター一%。このときに役人の答弁は、目標としている消費者物価指数の方は、インフレ二%なんですけど、そのときにはGDPデフレー

図　ブレーク・イーブン・インフレ率（BEI）の推移

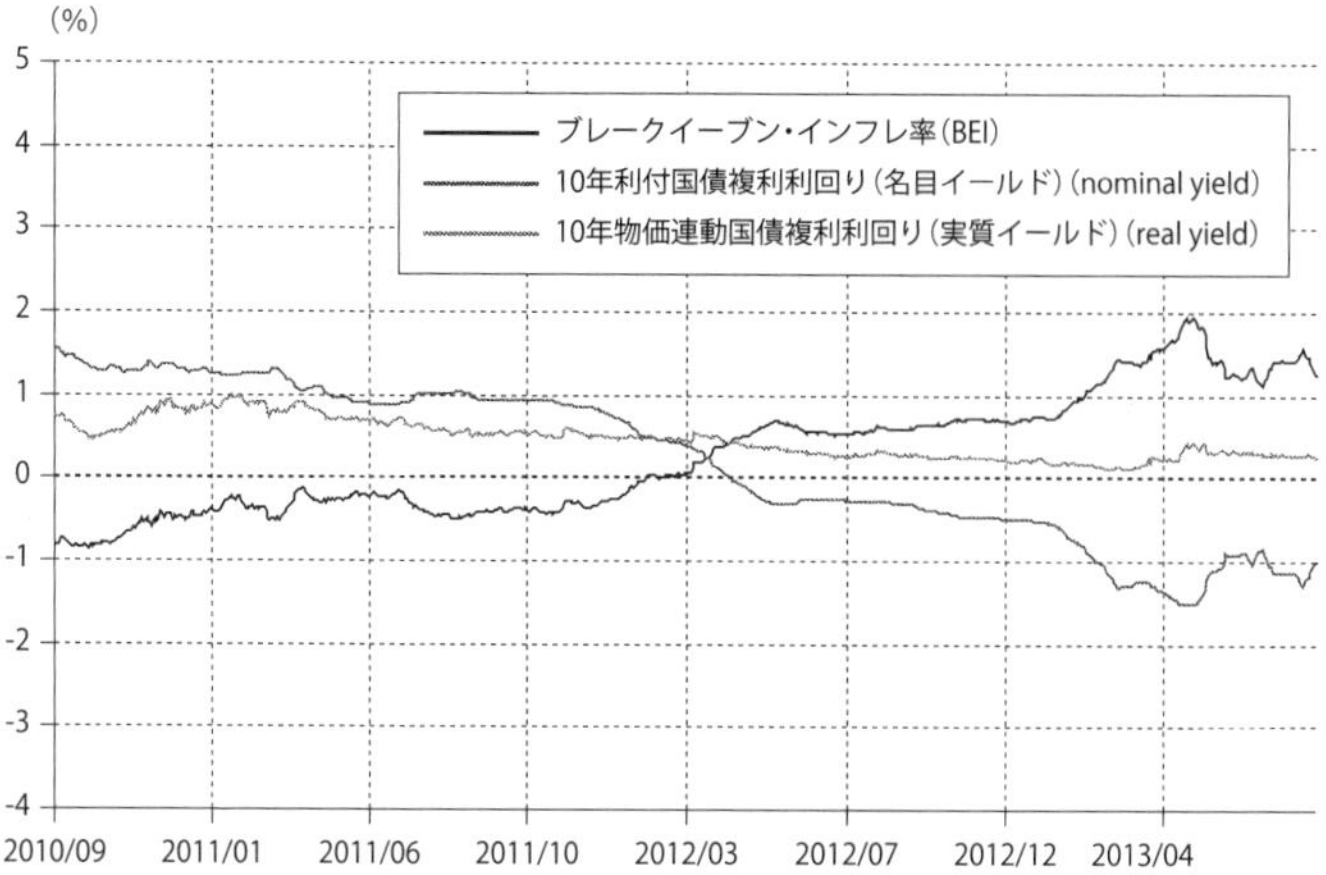

（資料）日本相互証券

ターの率が一%低いですと説明するんです。でも、それが成り立つのはデフレのときだけで、マイルドインフレになったときには、消費者物価指数とGDPデフレーターはほとんど同じになります。差だけ見るとわからないんですが、過去のデータを見ればすぐわかる。例えばGDPデフレーターを消費者物価で回帰させるとすぐわかります。ですからこれははっきり言ってまやかしで、実は民主党のときもそういうまやかしはしなくて、結果的にはインフレ目標一%だからデフレーターは大体同じでしょうという説明をしている。今回はそうじゃないから、全く矛盾があります。そういう非常に変な話ですね。

　私が言った話の裏づけとしては、**「ブレーク・イーブン・インフレ率（BEI）の推移」**というグラフで見てください。これを見ると、インフレ予想というのは、ひゅっと上がって、また下がっています。これをもって、上がったの下がったの、と言う。株

第三の矢

1. 規制撤廃がマスト（産業政策は不可）
2. 長期的な影響はあるが短期的な効果はあまり大きくない
3. 経済政策としてのコストパフォーマンスはよくないが、政治的には欠くことができないもの
4. 政治勢力の結集には好都合
5. 政治的安定なしでは、まともな経済政策すら困難

価で騒ぐのと一緒です。ほとんど記憶容量の少ない人ですから、過去のデータをみんなデリートして、ほんのちょっと前と比べるんですね。私は覚えていますから、一年ぐらい前と比べてくれといつも言うんです。一年前と比べれば、このグラフだけ見て、ひゅっと上がってちょこっと下がるということぐらいは、大した話じゃないというのはわかるんです。

産業政策はやるべきではない

最後に「第三の矢」について。時間がオーバーしているので手短にしますが、要は規制緩和の話が中心で、産業政策はやるべきではないんですが、ただ、こういうのをやらないと政治的に結集ができない。安倍さんがこれを使うのは、政治結集という目的のためだけです。経済的な効果はほとんど期待できない。ただ、政治結集しないとうまく政策ができないということを彼は知っているのでやっているというだけです。

だから、こういうのは経済的には全然意味ないですよと言ったら、それはわかってるんですよ。もともと規制緩和なんて効果が出るのはすごい先なんで、短期のデフレ脱却には関係ないんです。関係ないんですが、これをやると同志が集まったりして、政策を進めるうえでは結構強くなったりするんで

す。そうすると、その次に何かをやろうとしたときにうまくいったりする。私はこれを、郵政民営化のときに経験しました。だから安倍さんも、そういうつもりでやっているんだと思います。経済政策は二の次で、政治的に頑張っているというふうに思います。

金融緩和に右も左も無い

原田　泰

金融政策がいかに重要か

原田　原田です。お暑い中、たくさんの方に集まっていただき大変ありがとうございます。今回は東京河上会のシンポジウムで、河上肇先生というのは左の方ですから、当然ここに集まる方も左の方が多いのではないかと勝手に思っていたのですが、必ずしもそうでもないようです。そうでもないようですが、一応、そのつもりで考えたことを最初にお話ししたいと思います。

いま株が下がって何だかんだと言われていますが、長期的にはうまくいくだろうという、高橋さんの力強い分析がありました。私もうまくいくと思っています。そして、金融緩和は、左の人がしようが右の人がしようが効果は同じで、誰が金融緩和をしても景気がよくなります。どうも日本の左翼は金融緩和が嫌いな人が多いようですが、それは非常にまずいと思います。

一九三〇年代にドイツでナチスが政権をとれたのはなぜか。その前は社会民主党と普通の自由主義者の政権だったのですが、その人たちが金融緩和をしなかったため、ドイツでは失業率が二五％になりました。四人に一人の人が失業していれば、人間はやけくそになりますよね。やけくそになったところへナチスが出てきて、実は過半数どころか四割ぐらいしか議席をとっていないのですが、比較第一党になって政権についた。政権についた後、金融緩和をやって、景気がよくなったので、ナチスの言っていることは正しいのではないかとドイツ国民が思った。その後どうなったかは皆さん御存じの通りです。だから、社会民主党が金融緩和をすればよかったのです。だれがやっても同じ効果があるわけですから。金融緩和政策の利益は、雇用を拡大することです。二五％の人が失業していたのが、六～七％ぐらいに下がった、つまり多くの人が仕事につけたわけです。

普通の人々の財産のうち、一番大きいものは自分自身、つまり自分自身の労働力です。お金持ちは、株だとか土地だとかを持っています。でも、普通の人にとって、一番大きいのは自分自身という資産です。普通の企業に入ったら、一生のうちで二億から三億稼げるわけです。自分が一番大きな資産なのは明らかです。だから、その資産を活用することが政治に求められているのであって、それができなかったら政権はとれないし、とっても維持できないと認識することが、左翼にとって一番大事なことだと私は思います。だから、左翼の人たちが人間を大事にすると真剣に主張するのであれば、まず失業率を下げる政策をしなければいけない。

アメリカで盛んに金融緩和政策を主張しているクルーグマンとかスティグリッツといった人たちも左翼です。五月三〇日と三一日に、世界の知性もアベノミクスが正しいと認めてくれた大イベントを政府がやりましたが（ＥＳＲＩ国際コンファレンス「日本経済の再生に向けて」）、ここに来た外国の人たちに、安倍総理の戦争認識とか右翼的なことには反対だけれども、彼がやっている金融政策は正しい、と言っていた人がいました。

ですから、マーケットの数字がどうであるかということよりも、雇用と生産がどうなっているかが大事です。高橋さんが既に言われたように、成長戦略は、規制緩和、市場開放、減税であるべきであって、産業政策はうまくいかないでしょう。ただ、働きたい女性が働けるように、保育所にお金を投じて待機児童をなくすというのは、効果があると思います。保育所の規制緩和をやれば保育所が効率化されるという意味でもGDPは増えるのですが、女性が働くことによって、働く人が増えてGDPが増えるという効果のほうがずっと大きい。

それから、消費税増税についていえば、消費増税が三%で七・五兆円の税収増です。この点は、意見が分かれるかもしれませんが、私は、今さら止められないのだから、影響を相殺するような措置をとればいいのではないかと思っています。

それからTPPは市場開放で、反対論者がいろんなことを言っているのは大げさで、ほとんど農業だけの問題だと思います。

日銀は「JA全中」みたいなもの

あと、簡単にデータを見ていきたいと思います。金融緩和で経済が改善していることは、**図「輸出、生産、雇用の変化」**（次頁）で、昨年の一一月、一二月に比べて輸出も生産も増えていることが明らかです。

図　輸出、生産、雇用の変化

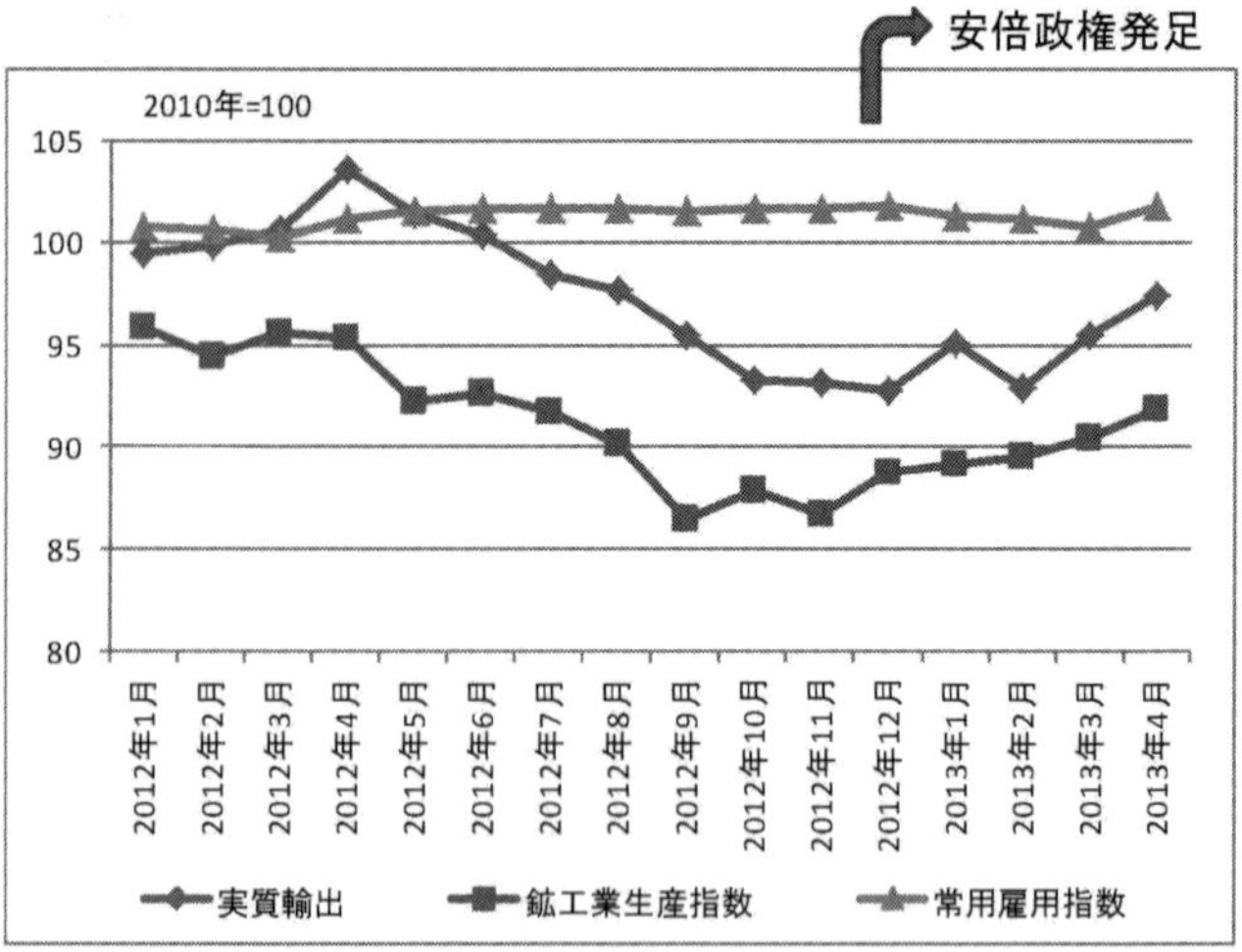

（出所）経済産業省、日本銀行、厚生労働省

つまり、安倍政権が発足してから上昇しているということです。雇用を見ると、雇用量はあまり増えていないです。ただ、これまでずっと生産が減ってきた中で、この期間に雇用がほぼ横ばいだったということは、景気の回復がなかったら、この人たちがまた解雇された可能性がある。そういう意味では、雇用もよくなっていると言えると思います。

では、金融緩和をすればこんな簡単に生産も雇用も増えるのだったら、何で日本銀行は今まで緩和しなかったのだという疑問が当然生じると思いますが、それは、彼らには彼らの都合があるということです。たいへん長くデフレが続いて、景気が悪化してきたので、金利が非常に低く、〇・八％ぐらいになっていました。これが一〇年物の金利ですが、一九九〇年ぐらいのことを思い出していただくと、ワリコーとかワイドとかというのがあって、金利が七％ぐらいついていましたよね。それで、年配の方は信託銀行や長期信用銀行にそれを買いに行った記憶があるかと思います。実際、ボストンバッグにお金を詰めて買いに行っていた人がいました。そういう金利の時代があったのが、もう〇・八まで下がってしまっていたわけです。

でも、金利というのは、景気が悪いから低いわけで、景気がよくなれば上がります。金利が上がると、国債の価格が下がって、国債を持っている人が困る。では誰が国債を持っているかというと地方銀行が持っているわけです。日銀は、通貨の番人ではなくて、銀行の番人ですから、地銀が困るようなことはしたくない。

だから、日本銀行というのはJA全中だと考えればいいと思うのです。JA全中というのは農協が困らないようにするのが仕事ですが、日銀もそれと同じようなことをやっている団体です。金融政策をやっている団体だと思うから、何であの人たちはこんな変なことをやるのかと不思議ですが、全中だと思えば何の不思議もない。まあそういうものだと思うしかないですね。

安倍総理は、日銀って全中なんじゃないかと気がついたから、じゃあ今度はTPPで全中と対抗しようと、スムーズに頭が回ったのではないかと私は思っています。

農家を守るために必要なのは「経済の繁栄」

それでTPPの話をしますと、いろいろな方がいろいろ大げさなことを言っていますが、ほとんど根拠がありません。いま日本の農業を見ると、農家が二五〇万戸あることになっていますが、そのうちの

表　農業所得と農外所得

（1000 経営体、1000 円）

水田作作付延べ面積規模別	経営体数	農業所得	農外所得	農業関連事業所得	年金等収入	総所得
全国計、平均	1,603	505	1,871	1	2,084	4,461
0.5ha 未満	83	△ 101	1,865	-	2,512	4,222
0.5 ～ 1.0	149	19	2,205	1	2,146	4,226
1.0 ～ 2.0	235	490	1,833	-	2,054	4,334
2.0 ～ 3.0	174	1,063	1,978	0	1,425	4,381
ha 未満						
3.0（計、平均）	641	276	1,845	1	2,220	4,293
3.0 ～ 5.0	245	2,002	2,036	12	1,281	5,263
5.0 ～ 7.0	166	2,920	1,533	0	975	5,278
7.0 ～ 10.0	135	4,712	1,277	12	1,044	6,713
10.0 ～ 15.0	154	6,358	1,197	4	647	7,957
15.0 ～ 20.0	79	9,934	1,322	27	341	11,567
20.0ha 以上	183	13,434	1,619	0	625	15,196
ha 以上						
3.0（計、平均）	962	5,135	1,527	14	901	7,418

（注）平均は経営体数による加重平均
（出所）農林水産省「農業経営統計調査（2011 年）」

一〇〇万戸は年間五〇万円以下しか農産物を売ってない。五〇万円以上売っている農家を農家と言った場合、これが一六〇万戸ある（**表「農業所得と農外所得」**）。但し、この一六〇万戸の平均の農業所得は五〇万円しかない。でも、農外所得が一九〇万円、年金収入が二一〇万円あって、全体で四五〇万の収入がある。これが農家の平均です。だから農家とは何かというと、平均で言えば、年金をもらって趣味で農業をやっているということです。

では年金をもらうために何が大事かというと、日本経済全般が繁栄していることで、そうでないと年金は払えません。日本全体が繁栄していることが大事で、だから自由貿易も大事で、金融緩和も大事で、それをやらないと日本の農業はむしろ潰れてしまうと思います。

農家らしい農家なら農業所得が六〇〇万円くらい欲しいと考えると、農業所得が平均で六四〇万の人は一〇ヘクタール以上耕している人ですね。そういう層を全部足すと、四二万戸になる。だから、本当の農家は四二万戸しかなくて、あとの人たちは年金あるいは兼業でやっているということですから、農家にとっても、日本経済全体が繁栄していることの方が大事だということになります。

ちょっと時間を過ぎてしまいましたが、以上です。

田中 多分左翼と言われて、はいと言う人はなかなかいないと思いますが。では片岡さん、よろしくお願いします。

数字から見るアベノミクス　片岡剛士

アベノミクスの効果を試算してみる

片岡 よろしくお願いします。日ごろは意見を異にする方とご一緒する機会が多いのですが、今日は大船に乗った気持ちで、気楽な形でお話ができるので、非常にうれしく思っているところです。

先程、高橋さん、原田さんからお話がありました。三番目の私は何を話したら良いのだろうかと思いますが、できる限り重複がない形でお話をさせていただければと思います。

お手元の資料の**表「日本経済の今後」**をご覧ください。これは原田さんの受け売りですが、「大胆な」金融政策、「機動的な」財政政策、それから「民間投資を喚起する」成長戦略を行った場合の効果をま

表　日本経済の今後

2年程度で2%インフレを達成する「大胆な」金融政策、12年度10兆円補正予算に基づく効果、TPP締結に伴う効果を合計したアベノミクスの実質GDP押し上げ効果は8.3%。アベノミクスを貫徹すること、特に金融政策を貫徹することが安倍政権、日本経済の今後を決める。リスクはアベノミクスを貫徹できない場合に生じる。

	1.「大胆な」金融政策	：	7.0%
	2.「機動的な」財政政策	：	0.6%
＋	3.「民間投資を喚起する」成長戦略	：	0.7%
－	4. 消費税増税？	：	？？%

※小泉政権（2001年4月～2006年9月）の実質GDP成長率は6.7%、名目GDP成長率は-0.8%。**効果が期待できるのは、成長戦略ではない。デフレ脱却による効果である。**

とめたものです。

まず「大胆な」金融政策とは、二年程度の間に消費者物価指数でみて二％の物価上昇率を達成することです。「大胆な」金融政策が目的を達成した場合にどの程度実質成長率が上昇するかをフィリップス曲線やオークン法則を援用して計算してみると、私の試算では大体七％となります。

次に「機動的な」財政政策についてです。ここでは二〇一二年度の補正予算の効果のみを考慮していますが、実質成長率の押し上げ効果は〇・六％です。

三つ目が「民間投資を喚起する」成長戦略です。成長戦略としてはっきりしているのはＴＰＰを締結するということですが、ＴＰＰが成立、発効した場合の実質成長率の押し上げ効果は〇・七％になります。

これらを合わせると八・三％、大体八％ぐらいであるということになるわけです。

ここから得られる重要な点というのは、安倍政権のアベノミクスで仮に八％の成長を達成してしまうと、安倍総理は世紀の大宰相になってしまうということです。

小泉政権が始まった二〇〇六年九月から二〇〇一年四月までの実質ＧＤＰを単純に比較して、成長率を計算すると六・七％となります。当時は残念ながらデフレからの脱却はできませんでしたが、安倍政権ではうまくいけば小泉政権以上の成長が可能であるということになります。

今後、消費税増税という話が出てきます。私自身は拙速な消費税増税には反対です。やはり三本の矢をきちんと的に当てる、特に第一の矢を当てるのが最も重要なことだと思っています。

次に**図表「直近の株価や為替レートの動きについて」**（次頁）として、いくつかグラフを掲載しています。重要な点は去年の一一月一四日以降、株価と為替、それからブレーク・イーブン・インフレ率が急速に連動性を強めているということです。これはまさに高橋さんから先程お話があった、予想インフレ率が株高や円安をもたらしていくという動きの表れだと思うのですね。特に、株価の押し上げの背景にあるのは外国人投資家の買い越しです。直近では、アメリカが量的緩和を縮小して出口に踏み込むのではないかという話があって、ＱＥ３を縮小させた場合のストレステストを世界経済でやっているのではないかという気もします。また中国や新興国経済が弱いといった話題があって株価が調整していますが、そういった動きがブレーク・イーブン・インフレ率にも影響しています。ただ、中長期で見ればまた元に戻っていく動きが出てくるのではないかと考えています。実際、直近では横ばいから、やや上がる形になっています。

為替レートの動きについて

ブレーク・イーブン・インフレ率（日本）と日経平均株価の推移

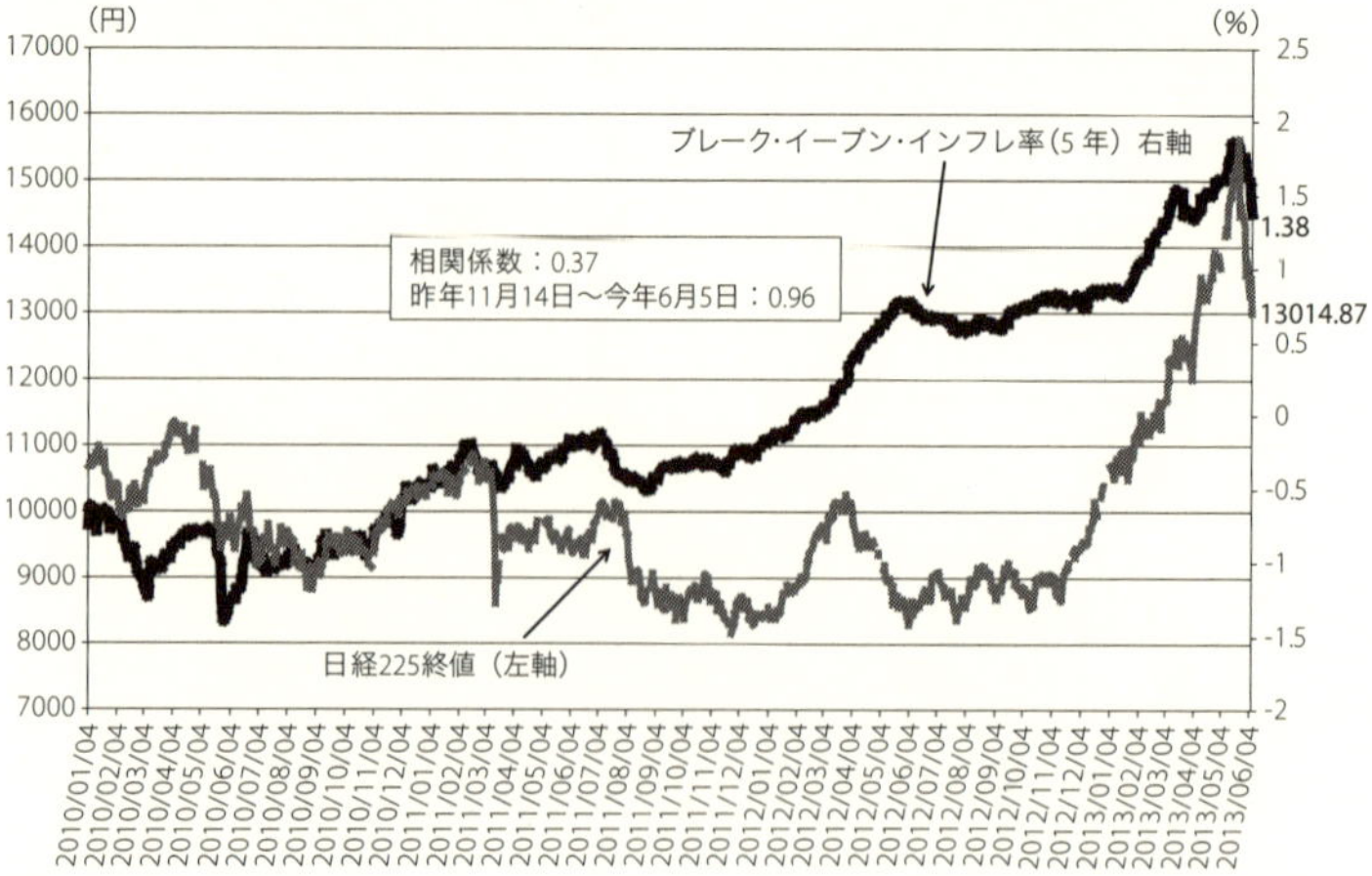

（資料）ブルームバーグ

日銀新体制後のイールド・カーブの動き

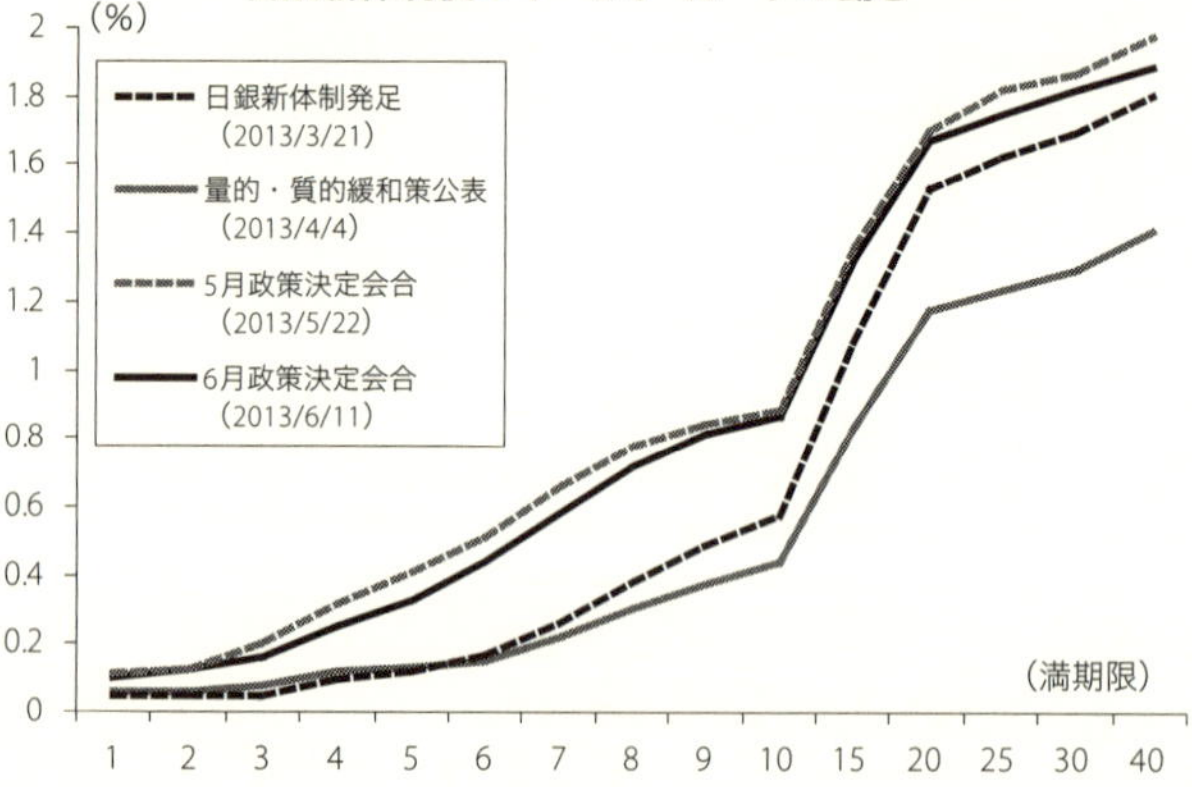

	日銀新体制 →異次元緩和公表	異次元緩和公表 →5 月 MPM	5 月 MPM →6 月 MPM
予想インフレ率	上昇	上昇	低下
リスクプレミアム	低下	低下	低下
期待潜在成長率	—	—	—
長期金利	低下	上昇	低下

ブレーク・イーブン・インフレ率（日本）及び米国BEIから試算した日本予想インフレ率

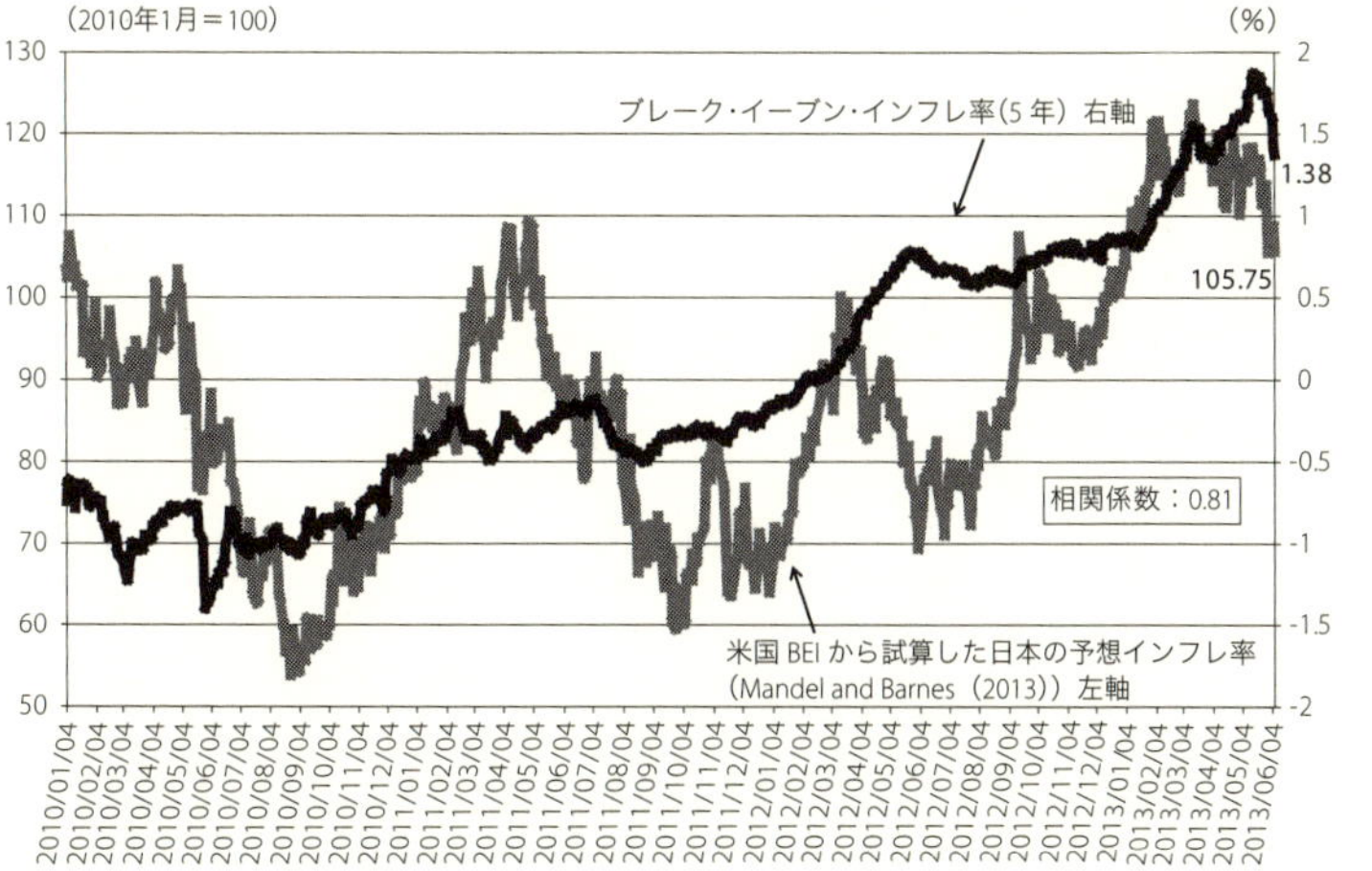

（資料）ブルームバーグ、FRB、Mandel and Barnes (2013)
http://libertystreeteconomics.newyorkfed.org/2013/04/japanese-inflation-expectations-revisited.html

ブレーク・イーブン・インフレ率（日本）、為替レートの推移

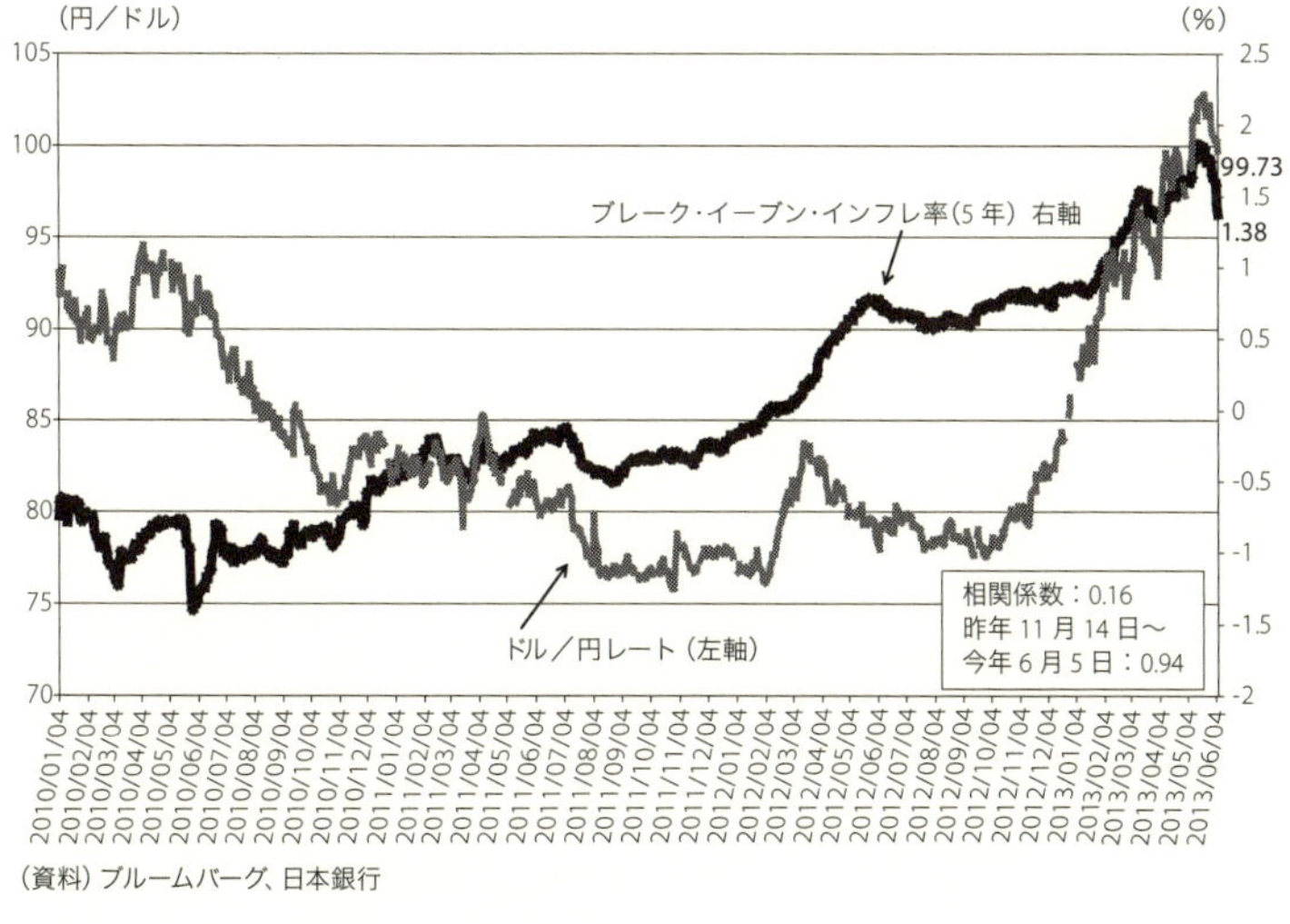

（資料）ブルームバーグ、日本銀行

金融緩和がうまくいけば、長期金利はまず上がる

黒田緩和に対して、長期金利を下げると言ったのに下がらないじゃないかという批判がよくあります。日銀のホームページにも説明がありますが、名目長期金利は予想インフレ率が上がれば上がります。それからリスクプレミアム——国債を保有することのリスクが高まれば上がるということです。いま異次元緩和ということで、二年間で二七〇兆円までマネタリーベースを増やすという金融政策を日銀が行っていますが、これを行うとリスクプレミアムは下がります。ただ、今はデフレの状態で、予想インフレ率を高めるという金融政策を行っていますから、名目長期金利は予想インフレ率が高まることで上がっていくわけです。むしろ名目長期金利が上がらなければ、金融緩和がうまくいっていないということです。

この部分は、多分あと数カ月経過したら、日銀がきちんと説明していくのではないかと思いますが、重要なのは名目長期金利から予想物価上昇率を差し引いた実質金利を下げることだと、黒田さんは声を大にして言うべきではないかと思います。

アベノミクスに関する七つの真理

それから次に「アベノミクスに関する七つの真理」と、ちょっともったいぶって書きました（笑）。アベノミクスについては、メディアを中心に反対論が非常に多くあります。よくそうした方ともお話を

することがあるのですが、そういう方は、ここに挙げた七つの話を理解していない。もういいかげんだまされるなと申し上げたいのですよね。七つの真理というのは次のようなものです。

1 **大胆な金融政策「のみ」でインフレ率を引き上げることはできる。**

2 **金融政策というボタンを押せば経済はよくなる。**

——これまで、全くそのボタンを押してこなかったわけです。

3 **大胆な金融政策は劇薬ではない。**

——ハイパーインフレになることはないということです。

4 **アベノミクスは極めて真っ当な政策である。**

——スティグリッツやクルーグマンといった、ノーベル経済学賞を受賞している経済学者がそう言っているわけですから、そうではないというのであれば、それを論文に書いて学会で報告すればいい。それをやらないのはなぜか、ということです。

5 **大胆な金融政策で長期金利は急騰しない。**

——上がるけれども、急騰はしないということですね。

6 **アベノミクスは「バブル」ではない。**

7 **成長戦略は日本経済回復の切り札（＝十分条件）ではない。**

——成長戦略をやれば大丈夫だというものではないということです。それは、これまでのアベノミクスの動きで明らかではないかと思います。

表　オープン・レジームとクローズド・レジーム

オープン・レジーム	クローズド・レジーム
ルール・枠組み重視	裁量・上からの計画重視
市場重視 （プロマーケット）	特定企業・産業の利害重視 （プロビジネス）
新規参入歓迎	新規参入警戒
フレームワーク型金融政策 （インフレ目標、NGDPLT）	裁量的金融政策 （総合的判断）
競争政策	産業政策
減税	補助金
ルール型再分配 （負の所得税、ベーシックインカム）	裁量型再分配：生活保護改正
分権型	集権型
経済学重視	経済学軽視

（出所）若田部昌澄「最先端を行く「リフレ・レジーム」」、『Voice』2013年7月号

成長戦略をどう見るか

成長戦略をどう見るかという点につきましては、高橋さん、原田さんからもお話がありました。私自身は、成長戦略の中身を見て、一言で言うと「何かぐちゃぐちゃしているな」という感想を抱きました。つまり、どの方向を向いているのかよくわからない。

なぜわかりにくいかということですが、まず政策で見てみると、

①規制緩和
②ターゲティングポリシー
③対外政策

の三つが混在しているためです。

①について説明はいらないでしょう。②は、どの産業を伸ばすかという話で、③はTPPとかRCEPとかFTAAPといった政策です。それらが混在しているからわかりにくい。私も他の先生方と同じく、規制緩和と対外政策はやるべきだが、ターゲティングポリ

シーには全く意味がないと思います。

次に、レジームで見た場合ですが、二〇一三年七月号の『Voice』で若田部先生が「オープン・レジーム」と「クローズド・レジーム」という整理をされています。

これは、オープン・レジームとクローズド・レジームを比較した表ですが、たとえばフレームワーク型の金融政策というのはアベノミクスにおける「大胆な」金融政策のことで、初めて日銀がそれに踏み切ったわけです。つまりインフレ目標という政策枠組みをつくって、その中で政策をやっていこうという話で、オープン・レジームの一つの体系だと思います。

他方これまでは、クローズド・レジームをずっとやってきたわけです。例えば、典型的なところで言えば、今回の成長戦略にあるターゲティングポリシーの発想というのは、上からの計画主義ということです。金融政策における「総合的判断」というのは、例えばゼロ金利や量的緩和政策も——私からみれば日銀がこれらの政策を解除するタイミングでインフレになるなどとは思いませんでしたが、日銀が実際のインフレ率に基いて判断するのではなく、インフレになると思った段階で解除してしまった。つまり「総合的判断」という名の下に勝手にやめてしまっている。あとは、生活保護改正という話題がありますが、お役所に行っても生活保護を受けられるかどうかわからないといった話も「総合的判断」につながる。つまり、この人は面倒臭いから生活保護申請をしなくてもいいやといった個人の裁量の余地が残るような政策になってしまっている。

このように、オープン・レジームとクローズド・レジームが混在しているのがアベノミクスの現状で、将来どういう方向に行くのかというところが、今後、興味あるところです。

消費税増税は「第四の矢」ではない

消費税増税については、先ほど原田さんから対抗策として影響相殺措置をとればいいというお話がありましたが、例えば消費税増税の悪影響を抑えるために財政出動をすると、かえって財政は悪化するのではないか。それであれば最初からやらない方が良いのではないかと考えています。

内閣府のマクロモデルを参考にすると、消費税三％引き上げの場合では、一年目の実質GDPを〇・四五から〇・九％、二年目には〇・九三から一・〇五％ぐらい押し下げるという試算があります。仮にこれらの影響を相殺するために公共事業を行う場合を考えると、一年目に公共投資六兆円、二年目に公共投資七兆円程度の公共事業をすることが必要となります。二〇一二年度の補正予算は真水一〇兆円で、公共投資として使っているお金は大体四兆円程度です。ですから、仮に消費税増税三％への対抗策を公共事業で行おうとすると、二〇一二年度補正以上の大規模な経済対策が必要になります。これを真面目にやるのだろうか。もちろん消費税増税の影響を全て相殺することを政府は念頭に置かないでしょうし、公債を発行せずに経済対策を行う可能性も考えられます。ただこんなことをやってまで消費税増税をやる意味が本当にどこまであるのかと思っています。むしろ、アベノミクスで経済は成長する可能性が高いため、成長により得られる増収効果を見極めた上で対処することが必要ではないでしょうか。

表　消費税増税についての留意点

〈増税ラッシュの中で可処分所得の低下抑制策を行わない場合には、影響は大きい〉

2012 年	・子供手当に所得制限導入 ・法人税減税と復興付加税 ・個人住民税増税（扶養控除廃止・縮小） ・地球温暖化対策税導入	1994 年	・酒税の税率調整等 ・所得税の特別減税（マイナス 5.5 兆円） ・相続税負担軽減 ・法人特別税の廃止
2013 年	・所得税増税（給与所得控除に上限） ・個人住民税増税（退職金の優遇廃止） ・所得税復興増税	1995 年	・租税特別措置の整理合理化 ・所得税の制度減税（マイナス 3.5 兆円） ・特別減税（マイナス 2.0 兆円）
2014 年	・消費税増税（5%→ 8%） ・個人住民税増税（給与所得控除に上限） ・個人住民税への復興増税	1996 年	・所得税の特別減税（マイナス 2.2 兆円） ・地価税の税率引き下げ
2015 年	・消費税増税（8%→ 10%）	1997 年	・消費税率引き上げ（3%→ 5%）

〈消費税増税の影響を相殺する方策は、消費税増税に伴う増収効果を相殺する。〉

・消費税率 1%引き上げの影響：1 年目の実質 GDP を 0.15%～ 0.3%、2 年目の実質 GDP を 0.31%～ 0.35%押し下げる（佐久間他（2011）、内閣府（2010））。
→消費税率 3%引き上げの影響は 1 年目の実質 GDP を 0.45 ～ 0.9%、2 年目の実質 GDP を 0.93%～ 1.05%押し下げる

・以上を相殺するには、1 年目に公共投資 6 兆円程度、2 年目に公共投資 7 兆円程度の財政政策を行うことが必要となる。（参考：12 年度補正（真水 10 兆円、公共投資 4 兆円程度））

・消費税増税に伴う増収効果を最大 7.5 兆円（2.5 兆円× 3）と見積もっても財政は赤字。

・アベノミクスによる名目成長増・増収効果をまず見極めた上で対処することが必要。

図　ＴＰＰの効果

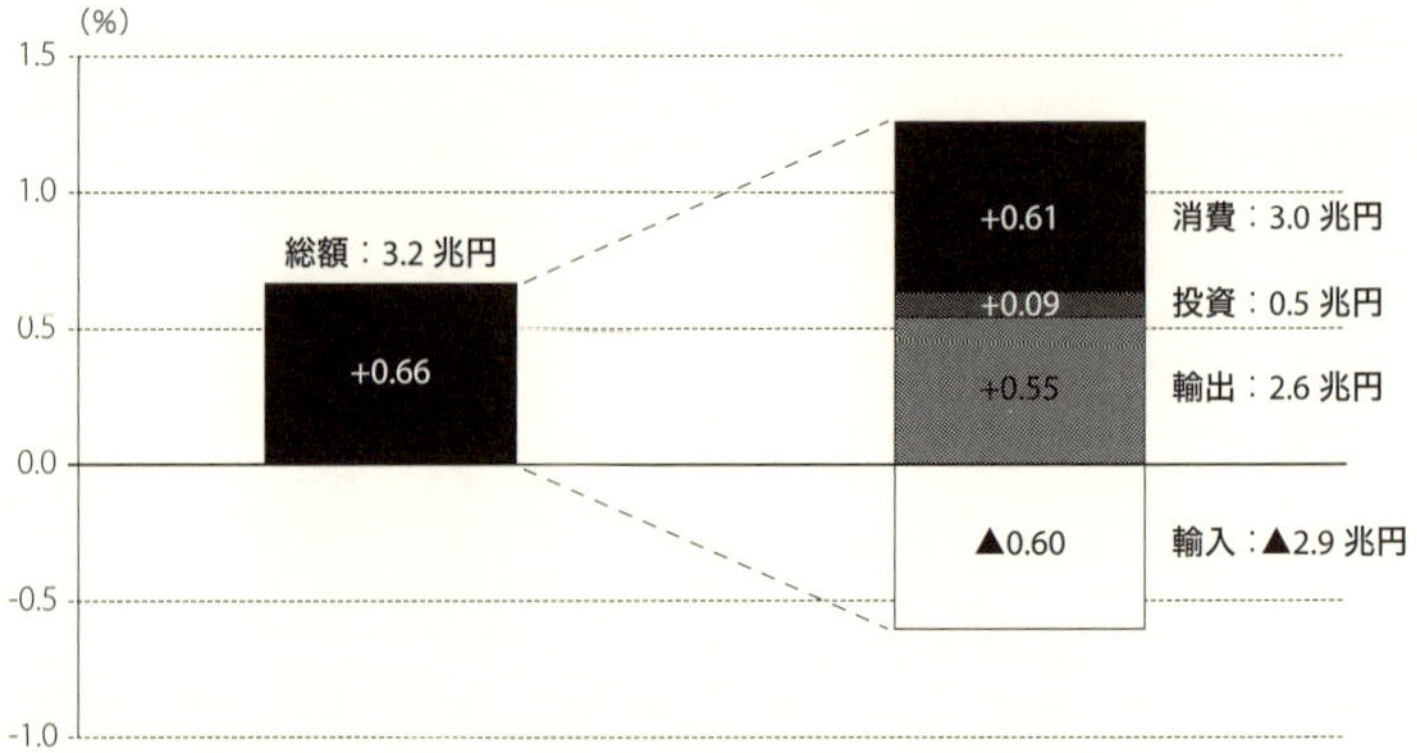

（資料）内閣官房「（図表）関税撤廃した場合のマクロ経済効果」

政府試算によれば、TPP11 カ国と我が国との間で関税を撤廃することで、実質 GDP は 0.66%押し上げられる。関税撤廃に加えて、非関税措置の削減、サービス・投資の自由化の効果を含む試算（PECC（太平洋経済協力会議）：ブランダイス大学ペトリ教授によるもの）では、実質 GDP を 2.0%押し上げるとの結果もあり、効果は大きい。

ＴＰＰの効果とは

最後にＴＰＰについてですが、政府試算では実質ＧＤＰが〇・六六％押し上げられるとされています。関税を引き下げると、海外の製品を輸入するときに相対的な価格が安くなって、消費者が得をするという効果が、かなり出てくる。他方で、相手国の関税が下がることによって輸出が促進されるという効果も大きいということです。関税撤廃に加えて非関税障壁の削減も視野に入れると、もっとＧＤＰが押し上げられるということです。

ＴＰＰについては、デフレ下でＴＰＰをやる意味があるのかという批判がありますが、ではデフレに影響する政策は全てやってはいけないかというと、そういう極端な話も逆にあり得ないことだと思うのです。

今アベノミクスの大胆な金融政策で、二年程度でデフレから脱却してインフレ率を二%に高めると言っているわけですから、その中で、将来の成長力を高めるとか、TPPのように外の国とつながる話は、同時にやっても良いのではないかと思います。簡単ですが、以上です。

メディアとアベノミクス　田中秀臣

昭和恐慌を振り返る

田中　最後は司会も兼ねている私から。四番目なのでぺんぺん草も残らない状況になっているかと思いましたが、歴史的な話が残っているので、そこに触れたいと思います。

このシンポジウムをやるきっかけになったのが、藤原書店の学芸総合誌『環』の「経済再生は可能か」という特集ですが、大東文化大学の中村宗悦さんがここに面白い論文を書いています(本書所収)。戦前の昭和恐慌——これも今よりも激しい、誰が見てもわかるような大幅な不況と大規模なデフレに見舞われた時代ですが、それに対して、当時の主要な雑誌・新聞がどんな反応をしたのかが説明されています。

中村さんの論文でとくに注目している点は、デフレを脱却した後にメディアは何を語ったのかというところです。昭和恐慌のとき、世界各国も同じような猛烈なデフレに見舞われたんですが、実は日本は最も早くデフレから離脱したんです。世界の優等生だったわけですね。今は、デフレに落ち込んでいる唯一の先進国ですから、まったく逆ですが。

昭和恐慌から七年ほど後には、二・二六事件が控えていますが、そこに至るまで、メディアは何を伝えていたか。これは非常に興味深い論点で、いま私たちもデフレ脱却を目指しているわけですが、デフレからの脱却の過程で、そしてその後、一体どんな問題が噴出してくるのか。そういったことが中村さんの歴史的研究の論文の中で、ダイジェストで語られています。

「景気回復たたき」の二つのパターン

大きく分けて、二つ論点があるんですね。一つは、私たちの生活はデフレ脱却して本当によくなっているんですか、という生活者レベルの視点での景気回復叩きです。例えば、給料や雇用はいつ改善するのか、とか、一部の金持ちだけが儲かっているんじゃないか、ということを、当時の新聞やメディアはさんざん喧伝し始めます。

二番目は、財政均衡主義による景気回復たたきです。当時、昭和恐慌以前から、第一次世界大戦が終わってから大体一〇年ぐらい、日本は長い不況でした。今ほどは長くないですが。そこで絶えず言われていたのは、財政再建と、ちょっとテクニカルな話になりますが、金本位制という固定為替レート制みたいなものに戻ろうという議論です。これをやると、経済がデフレになってしまうんですが、デフレを進めて、無駄な企業や余っている労働者をリストラしよう、経済の筋肉を増強しようといった議論があって、当時の主要紙は、デフレはいいことだ、不況を最極限まで推し進めようと書いていたんですね。

しかし、昭和恐慌が起こると、激烈なデフレが訪れて、失業率が猛烈に上昇したわけです。東京大学の法学部といえば当時も今もエリートですが、例えば法学部の学生を見たときに、今と多少雇用市場が違いますが、卒業段階でまともに就職できた人は一〇〇人中せいぜい一二―一三人というデータがあります。あとはみんな失業です。当時、小津安二郎の幻の映画で、「大学は出たけれど」という映画がありますが、あれなんかまさに、大卒者が新卒段階で就職できなくて、その恋人がかわりカフェでアルバイトをして、元大学生を食わしているという話ですよね。そういった映画がブレークした時代です。

そういった猛烈な失業とか不景気が訪れると、さすがの新聞や総合月刊誌も、これはやばいということになって、それまでのデフレを推し進めようという社説をみんな取り下げるんです。そのかわりに何をやったかというと、今で言う「大胆な金融緩和」たたきです。裏を返せば、要するに「景気対策たたき」を始めたわけですね。景気対策をしたおかげで、日銀のサポートで政府の放漫財政が続く、こんなことをやっていたら財政の信用がなくなってしまう、と。特に戦前の政府は海外からお金を借りていたので――今は違いますが――、信用がなくなってしまうと、財政破綻になってしまうと。だから、財政緊縮をして、ともかく一刻も早く元に戻そうということです。「元に戻す」って、一体どこに戻すつもりだったのかわかりませんが、そういったキャンペーンを張り始めます。

つまり生活者の視点からの景気回復たたきと、財政均衡主義による景気回復たたき、この二種類が当時のメディアの主流だったわけです。

リフレ派の元祖とは

実は戦前にも「リフレ派」がいました。リフレ派、つまりデフレを脱却して低めのインフレ率で経済を運営した方が、景気がよくてよろしいんじゃないですかという立場ですが、当時も今も「インフレにします」と言うと、生活が大変になるとみんな思っちゃうわけです。「インフレ」というと拒否反応があるので、アメリカの経済学者が、インフレに戻すという意味で「リフレーション」、略してリフレという造語をつくってそれを広めようとした。戦前のリフレ派の代表選手が石橋湛山です。戦後は首相になりますが、戦前は東洋経済新報の社長でした。今はデフレの象徴みたいな雑誌ばかり出している出版社ですが(笑)。それから、戦後もエコノミストとして名を馳せた高橋亀吉など、戦前のリフレ派はおよそ一〇人ぐらいです。

その石橋湛山が、当時のメディアに対して猛然と反論を展開するわけです。実は河上肇も、デフレ大好きだった経済苦者で、河上を記念する会でリフレ政策を推し進める講演をやるというのは、なかなか微妙なものがありますが(笑)。

石橋湛山は、昭和恐慌の真っ最中に河上肇と論争します。河上肇は、デフレを放置してもそんなに大きい問題ではないという考え方で、本質は資本主義経済の限界にあるので、デフレを脱却しても、資本主義経済の宿命的な限界は解消されない、という論陣です。石橋湛山の方は全然違います。現代の私たちと同じように、金融緩和と財政政策を組み合わせればデフレから脱却できるし、その限りでは、市場経済は健全に機能するという主張です。そういった立場で、石橋湛山は、当時のメディアにも対していきます。

「高橋財政」という神話

ここで面白いのは、「高橋財政」という神話です。

教科書などで、高橋是清が財政ふかして昭和恐慌を脱出したという話を読んだことがあると思いますが、僕から見るとこれは神話ですよ。確かに石橋湛山は、最初のころは高橋是清の積極財政を多少評価しました。けれども、当時のリフレ派は、今ごろやってどうするんだ、遅過ぎるとか、中途半端であるとか、初期の段階でもさんざん批判していました。戦前のリフレ派は、もう昭和十年ぐらいになると高橋是清批判を猛烈に始めるんですね。

どうしてかというと、高橋是清は、当時のメディアがはやし立てていた財政再建路線に、思い切り舵を切るんです。教科書的には、それは軍部への対抗としてやった美談として扱われますが、実際は当時から論争になっていて、軍部との対立というのは隠れみので、実は高橋是清は財政政策の本当の意味を知らないのではないかと、石橋湛山や高橋亀吉は批判するんです。石橋湛山にとって財政政策の目的は何かというと、失業率を改善して貧困を解消し、経済成長を安定化させることです。これが達成されないうちに、今風に言えば早めの出口戦略を行うということは、高橋是清は全然リフレ政策をわかっていないのではないかと、高橋是清財政の後半は、石橋湛山は猛烈に批判を開始します。

実は私もアベノミクスのリフレ政策に関しては好意的ですが、当時の石橋湛山の発言なんかも踏まえて、本当に安倍さんはわかっているのかと、毎日のように頭の中で思うところです。

ちなみに昭和恐慌を脱出した後の当時の政府も、三本の矢と、同じことを言います。官僚って三が好きなんですよね（笑）。当時は、三本の矢じゃなくて、「三大改革」と言ったんですが、一つは財政・税制改革で、これは初期の段階ではリフレ政策、つまり景気対策で積極財政をやりなさいというものでしたが、先ほど言ったように後半からは財政緊縮に振れてしまいます。二番目は思想教育改革で、三番目は、やはり成長戦略です。当時の成長戦略は、農業を効率化して生産性を上げなさいという政策でした。

この「三大改革」についても、当時のリフレ派は、まともなのは第一の積極的な財政、金融政策だけで、残りの二つの改革は全くだめだと、今と同じようなことを言っているんですよね。そういった意味で、変な形で歴史は繰り返します。

長期利子率の問題

あともう一つだけ重要な点を言っておきますが、先ほど話題になった、長期利子率が下がらないというのは、実は戦前も問題になっているんです。当時は、長期公債というものが制度的にあって、四%の固定金利の公債を発行していました。石橋湛山は、そんなものを発行すると名目金利、つまり長期の利回りがそれ以下に下がらないじゃないか、と。これは金融緩和を著しく阻害すると指摘したんですね。

ところが、ここが面白いところなんですが、先ほど言いましたように、日本は世界でいち早くデフレを脱却して、景気安定化に成功しているんですよ。これはキーポイントが一つあって、実質利子率と名目利子率で見ないといけないんですよね。当時は、いま言ったように名目利子率が四%ぐらいで固定されてしまっていたわけです(後に多少弾力化していきますが)。実質利子率は、方程式で言えば「実質利子率＝名目利子率－期待インフレ率」ですから、名目利子率が四%固定でも、期待インフレ率がそれ以上に高まれば、実質利子率はマイナスになります。実際、今の日本の経済は、実質利子率で見ると恐らくマイナスの領域になっていると思います。そういったことが戦前でも可能になっていたから、恐らくデフレから脱却することがスムーズにできたのではないかと思います。戦前の期待インフレ率は、今の私たちが直面しているアベノミクスの比ではないぐらい猛烈な勢いで上昇しました。それを、最後に強調して終わりたいと思います。

ディスカッション

アベノミクスの負の側面?

田中 さて、今までの話の中で、幾つか論点が出てきていると思いますが、まずは皆さんが一番聞きたいような、身近な話題に答えていただきたいと思います。例えば円安になると石油や食料品などが上がって生活が苦しくなるだけだとか、あとは金利上昇で住宅ローンが上がって、最近の新聞を見ると、去年までは住宅ローン相談が一日二〇件ぐらいだったのが今は三〇件ぐらいに増えましたとか。そういった私たちの生活にかかわるようなところには、今のリフレ政策は、どんな意味を持ってくるとお考えでしょうか。

高橋　住宅金利の話は、私はいろんなところに書きましたが、住宅金利というのは固定と変動と二種類有って、それぞれが自分の職業に応じて選ぶとしか言いようがないんです。

いま田中さんが話されたように、予想インフレ率の方が高くなっていれば、実質金利が下がるということですから、給料が景気と連動している業種の人であれば、自分の給料の上がりが多分大きくなるので、実は金利が上がっても大した話ではないですね。そうじゃない人は、固定金利を選ぶしかないんです。公務員なんか大体そうですけど、お堅い商売の人は固定金利を選ぶしかない。

あと輸入との関連でいえば、円安で燃料の輸入代金が上がって、イカの漁に出られなくなったといった話がありますね。そういうのは個々にあります。もし政策論的にやるのであれば、円高のときのメリットもたくさんあったはずなので、そっちからお金を取ってきてちょっと分けてあげるというふうにやったら、実は大した話ではないはずです。

輸入の話でいえば、いろんな要素があるのに大体一つの面だけ言うんですよ。一方では、国内の景気がよくなってきて売り上げが伸びているという話は黙っていて、コストだけ高くなって、と言うんですね。一面だけを言うというのはよくあるパターンです。要するにこれは、金をくれと言っているだけなんです。だから、そういう人には、わかった、じゃあ金をあげるよと言うのが一番簡単な解消策です。そのぐらいしても、ＧＤＰは増えてますから、実は大した話じゃないんです。だからそういうときに、けちって突っぱねたりするよりは、金くれと言っているのに対しては、金あげるよというのが政策的には簡単です。

そういうことは役人の方もわかっていて、例えば、農業の方で大変だ、大変だと言ったら、農林漁業金融公庫という政策金融機関が、ちょっと安くお金を貸してあげれば、そういう話は大体終わるんです。それをしないとしたら、何か意図的にプレイアップして、もっと大きな話にしたいというのがいるからなんです。だから政策的に解消しようといったら、私なんかだったらそんなのあっという間に終わりですね。

そのレベルの話を大げさに言って、何でも文句を言いたい人はいつも必ずいるわけで、TPPも一緒なんですけどね。みんな、一方だけ言ってTPPに反対するでしょう。あれは全て金くれと言っているのに等しい話なんで、そういう人には、わかりました、お金をあげますと言えば大体話が終わります。

日銀の「抵抗」とは？

田中　はっきりしていて、参考になったでしょうか。原田さんの方には、違った質問をさせていただきたいんですけど。レジュメに「安倍晋三総理は、金融緩和が日本経済を復活させることを認識したが日銀の抵抗は続いている」とあります。今では日銀には岩田先生も入っているわけですが、日銀の具体的な抵抗としてどんなものをイメージされていますか。

原田　長期金利が上がっているという情報を盛んに流していますね。長期金利は、黒田緩和の瞬間に〇・八から〇・五ぐらいに下がって、その後〇・九、一時的に一％ぐらいになって、〇・八とか〇・九にまた戻っています。それなのに、直近一カ月か二週間ぐらいの、〇・五から急に一％に上がったグラフだけを見せて、こんなに上がって大変だとマスコミが書いているわけですが、そのグラフは日銀から出ているのでしょう。マスコミの人は自分でグラフを作れませんから、新聞にグラフが出ていたら、それは誰かが作って提供したものだと思った方がいい。長期金利のグラフも、日銀がつくって、こんなに大変ですよと言ってマスコミに流したのでしょうから、抵抗は続いているのではないかということです。

当然ですが最終的には金利は上がるんです。景気がよくなって、GDPの成長率が実質で二％、名目で三％とか四％になれば、金利が〇・八のままということはあり得ない。だから必ず三％とか四％になる。ただ、それは景気がよくなるから金利が上がるのであって、景気がよくなる前に金利が上がるということはない。だから絶対に実質金利は下がる。実質金利が下がって、景気がよくなって、失業が減って失業率が二・五％ぐらいになれば、それで安定的な状況になって、それ以上実質金利も下がらないと思います。そこに行く段階では必ず実質金利が下がるのですから、心配しなくていい。

結局、そういうことを言って騒いでいるのは、金融緩和をやりたくないからです。何でやりたくないかというと、先ほど言いましたように、名目の金利が上がると国債を持っている地銀が損をするから。私はそう思っているのですが、この前、外銀の人から、金利が上がると大変だとずいぶん言われたので、外銀がそんなに国債を持っているのかなと不思議に思ったことがあります。

誰がどこでどんな利権を持っているのかって、よくわからないんですね。利権のありかが全部わかってしまったら、それは利権じゃなくなってしまう（笑）。だから、一体どこで力と金が動いているのかというのは、よくわからないところがあります。高橋さんは私よりもっとわかっていると思いますけど。あと、消費税増税の対抗措置について付け加えると、別に公共事業をやるのではなくて、増税するのなら減税すればいいということです。金融緩和で景気をよくして、法人税減税など別のところで減税して、消費税の景気悪化効果を半分程度相殺すれば大丈夫なのではないかと思います。

消費税増税への対抗措置をどう考えるか

田中 ありがとうございます。いま原田さんから消費税増税の対抗措置の話が出ました。片岡さんのレジュメでは、対抗措置として、公共投資で試算を出していますが、減税とか、例えば民主党時代にやった子ども手当なんか、大甘に見れば効果があったと思います。出生率も改善させたんじゃないかという。それは減税というよりも補助金ですが。何かそういった代替的な政策はあるでしょうか。

片岡 私のレジュメでは例として公共投資を挙げていますが、そもそも二〇一二年度補正予算で一〇兆円真水の金額を出しましょうという話が出たときに、私がまず考えたのは、国民一人当たりに直すと大体七万八〇〇〇円ぐらいだったかと思いますが、それぐらい盛大に給付金としてばらまけば良いという話でした。四人家族であれば三一万二〇〇〇円ですよね。こういうことを言うと、政治家の先生は必ず、ばらまいたってしょうがないということを言うわけです。ただ、公共事業のような形で、特定の産業の人の利益になるようなところで、なおかつ経済効果も大きくないところにお金を使うほうが、よほど無駄なことをやっているのではないかと思うのです。だから、ここではわかりやすく公共投資としていますが、減税でも、補助金でお金をばらまくといった政策でも良いのではないかと思います。

あと、お金をばらまくにしても、困っている人にたくさんばらまくという方法がありますよね。ただマイナンバー法案が成立する前までは、所得を捕捉する仕組みがなかったので、国民一人当り均等にばらまくしかなかったわけですが、今後そういう枠組みができてきて、困っている人により厚くばらまくことができればいいなとは思います。

手段としては、このようにいろいろ考えられます。ただやはり引っかかるのは、消費税を増税して、その影響を緩和するために財政出動をするのであれば、そもそも消費税増税をやめた方がいいのではないかということですね。

消費税増税は国際公約?

田中 昨日「日曜討論」を観てたら、本田悦朗さん（内閣官房参与）が「消費税増税を延期したりしたら国際的な信用がなくなる」とおっしゃっていたんですが、そこをどう皆さんお考えですか。

片岡 財政再建にコミットしていますという意味合いで、消費税増税をやるというのは国際公約だという話になっていると思いますが、私は国際公約などという話はくそ食らえだと思っています（笑）。そもそも日本がこれまで国際公約をずっと守ってきたのかと考えれば、守ってきた試しなどないわけです。増税をしないからといって国際公約を守らなかったという理屈が通用するのでしょうか。

アベノミクスが海外からもこれだけ賛同を得られて盛り上がっているのは、要は日本経済がデフレから脱却して成長することによって、例えば海外にとっても、自分の国の製品を日本が輸入してくれるんじゃないかとか、これまで停滞していた日本が明るくなると世界経済の成長の原動力になるんじゃないかといった期待感もあると思うのです。消費税増税はそれを潰してしまう。こういうことですので、国際公約だとしても、ほとんど守らなくても良いと思いますがね。

財務省のプレッシャー

田中 高橋さんは、そこら辺はどうですか。

高橋 そのNHKの番組は、はっきり言ってつまんないので見てないんですが。原田さんなんかは結構物わかりのいい人だし、先が見えているから、あと財務省の影もちらつくから、消費税に結構緩いんですね。竹中(平蔵)さんもそんなことを言っていました。

先が見えているというのは、ちょっと先の話ですが、消費税の増税の法案を読んでいる人なんてこの中にいないと思いますけど、きちんと読めばどうなっているかというと、今年の秋までに凍結法案を出さない限り来年の四月から上がるんです。

安倍さんは秋の臨時国会で投資減税の法案を出すと言っているでしょう。本当のことを言うと、消費税の凍結法案も一緒に出さないとおかしいんです。でもそれは言ってないということを見ると、まあ消費税は上げるんですよ。それを見て、あまり角が立ってもあれだからというので、原田さんとか竹中さんなんかはちょっと上がってもいいんじゃないのというふうに言うんですね。だからこれは、そのときのエコノミストとしてのスタンスの問題です。

私だってそんなことは百も承知なんですが、政治というのはよくわからないんですね。特に選挙が近づくとよくわからなくて、私の経験でもいろんなことがあるんです。ですから、いろんなことを言っておいた方がいいと思っていて。例えば内閣官房参与でも、いろいろ言われますよ。浜田（宏一）さんからいつも「この人にこんなふうに言われちゃった」って相談を受けるんですけど、「そんなの無視しておけば大丈夫です」って。それで、上に回って「変なこと言うな」って言ってるんですけどね。そういうプレッシャーはたくさんあるんです。本田さんも、参与で一緒にいる人が、財務省の元次官の丹呉（泰健）さんですからね。そういう増税を命と思ってやってる人たちから四六時中いろいろ聞かされているわけだから、それ以外のことはなかなか言えないはずです。だから参与になんてなったらろくなことにならないので、私はいつも浜田さんに「なるべく部屋に行かない方がいいですよ」って言っています。その部屋には、丹呉さんがいるからです。

私が財務省にいたときは、財政再建のために増税なんて変なロジックは使ったことはなかったんですけど、最近は乱用気味です。私も財政再建主義者であることはそのとおりですけど、それは経済成長すれば財政再建できるんじゃないのということです。竹中さんなんかが時々ふらついたときにいつも言うのは、「小泉・安倍のときには、増税しないで、でもほとんど財政再建できちゃったじゃない。どうしてそれを言わないんですか」と言うと、彼もはっと気がついて「そうだな」と言うんですよね。だから財政再建をするとしたら、それは増税ありよりも増税なしの方が簡単にできますよ。

片岡さんも言ってたけど、増税して減税するなんていうのは、役所はやらないです。なぜ増税したいかというと、増税すると税収が上がるんじゃないんですよ。税収が上がるか上がらないかは、財務省にとって全然どうでもいい話で、彼らが気にするのは予算上の話だけなんです。予算上の話として増税をセットすると、歳入がその分だけ膨らむんです。実際に膨らむかどうかはわからないですが、予算上の話です。歳入が膨らむと、歳出権が膨らむので、官僚は歳出権が膨らむことだけをやりたいわけだから、それを減税で使ったら歳出権はなくなっちゃうじゃないですか。だからやらないです。

経済学的に考えたら、多くの人にばらまくような財政政策は、ばらまきはえこひいきがなくて非常にいいですよ。でも政治家にとってみたらこんなばかな話はないから、ばらまきは反対だと言う論調になった方がいいんですよね。本来、「ばらまく」というときの最初の意味は、特定業界にばらまくという意味だったんですが、途中から、全部にばらまくという意味に変えて、それでばらまきはいけないでしょうとわざと言わせて、じゃあ特定のところなら構わないということにして、政治家は仕事ができるというのが今までです。こんなばかげた話なんですよ。こんな話は、本当は諮問会議なんかでやると、あっという間に終わるんですけれど、今の人はやらないですね。本当にでたらめな話です。

昨日も竹中さんが夜、ニコ生で一緒に話をしてくれと言ったから、消費税の話は言いました。そこでちょっと言ったのは、確かに今の段階で、秋に消費税の凍結法案なりスキップ法案が出る可能性は少ないです。ただ、普通に経済学的に考えたら、金融緩和の効果は二年経たないと出ないわけでしょう。いわば「巡航速度」に達しないうちに増税をやるというのはいけない。

それから二段階で増税するという話もありますが、もし本当に必要ならあんなの一回でやればいいだけです。二段階でやろうと、後でまとめて上げようと、財政上の影響ほとんど一緒です。民間企業だって二回じゃなくて、一回であれば簡単でしょうというロジックを誰かが使うかどうかですね。政治では、それはあり得ます。そういうロジックを使っていって、大きな問題になったら面白いなと思います。もちろん増税なしのほうがいいですが。

安倍さんも、いろんなことはわかっているんだけども、羽交い絞めになっているわけです。それは私もよくわかります。今の政権の中でまともな人って実は二人しかいなくて、安倍さんと菅（義偉・官房長官）さんだけです。他は、いない方がいいぐらいの、とんでもない人、足を引っ張る人ばかりですよね。あの二人だけは結構わかっているけれども、二人でやっているからなかなか大変です。本当は周りの人がもっときちんとやらなきゃいけないんだけど、全然やらないから、消費税はセットされつつありますね。

ただ、一縷の望みはあると私は思っているから、いま言ったような、増税なしならおつりがくるといった話をしています。増税してもバラマキするといった歳出権を高めるような話は、みんな喜びますね。政治家としては待ってましたと言わんばかりに喜びます。彼らはそれが商売ですから。でも本当はそういうのは諮問会議かなんかで、有識者がきちんとやるべきだということです。

所得捕捉で税収はアップする

高橋 消費税の話は理論的にも本当にばかばかしくて、消費税のでたらめって山ほどありますけど、例えば、世界の中で社会保障目的税として消費税を使っている国はないですよね。それだけでも、でたらめさはよくわかると思います。

日本は所得捕捉が全くできてない。だから、例えばベーシックインカムなんかも全然できないですね。一番最初にやるべきことは納税者番号制度なんですけど、番号よりももっと重要なのが歳入庁の設立です。しかし、これは絶対やらないですね。歳入庁を作らない限り、基礎的データがないから、社会保障の所得再分配政策はほとんどできないんです。いくら学者がいろんな絵を描いたってできない。でも、それが現状ですね。実はその歳入庁と納税者番号を導入すると、消費税のアップが必要なくなるぐらいに税収は上がってくるんですよね。しかし、このことも絶対言わないというのが現状ですね。

消費税のでたらめなんて、理論的な話で言うともっとたくさんあります。税法の学者がどうして言わないのか理解に苦しむぐらい、消費税増税は理論的にいい加減な話ですから。その意味では、あんなのはスキップして当たり前なんです。ただ、こんなこと言っていると「おまえもな、わかってるだろう、ちょっとおとなしくしたら」といつも言われます。わかってるから言ってるんですけどね。

田中 なるほど、夜道を帰るときは注意してくださいね（笑）。

日銀の「抵抗勢力」

田中 先ほども触れた日銀の抵抗というところですが、やっぱり具体的に、そういう人もいるんじゃないかと思うんですよ。最近しょっちゅう話題にしているんですけど、雨宮（正佳）さんとか。高橋さんは大学で同級生でしたよね。

高橋 彼は日本銀行の選ばれしプリンスなんです。それは人事を見ればすぐわかります。若いとき大蔵省（当時）に出向に来るんですが、それは本当に選ばれし人間で、何代かに一人だけです。そして、そういう人はほとんど日銀総裁になります。福井（俊彦）さんもうだったし、他にもいます。雨宮さんは、大蔵省に出向したときにたまたま私と一緒の仕事だったんで、その後ずっと仲良くしていますが。日本銀行は政治回りが弱いから、彼は政治回りばかりです。

田中 僕は民主党の馬淵（澄夫）さんと割と親しくて、彼のところに雨宮さんがいたときに、僕は馬淵さんにアドバイスしたんですよ。雨宮さんという人は、多分「私ども日銀は、リフレ派の考え方とほとんど同じです」と言うに違いないですよと言ったら、やっぱりそのまま言ったそうですね。

高橋 それは福井さんもそうで、金融学会のときにリフレ派と「九五％同じです」と言った。でも、残りの五％が一番重要なんでね。「九五％同じでございます」と平気で言うけれど、一〇〇％とは言わない。

でも、私なんかも仕事上、政治回りするんだけど、自民党の某有力なところへ話しに来てくれと言われて行くと、雨宮とかち合ったりして、それで二人でやってくださいという話が多いですね。

リフレと長期利子率

田中　ポール・クルーグマンが、今回の株価の乱高下に対して、彼の言う「リフレ・レジーム」が揺らいでいるのではないかと言っていますね。雨宮日銀理事の暗躍と言いますか、暗躍どころか国会で公言していますが、長期の国債の利子率をずっと今ぐらいの低い水準に抑えていこうといった発言によってリフレ政策の枠組みが左右されているんじゃないかと。それについては、原田さんはどうお考えですか。

原田　先ほど言いましたが、それはできないということです。つまりリフレになって物価が上がれば最終的には金利は上がるからです。逆に言えば、永久にデフレを続けていくつもりですか、ということです。

私自身は、財政赤字は大したことではないと思っていますが、デフレだと分母のGDPはどんどん下がって、分子の国債残高はどんどん増えていくわけです。そういう状況の中で永久にデフレを続けることかできるのかといったら、できないだろうと思います。ただ、あと一〇年は大丈夫かもしれないし、二〇年大丈夫かもしれない。役人は、二、三年よければいいわけでしょうけれど。

別にデフレであろうと、長く続けていられるなら、それでハッピーだと思っているのではないでしょうか。後のことは知らないし、そもそも金融政策で物価を動かすことはできないと言っているのは、政策担当者が、何が起きても俺のせいじゃないと言っているとだけなんですね。ただ、何が起きても俺のせいじゃないけど、俺たちの特権は絶対渡さないぞということです。彼らの言っていることはこれだけです。

それから、ばらまきについて言えば、要するに、政治家はばらまきが嫌いなんです。たしかに、ばらまいたら、その瞬間は、国民は喜んでくれます。だから自民党は、二〇〇九年の選挙では、民主党の子ども手当と農家戸別所得補償に負けたと思っている。ばらまき政策によって負けたということは、ばらまき政策が喜ばれたということですね。ただ、喜ばれたけれども、その恩はもう皆さん忘れてるでしょう。民主党に次の選挙で入れる人は、五%ぐらいしかいない。でも、公共事業でお金を配れば、忘れられない。だって公共事業でお金をもらって、その後一生懸命選挙活動しなかったら、おまえ何やってんだと怒られちゃうから。常に、はい、感謝しておりますということを行動で示さなきゃいけない。だけど、俺に票を入れなかったから子ども手当やめるぞって言えないじゃないですか。だから、政治家は裁量権のある歳出が好きなんです。役人もそうです。

三本目の矢の成長戦略でも、規制緩和をすれば瞬間的には喜ばれると思います。楽天の社長も喜ぶと思いますよ。でも、そんな恩義はすぐ忘れます。でも、常に何かもらっているということになれば、言うことを聞かざるを得ないから、そういうものが政治家は好きなんです。だけどこれって、しょうがないですね。それをどうやったら変えることかできるのかというのは、非常に難しい。

質疑応答

最悪のシナリオはどうなるか

田中 四人からの話はこの辺にしまして、残りの時間はフロアの皆様の方から質問をいただきたいと思います。まず、私の目の前の経済評論家の上念司さんがぱしっと手を挙げましたので、どうぞ。

〈質問者1〉ありがとうございます。経済評論家の上念司です。質問は非常に端的ですが、消費税の増税を決めて、来年の四月から三%上がったとして、対抗措置として減税も公共事業もやらないという最悪のシナリオが実現した場合、アベノミクスはどうなるんでしょうか。その点、ぜひ全員の御意見をお聞きしたいと思います。よろしくお願いします。

田中 まず、ナンチャッテ物価上昇が起こりますよね。三%そのまま上がるんじゃなくて、分散しますけど、全くその分の購買力を伴わないような物価上昇が見られる。過去の経験から言うと、橋本内閣のとき（消費税率を五%に引き上げ）は、アジア経済危機が重なっているのではっきり影響が分析できないという面倒臭い話なんですが。ただでさえ皆さんの財布の紐がきついときに増税をやれば悪影響があるに決まっているのですが、それが一体どのぐらいのものなのかは、はっきり言えばやってみなければわかりません。だけれども、増税をやるタイミングでは全くないのは確かですよね。みんなの財布の紐が緩んだとき、少なくとも二年から三年先に延ばさないといけません。もう日本経済には、そんな社会実験をやる余裕は全然ないですから。

片岡　やはりかなりの影響が出ると思います。アベノミクス自体の今のところの流れを考えてみると、投資自体は減少率が低くなってきましたが、まだ増えているわけではないですね。ただこれは時間の問題で増えてくるとは思います。今回、アベノミクスで経済がよくなってきている基点は、消費の増加です。消費の増加には資産効果も含みますし、経済がよくなるだろうという前向きな見通しから、これまではデパートのフードコートで食事していたのが、ちょっとファミレスで景気よくステーキ食べようか、といった動きもあったりして、消費が伸びてきているところが、一つのポイントだと思うのです。

消費税増税は、一般財よりむしろ耐久消費財、それから住宅投資といったところに主に悪影響が出てくると思いますが、来年四月から増税を行うと、消費や投資が盛り上がって、デフレ脱却しようというタイミングで経済に冷や水を浴びせることになります。影響が全くないと言う方も一部いるみたいですが、大きいでしょうね。

ちなみに数字感としていえば、ESPフォーキャストという形でエコノミストの予測をまとめたものがありますが、消費税増税をすると、増税後の二〇一四年第2四半期のGDPがマイナスになるという予測値がでています。それくらいの感じが基準になってくるのではないでしょうか。私自身は、消費税増税は非常にリスクが高いと思っています。

原田　私は、一%ぐらいGDPを押し下げる効果があるだろうと思っています。だからそれを総理がどう考えるかで、そのぐらいならやるというのか、あるいは止めるのかわかりません。

ただ、アベノミクスでうまくいくんだという雰囲気のときであれば一%ぐらいのマイナスの効果は乗り越える、つまり二%か三%成長するところが一%とか二%に落ちるということですが、これはうまくいかないのではないかとみんなが思い出しているときにやれば、ゼロになるとかそういうこともあるだろうと思います。

高橋 実際の数字とちょっと違った思考訓練みたいな話をしてみます。先ほどのいろいろな式で出していくと、何も変化がなければ二年後ぐらいに名目四%か五%で、インフレ率が二%ぐらい、ということは実質二%か三%というレベルになるんです。それは二年後にそうなるんですけど、普通はこういう変化って線型的に起こるんじゃなくて、だんだん加速していきますよね。ですから一年目を見ると、実質は、これは実際の数字じゃないですよ、頭の中の話ですけど、一%ぐらいも高まっていない可能性の方が高い。そのときに消費税増税で実質成長率を一%下げるということになると、マイナスになるというのが普通の理解だと思います。

スピードが上がる途中の段階でブレーキを踏めば、不安定になるのは当たり前ですね。そのときにマイナスという数字が出てくるのは、そんなに変な話じゃないんですね。直線的に徐々に上がっていくというのでしたら、プラマイゼロみたいな話になるんですけど。だからそういうリスクがあるんじゃないかなと、正直言って思います。

それだったら、本当に必要なら一年スキップして、巡航速度になってから増税をやればいいですよね。大体こういうのは、巡航速度に達したらちょっとスピードが出過ぎるくらいになるんですけど、そのときに増税をやるんだったら、ちょうどいいんじゃないかな、と。そっちの方が、多分税収も高いんじゃないか。たぶん二年末と増税は必要でなくなるくらいに税収があがりますけどね。

だから二段階に分けて増税するというのは、変なスケベ心でやってるんですよ。単なる政治算術ですから。私は政治をやってるからわかりますけど、経済学のエコノミストから見れば、何で二回なの？　巡航速度になってから一回でいいでしょう、という議論ですね。巡航速度になる前にブレーキを踏めば、予想外のことが起こる可能性があります。そのためにまた歳出が必要になるという話ですと、もう政治家も役人も喜んじゃいますけどね。そんなのはとんでもない話です。こういうことを選挙のイシューにしたらいいんじゃないかなということは、可能性としてはあります。

安倍さん自身もそれはよくわかっているわけで、増税をやりたくはないんですよ。やりたくないんですけど、法律が通っちゃっているから、だから大変だという話なんです。それでも政治というのは何があるかわからないんで、一回政治で決めちゃった話ですから、止めるのも政治しかない。今のパワーですとなかなか難しいですが。

繰り返しますけど、上がり方が加速的に上がっていくと仮定すれば、途中の段階でマイナスの効果を与えればゼロどころかマイナスに下がる可能性があります。景気がよくなると思うと好循環でどんどん回っていくんですけど、逆の方向の力を与えると、悪循環に転ぶ可能性はあります。

全品目軽減税率という奇策

〈質問者2〉今日はすばらしいお話をありがとうございます。二点ございます。一点目は、消費税増税のお話をうかがって絶望気味ですが、前に高橋洋一さんが「全品目軽減税率」というアイデアを話されていたので、もう撤回する法案を通さないと止めるのは無理ということであれば、全品目軽減税率が可能なのかというのが一点目です。

二点目は、浜田宏一先生がインタビュー（本書所収）のなかで、「岩田先生が日本銀行の中に入られることで、日本銀行の企画局の支配を排することにつながると思います」とおっしゃっていますが、昨今の日銀政策決定会合ではリークが減ったというか、地ならしの観測記事と違う内容を日銀が発表することが起こっております。日銀法の改正であるとか政策審議委員の選び方といったところの議論は最近はトーンダウン気味のようですが、金融政策というアベノミクスの第一の矢を守る上で必要なことは何か、御所見をいただけたらと思います。

高橋　国会で、あまり軽減税率とうるさいから、思わず言ってしまった不規則発言なんですけどね。でもこれは実は役所の方もよく考えていて、最初に三％上げるときに軽減税率はやらないんです。やると私みたいに全品目やれと言って、その法案を出してきたら、それを全品目にするのは簡単にできちゃうんですね。だからやらないで、軽減税率は二回目にやるというスケジュールになっています。思わず手の内を言ってしまいましたが、言わなければ軽減税率を出してきたかもしれないので、言わない方がよかったなと後で後悔したんですけど。逆手に取って、法案上、「全品目」と直すのは簡単ですから、逆手に取られるのが怖くなっちゃったんでしょう。だから、とりあえず軽減税率は、来年の四月の税率アップのときには多分やりません。もし軽減税率が出てきたら、すぐに、全品目に書きかえてどうかと、いろんな政党に言おうかなと思っています。

日銀の制度改革

田中 では、浜田先生のインタビューは片岡さんが聞き手だったので、リーク問題については片岡さんから。

片岡 私自身はリークがどうとかといった話は高橋さんのようによく存じ上げているわけでは全くないのですが、現象面から考えてみると、「白い日銀」の時代、つまり白川さんが総裁のときにはリークがたくさんあって、「黒い日銀」、つまり黒田総裁になったらかなり減っていますよね。黒い日銀になっても、ちゃんと日銀が変われるのかという心配を私もしていたのですが、結果としてみれば、四月四日に異次元緩和と言われる大胆な金融政策が出てきて――私どもから見れば異次元でも何でもないんですが――、やはり予想以上に総裁、副総裁というトップが交代することが大きなターニングポイントなのだなと思います。トップがしっかりしていれば日銀は変わっていくのだろうなと、そういうふうに思います。

おっしゃるように、日銀法改正とか、審議委員をどうやって決めるかといったところは、今はトップがちゃんとされているので良いですが、たとえば五年経ったときに、黒い日銀が白い日銀に再び戻る可能性もあるわけですね。そういった意味では、制度的に対応していく必要があるだろうと思います。私自身は日銀法改正をすべきだと常に思っていますが、たしかに政治のほうでは日銀法改正という話がトーンダウンしているなという印象はあります。

メディアをどう変えていくか

〈質問者3〉フリーライターの者です。日銀の記者会見に昨年から行くようになったんですが、白川さんの時代は情報を教えてくださいという質問ばかりでしたが、黒田さんになってから、長期金利がどうとか、問題がありますみたいな追及型の質問に変わったんです。何というか、メディアの人たちの気持ちが全然変わってないんですよ。数字を出して理論的に説明したとしても、彼らはわかってくれない。ただ、メディアの言説というのは、この先の金融緩和を支えるにも重要だと思うので、今後も気持ちをわかってもらうにはどんなにすればよいか、と。皆さんはずっと戦いつつやっておられると思いますが、どのようにメディアの方の気持ちを解きほぐしていけばいいかを教えていただきたいと思います。

田中 原田さんに代表してお答えいただきます。

原田 追及型の質問をしているメディアの人は、私は日銀のスタッフから情報を得ていると思う。だからしょうがないですね。こういう問題があるんだよと言われて、メモにとって、それを会見で聞いているということです。これ自体は、本来は正しいジャーナリストのあり方です。つまり、ジャーナリストは専門家ではないですから、いろんな専門家の意見を聞いて、こっちの専門家に聞いたことをあっちの専門家にぶつけるのは、正しいやり方です。ただ、ちょっと取材源がゆがんでますね。ゆがまない取材をしてほしいなと思います。

ただ、実際に政策がうまくいけば、新聞記者の方も変わってくると思う。だから、何よりもうまくいくことが大事ですし、うまくいくと思っています。

まあ、昭和恐慌からの回復のときもメディアはだめだと言っていたということですから、今回もだめかもしれませんね。大企業のマスコミの人たちの生活感覚はまた違うんです。大きな組織にいる人たちは、自分たちの組織は壊れないと思っている。その壊れない組織の中にいる人たちは、物価が下がると、得をすると思う。それに、新聞の読者はもう平均年齢六五歳の年金世代ですから。年金っておかしくて、物価が上がると年金はスライドして上がるんだけど、物価が下がっても年金はマイナスにはスライドしない。今回はちょっとすることになりましたが。だから年金世代は、物価が下がると得をする。そういう生活実感の中で生きている人たちです。そういう生活実感の中で生きている人たちが、どうして日銀の人を頭がいいと思い込むのか、私にはわからないですが、何となく自分がわからないことをいろいろ教えてくれる人が便利だから、その人から聞いた質問をする。それが、何となく自分の生活実感にも合っている。そういう構造だと、確かになかなか変わらないとは思います。ただ、金融緩和で生活がよくなって、働いている人が元気になれば、少しは変わるのではないでしょうか。

新聞ってデフレ大好きな論評がいっぱい載ってますが、今、ブランド品の広告とか、新聞に増えてますね。新聞記者は、自分たちの給料があれから出ているんだという感覚を持たないんですね。つまり、極めて生活感のない人たちがマスコミで、だから変わらないということではないかと思います。

リークの構造

田中　新しい日銀に変わって、旧来は接近してこなかったような、僕から見ると「日銀寄り」のメディアの人たちが僕たちに取材に来たんですよ。そういう記者の人たちが遠慮しいしい、最後に何を話し始めるかというと、いわゆる旧来の日銀の人から聞いたような話を「蔵出しですが」「耳寄りな情報ですが」

と、僕たちに教えるわけですよ。恐らく、僕たちが喜んで、その見返りに何かを言うことを期待していたんですね。それが多分、リークの構造につながっているんじゃないかなと思うんですが。僕も紳士ですから、そういった旧日銀理論を聞いても、その席では「ふうん」と言っておいて、家に帰ってから携帯に電話して、もうその取材は以後一切お断り、「二度と来るな」とどなったことが二回ほどありました。ですので、もともと僕の方からリーク情報はないですし、起こり得ないんですが。ただいままでリークが起きたのは、そういったものなのかなと思いました。

あと、いまのメディアが戦前とちょっと違うのは、先ほども冗談で言ったんですが、戦前は『中外商業新報』（現在の『日本経済新聞』）と『東洋経済新報』がリフレ寄りで、毎日新聞社が出している『エコノミスト』とか、『ダイヤモンド』は反リフレだったんです。今はこれが完全に逆転していて、どちらかというと『エコノミスト』と『ダイヤモンド』の方がバランスよく私たちの話を出してくれますが、『東洋経済新報』は、「リフレは批判してあたりまえ」みたいなモードです。そういう状況です。

経済のわかる政治家とは

〈質問者4〉悪名高いマスコミで報道の仕事をしている者です。最近まで政治回りの取材をする記者をしていたんですが、政治家と毎日会っていると、皆さん「経済をわかっている」ということを話すのが大好きで、ほかの政治家の悪く言うときには「あいつは経済をわかってない」という言い方をする方が非常に多い。経済をわかっている、わかってないという話が多いんです。それと同時に年末年始ぐらいから、「私は山本幸三学派だ」なんて言う方も急に増えてきたりして、経済をわかってる、わかってない話というのはずっとあると思うんです。皆さんから見て、経済がわかっていると思う方、あとはこの議員の発言に注目しているという方、安倍さんはもちろんですが、ほかの方で、もしいらっしゃれば伺いたいと思います。

田中　経済通の与謝野馨以外の名前を挙げていただきたいと思うんですが（笑）、高橋さん、いかがでしょう。

高橋　わかってる、わかってないって相対的な話なんで、全てをしゃべれる人はまあいないでしょうね。その中で比較的まともといったら、はっきり言えば、安倍さんは金融政策は本当にかなりまともです。これは国会で私の名前も出して発言してましたけど、かなり勉強したんですね。山本（幸三）さんも、リフレ的なことで言えばそうですね。あとは、みんなの党の渡辺喜美さんも、比較的間違いが少ない。もちろん、専門家から見たらとんでもないことも言うんですけど。金融政策では、この三人ぐらいですかね。あとは維新の会でいえば、小沢鋭仁さんはよくわかってますね。民主党では二人ぐらいしかいなくて、さっきの馬淵さんと金子洋一さんぐらいです。

この方々は自分の頭で考えているから、金融政策で言えば、まあ今まで比較的きちんと言っていたし、にわかで言ってる話じゃないです。いま挙げた人はかなり古くて、大体一〇年近く昔から私も知り合いですけど、かなり首尾一貫して言っていた人たちです。だからそのあたりは多分普通に議論できるし、国会の質問も結構きついですよね。きついというか、当たり前なんですけどね。

だから経済をわかってる、わかってないというのは、国会で何をしゃべったかを見ればすぐわかりますよ。ほとんど質問してない、あるいは質問できない。国会議員を評価するのは、国会での質問と、質問主意書という文書でどれだけ質問したか、あともう一つ、立法をしたかと、この三つだけで評価できます。その三つを見れば、口だけで言っているのかどうかというのはわかります。いま言った方々は、立法したか、口頭できちんと質問したか、あるいは質問主意書できちんと質問したかというのはみんなあります。だから、誰がわかっているのかと人に聞くのもいいですが、もし国会議員の評価をするんでしたら、その人の今まで出した立法、それとその人が国会でどういう発言をしたか。これは、国会の議事録で全部検索できますね。それと質問主意書で、どういう質問をしてどういう答えをもらったかというのも、国会で全部検索できますので、そういうのを全部調べてみればわかると思います。

インフレ率の変動について

〈質問者5〉五月の下旬からいわゆる予想インフレ率というか、ブレーク・イーブン・インフレーションが、一・八ぐらいまでいったものが下がってきています。これの原因をどう考えられるかをお教えいただきたいんですが。

田中 それは、各種推計もされていますので片岡さんが答えていただければ。

片岡 大きく二つの要因があると思います。五月の政策決定会合前ぐらいから緩やかに下がってきているると思うのですが、一つは国内要因で、高橋さんも以前書かれていましたが、「第四の矢」として財政再建みたいな話があって、それが景気を押し下げるという予想とともに予想インフレ率が下がっているのではないか。こうした経路が、可能性としてはまず考えられると思います。

もう一つは、先ほど私の資料でもお示ししましたが、予想インフレ率、ブレーク・イーブン・インフレ率自体は、株や為替の動きとの連動性が非常に高いのです。特に去年の一一月一四日以降、相関をとってみるとかなり説明できるという状況です。ひるがえって株価を上げている要因は何かと考えると、外国人の投資家がかなり買い越しをしていて、これがずっと株価を押し上げているわけです。ブレーク・イーブン・インフレ率自体も、これは市場参加者としては海外の方がかなり多い。ですから、海外要因というのが一つ大きくきいていると思います。

またバーナンキのせいという言い方は悪いかもしれませんが、出口戦略みたいな話を市場関係者の中でいろいろ言われて、そういった中で株安みたいな話が出てきて、それが予想インフレ率を下げてきているところがあるんじゃないかと思います。

これがずっと下がっていくということは恐らくあり得ないと思っていますが、ブレーク・イーブン・インフレ率はかなり振れ幅が大きいという特徴もあります。ですから一旦、下げ止まって、また再び上がっていくのではないかと思いますね。

なぜ上がっていくのかということですが、結局四月四日に政策決定会合で黒田さんが述べたポイントは、二年間は少なくとも金融緩和をやめないと言ったことです。そしてマネタリーベースを二倍にしますと言っています。なおかつ直近の統計を見ると、マネタリーベースは線型的に二倍までずっと増やしていくときのトレンド以上に増やしています。円を刷らせることについて、日銀に勝てる機関はどこにもありませんので、要はFRBがやったのと同じように、FRBがかけた方向に乗らなければ、個人の投資家は確実に負ける。そういうことが実績として人々にきちんと意識されるようになってくれば、結果が予想を引き上げるという逆の径路も強まっていくと思います。

高橋 私は物価連動債をつくったから予想インフレ率を結構昔から見てるんですが、予想インフレ率って上がったり下がったりが結構あります。ですから日々の数字を見るんじゃなくて、ちょっと長い期間の平均かなんかで見た方が実はよくわかります。

あともう一つ、予想インフレ率の変化は、マネタリーベースからちょっと遅れるんです。私のレジュメに書いたように半年ぐらい遅れて増す。これは世界でも大体そうなんですが。ですから、四月から増やしているのに、今こんなに変化が出るはずないんですね。だから先に出るべきものを先取りして、今上がっているという感じがかなりしました。

実はこれは株価も似ているんですけど、先取りして、行き過ぎて、それでちょっと下がるというのは、マーケットを見ているとよくあります。ただ、それをそういうふうに説明してしまうと元も子もないから、もっともらしくいろいろ言わなきゃいけないので私もちょっとは言いますけれど、でもデータだけ見ているとこんなことは前もあったなと思います。

インフレ期待そのものの性格として、結構粘着性があると言われていて、本当はそんなに動かないはずなんです。ただ、マーケットはそんなこと言っていられないから、どんどん先取りしていくというのはよくあります。

最近、物価連動債をまた出すことにしましたけど、財務省のあほんだらというか、この人たちがやめちゃったんで、もうすごく大変なんですよ。本当は、どんどん先物をつくって、増やしたらいいんですよ。それをやらないから、それに輪をかけて現物の動きだけ見るとすごく振れるようになっちゃっていますね。

ですから、予想インフレ率を見るときには、これだけで見ているわけじゃなくて、ほかのも全部見るんです。ただ、この指標は確かに動きが非常に激しいわけですが、それでも例えば為替の予測力などがあるから、それで私は使っているというわけなんです。

それでも、量的緩和をしたのは四月からなのに、どうしてこんな早く出るのかというのは不思議に思っていました。株価も同じで、考えてみるとすごく前倒しですよね。どんどん先に飛び込んでいる。はっきり言えば、このマネタリーベースを増やしますというのは、手の内を全部言っているような話ですから、業者の人からすれば必死になって先取りをするのは当たり前ですよね。でも先取りし過ぎたらそんなにうまくいかないからちょっと調整があるので、そういう意味で上がったり下がったりするでしょう。

だから、こういうのを見るときには移動平均で見たほうが実は間違いが少ないと思います。どうもメディアは毎日の上がり下がりだけを見て、下がったところだけ書きますが、あんなものは移動平均しちゃうとぐっと上がっているだけなんです。ああいうのにだまされるというのは、だます方もあほですが、マーケットにはだまされる人も結構多いですね。さっきもちょっと言ったんですが、記憶容量が少ないんですよ。いつも直前の話だけで判断しちゃう。こういうのはデータを過去から全部追ってみて、それで動きを見ていくというふうに見た方が動き、全体の方向は間違いないと思いますよ。

原田 私からもひとこと。高橋さんがおっしゃるのもそうかもしれないですが、もうひとつ、金利が上がるのを日銀官僚がすごく心配していて、その官僚の力が上まで届くかもしれないという予想もあるのではないかと思います。要するに、リフレをすれば最終的には金利が上がるのですから、金利を上げないようにするということは、リフレをしないということです。そうすると、金利の上昇をすごく心配しているとか、金利の上昇がまずいとかいうことは、リフレが途中で止まってしまうとか、本気でやってくれるのかとか、そういう心配が表れている可能性もあると思います。

田中 ツィッターで某通信社の記者が、ＢＥＩが急激に落ちたから、日銀の幹部の首をすげかえろという噂が流れているとかつぶやいているのを見ましたが、少なくとも、そういうのにだまされないようにお願いいたします。

ほかにどうでしょうか。

歳入庁とは何か

〈質問者6〉先ほど高橋さんが歳入庁というお言葉をおっしゃっていたと思います。収入をデータベースにため込んでいくようなことが、実際にできるのか。具体的にはどのようにしていくのか。あと、それはやっぱり実現不可能と高橋さんはお考えなのか、というところを、ちょっと教えていただければなと思います。

高橋 歳入庁という話は、最後には国税庁と社会保険庁を合体するという話になるんです。実は世界的に見て、そうじゃない国はまずありません。この間、中国の人に言ったら「中国でもやっているんですけど、どうして日本はやらないんですか」と言われて、ちょっと恥ずかしかった気がしますね。ヨーロッパはほとんどやっていますし、共産圏もみんなやっています。それは当たり前なんです。なぜかというと、社会保険料と税金は法的性格が全く一緒だから、一緒に徴収するのが当たり前なんです。相互に情報を交換してやることで実は非常に徴税効率が高まるんです。

「消えた年金」という話がありますが、あれは、払っているつもりだったのに実は会社が社会保険庁に払ってなかったというのが結構多いんですけどね。そんなのは、源泉徴収税と全く一緒で、企業の調査をして源泉徴収を調べる手間と一緒に社会保険料を調べればいいだけなんですね。そんなことすらしていないから、結局徴収漏れがものすごく大きい。

なぜそれをやらないかというと、国税庁というのは独立した組織に見えるんですけど、実は財務省の完全な支配下にあるんです。これは、日本で一番強力な権力を持っています。例えば東京国税局の調査査察部長と聞いたら、みんな震え上がるような人ですが、彼はその情報を持ちながら次のポストである官邸に異動します。政治家にしてみたら、そういうのを部下にするのはものすごくありがたい話で、もちろんそれを財務省もよく知っているから、もう国税庁だけは絶対死守します。実は国税庁にもキャリアがあるわけですが、国税庁長官には財務省キャリアが必ずなります。国税庁キャリアが長官になったことはない。国税庁の採用した人は財務省が全部押さえている。はっきり言って、部長級は一人除いて全員財務省出身者です。そのぐらい支配しているのはなぜかというと、税務情報は、政治家にすごいにらみがきくから絶対離したくないんです。

歳入庁になったら、その支配が多分崩れるでしょう。なぜかというと、国税庁と社保庁と一緒になったら、歳入庁の五人に一人の職員は社保庁の人になる。人事ができなくなるというのを最高に恐れているから、世界でどこでもやっている制度なのに、これを実はやろうと思う政治家がいないんです。だからできない。

でも単に二つの組織を合わせるだけですから、法律的にはすごく簡単です。これにチャレンジしたのは、実は私の知る限り安倍さんしかいない。でも安倍さんは前のときにそれをやって、見事に足をすくわれて敗れ去りましたね。それをもう一回やるかやらないか。彼は反骨精神があるから、やる可能性はあると私は思っているんですけど、でも今のところやっていないのは事実ですね。民主党もやろうと思ったけど全部やめてしまった。民主党のマニフェストを見ると、公約に載っていたんですが落しちゃったんです。とてもじゃないけどできないから。これをできるぐらいの政治家が出ると、面白いなと思いますよ。

今のところこれをやろうという政党は二つしかなくて。維新とみんなの党だけです。タブーに挑みたいという気持ちがあるんでしょう。彼らがすごく大きくなったら、可能性はあると思いますが、今はもう支持率が落ちてしまっているから可能性はない。その意味で、可能性を問われたら、政治的には今すごく小さくなっていますね。ただし、そういう遺伝子を持っている政治家が何人かいるから、私は可能性は捨ててないという状況です。

名目GDP水準目標政策の検討を

〈質問者7〉今日はどうもありがとうございました。片岡先生の紹介された表「オープン・レジームとクローズド・レジーム」に「NGDPLT」というタームが出てきていますが、このフレームワークについてどうお考えになられるかをお聞かせ願いたいというのがひとつ。それから、NGDPLTとか、あるいは、四％とか高めのインフレターゲットを設定することで、消費税の悪影響を抑えるようなことが可能だとお考えかどうかお聞かせ願いたいと思います。

片岡　ありがとうございます。NGDPLTとは「名目GDP水準目標政策」というものですね。私としては消費税増税にすぐ踏み込むべきではないと考えていますが、ただ、一方で財政再建はいずれにしてもやっていかなければいけない問題だと思っています。そのときに一つの核になってくるのが、五年後、一〇年後の名目GDPの目標水準を決めて、日銀と政府が名目GDPの目標水準達成にコミットして、協力して政策をやっていくという枠組み（NGDPLT）です。いずれ日銀と政府はこうした枠組みを作るべきだと考えています。

ただ、それを今の状況ですぐに求めるのはちょっと酷かなと思います。というのは最初に原田先生が紹介された、GNIを一五〇万円アップしますという話がありましたが、これは実際のところ名目GDP成長率三％を安定的に達成するということに等しくなります。将来的にインフレターゲット二％が確実に達成できるようになったら、もちろん増税しないといけないタイミングがあるわけですが、そのときに増税の影響を最小限に食い止めるために、金融政策としては、名目GDPの水準を維持するようにちゃんと緩和しますとか、そういったことが弾力的にできるような枠組みとして検討に値するのではないかなと思います。

田中　簡単に言うと、景気刺激策は今のインフレ目標だけではなくて、まだまだいろいろ選択肢があるということで、希望を持っていただきたいということだと思います。

今日は、長い時間にわたって、さまざまな論点に触れつつ、ちょっと専門的な話もあえてした面もありますので、わかりにくいところもあったかと思いますが、今日は長い間、ご清聴ありがとうございました。

（二〇一三年六月一七日　於・アルカディア市ヶ谷）

第Ⅳ部　消費税増税ショックと今後の経済対策

消費税増税ショックと今後の経済対策

片岡剛士
田中秀臣

日本経済を不安定化させる消費税増税

安倍晋三首相は二〇一三年一〇月一日、現行の消費税（五％）を引き上げ、一四年四月から八％とすることを公表した。首相によれば、デフレ脱却（経済再生）と増税による財政健全化は両立するという説明だった。首相、政府にも消費増税が家計に負担を与えるという認識はある。その対策として、投資減税や賃金をアップした企業への減税などの対策で一兆円、その他に一三年度の補正予算で五兆円規模の経済対策を打つとも表明した。

われわれはこのような安倍首相の経済スタンス（デフレ脱却と増税による財政健全化との両立を狙う姿勢）は、首相の思惑とは異なり、日本経済を不安定化させるものであると、厳しく見ざるを得ない。

その最も大きな理由は、本書の編者まえがきで書かれたように、デフレ脱却を目指すリフレ・レジームと、財政再建を目指すデフレ・レジームとのレジーム間競争が深刻化してしまい、日本がこの先どうなるのか、公衆のマインドが不安定になり、それが経済の不安定にも寄与してしまうからだ。

ここでは、今回の安倍首相の二兎を追う戦略（デフレ脱却と増税による財政健全化との同時進行）の問題点を指摘し、またその「被害」を最小にする政策を提言したい。

日本経済の現状

八％への消費税率引き上げが、どのようにデフレ不況脱出を台無しにしてしまうのか。その点を順にみていこう。

まず日本経済の現状を確認しておく。二〇一三年四〜六月期の実質GDP成長率（二次速報）は前期比＋〇・九％（年率＋三・八％）、政府が特に政策目標として重視している名目成長率は、同＋〇・九％（年率＋三・七％）であった。政府の目標は、名目経済成長率三％なので、三・七％という数字は、かなり好スコアに思える。

アベノミクスの第一の矢（日本銀行の大胆な金融緩和）が効果をあげて、いち早く株高と円安がもたらされた。このことが一般の家計や企業の保有する資産価値を高め、同時に企業の収益を大幅に改善した。民間消費や住宅投資は増加傾向に転じて、それがさきほどの実質と名目それぞれの経済成長率の底上げに貢献しているのだろう。また二〇一二年度の補正予算による公共支出の増加（第二の矢）もこの景気改善に寄与している。失業率も政権発足時の四・三％から三・八％まで順調に低下し、実体経済の改善は、民主党政権時にくらべるとはるかに成績のいいものになっている。

ただし不安要因も依然継続中だ。その最大のものは、日本がまだデフレにはまったままでいることだ。日本銀行はインフレ目標として（二〇一三年四月からおおよそ二年で）物価上昇率が二％に到達することを掲げている。現在の物価上昇率をみてみよう。消費者物価指数（総合）と生鮮食品を除いた消費者物価指数でみた物価上昇率は、デフレから脱却してそれぞれ〇・九％、〇・八％となった。しかし他方で、デフレ脱却を考えるうえでより重要な指標である、食料品とエネルギーを除いた消費者物価指数（コアコアＣＰＩという）、そしてＧＤＰデフレーターでみた物価上昇率は、改善しているとはいえ、それぞれマイナス〇・一％、マイナス〇・六％のままである。これらの指標が重要なのは、コアコアＣＰＩは、（円安に影響されるエネルギー価格を除くなどして）賃金や所得の上下動で、モノやサービスの売れ行きがどれだけ好不調かを示すからだ。他方で、ＧＤＰデフレーターの方は、名目経済成長率と実質経済成長率の差で定義されており、おおざっぱにいって国内の総所得の動きを追う指標になる。両者ともに、この二〇年近いデフレ不況の中で停滞し続けたものである。それが改善しているとはいえ、まだマイナスの領域である。このことは、経済運営において慎重にも慎重を期すべきことを要請しているといえよう。

そもそも名目ＧＤＰ成長率に改善の兆しがあるとはいえ、名目ＧＤＰの水準そのものは、一三年四～六月期は四八〇兆円であって、リーマンショック以前の〇八年一～三月期の五一三兆円をはるかに下まわり、またその水準自体は二〇年前と同じである。このことが多くの人々に景気回復の実感を乏しいものにしている核心部分だろう。

念を押すが、アベノミクスによって着実に改善してはいてもデフレにはまったままだ。そのため、堅調に推移している消費や投資などは、まだ完全復活のレベルではない。実際に、デフレ不況を量的に表すデフレ・ギャップという指標がある。これは消費や投資などの総需要（社会全体の購買力）が、どれくらい日本経済の潜在能力に不足しているかを示すものだ。このデフレ・ギャップが、いまだ八兆円程度、開いている。もちろんこのギャップ（開き）が少なくとも解消しなければ、デフレ不況から本格的に回復することはできない。

このデフレ・ギャップが消滅し、なおかつデフレを脱却することが望ましい。加えて、再びデフレに陥らないことも必要だ。日本経済は残念ながら、デフレ・ギャップが消滅しても、事実上のデフレ状態が続くために、ちょっとしたマイナスのショックが加わると、デフレ・ギャップが再出現し、しかも悪いことにはその状態が長く続くのである。

「第一の矢」の効果は？

アベノミクスの第一の矢（大胆な金融緩和）は、この事実上のデフレの継続を、日本銀行の政策スタンスを変えることで打ち破ろうとするものだった。具体的には二年後の実現を目指す二％のインフレ目標を掲げ、そのために長期国債の買い入れを中心とした積極的な金融緩和の姿勢を採用することである。そしてこの大胆な金融緩和の肝は、なんといっても予想インフレ率をコントロールすることにつきる。

さきほど「デフレ・ギャップがなくなっても、事実上のデフレが続くことで経済が不安定化する」という旨を書いた。ここでいう「事実上のデフレ」とは、人々が予想するインフレ率がデフレに陥りやすいままコントロールされていないことを意味する。多くの先進国の中央銀行がインフレ目標を導入しているのは、人々の予想するインフレ率をコントロールするためなのだ。しかし日本では、日本銀行の長年の抵抗で、この予想インフレ率は制御不能なまま放っておかれた。その代償が、日本経済のデフレとデフレ不況体質である。

安倍首相は自らのリーダーシップで、この予想インフレ率をしっかりコントロールして、デフレを脱却する人材を日本銀行の首脳に選んだ。日本の歴代の首相が、デフレ脱却を口にしても相手にすらされなかったことは、この予想インフレ率をコントロールする政策（インフレ目標政策）を欠いた、ただ口先だけのものだと高をくくられていたからだ。実際に、安倍首相が、自民党総裁への就任直後から、このインフレ目標の導入を唱えたことで、株高、円安がすすみ、デフレ脱却への第一歩を記したことは記憶に新しい。

この予想インフレ率は、何をみればわかるのだろうか？　いくつかの指標があるのだが、代表的なのはＢＥＩ（ブレーク・イーブン・インフレ率）だ。ただしＢＥＩはその都度の株価などの変動に大きく影響をうける。そのためある一定の期間でその動きをみる必要がある。例えば、現状では一・二〜一・三％

程度で「安定」してしまっている。これはインフレ目標の二％に比べるとまずまずの数字に見えるかもしれない。だが、それは間違いだ。このＢＥＩはある資産の取引から計算で導きだされるものだ。そのある資産とは、物価連動債といって、インフレになったときに国債の価値が急減しないために考案された商品だ。いま日本で取引されている物価連動債は満期が五年以下のものだけだ（近々、一〇年物の新規の物価連動債が発行される予定）。そのためＢＥＩからわかる予想インフレ率とは、ほぼ五年後に日本のインフレがどのような水準になっているかを示すものでしかない。つまり二年後に二％に到達するためには、予想インフレ率は三％よりもかなり上の水準で推移していることが必要になる。しかも新しい日本銀行首脳が就任したのは四月。すでに二年後ではなく、一年半しか時間は残されていない。

実は、四月から五月にかけてはこのＢＥＩは急上昇して二％に迫る勢いだった。それがなぜいま一％を少し超えたレベルで安定しているのか？　われわれはその一因を、消費税増税などの財政緊縮を訴える勢力のせいだと考えている。

アベノミクスは、デフレ解消を目指すために、金融緩和と財政政策を積極的に利用するはずだった。それが七月の参議院選挙前後からは、政府関係から出てくると思われるマスコミ情報は、消費税増税一色に近い。増税は積極的な財政政策ではもちろんない。正反対だ。いままでデフレ脱却を予想していた人たちの多くが、アベノミクス、日本銀行の政策実現に疑問を抱いてもしかたがないことだろう。それが一三年夏以降の予想インフレ率の（デフレ脱却へむけての）コントロールに大きな障害になっている可能性は否定できない。

「景気回復」のメカニズム

消費税が八％に引き上げられたときの具体的な影響を考える際には、これまでの景気回復には、金融緩和で進んだ円安による輸出増や、政府の補正予算、消費増税前の「駆け込み需要」といった政策効果が大きく作用していることを念頭におく必要がある。民間の自律的な回復力はまだ弱いままだ。増税で物価が上がれば、賃金上昇が追いつかずに景気を冷やすおそれがある。また駆け込み需要の反動減は消費に大きな影響を与える。万が一、海外経済の悪化が重なれば、二〇一四年度はマイナス成長の可能性もある。

このような消費税増税のインパクトを抑制するための政府・日銀による経済政策をどう考えればよいか。

まずこの点をはっきりさせるために再度、そもそもアベノミクスによる「景気回復」とはなんだったのかを基本的な経済理論に基づき確認しよう。**図表1**は財市場（IS曲線）と貨幣市場（LM曲線）の同時均衡によりGDP（図表中ではY）が決まるとするIS―LMモデルを図示している。

図中では、IS（G, T, π）と書いているが、IS曲線は政府支出（G）が増えると右シフトし、増税によりT（税収）が増えると左シフトし、π（予想物価上昇率）が高まると実質金利が低下して投資が増加するために右シフトする。一方LM曲線は実質貨幣残高（M／P）が増加すると右シフトする。図表では

図表1　期待（予想）を考慮したIS-LMモデルによる図解

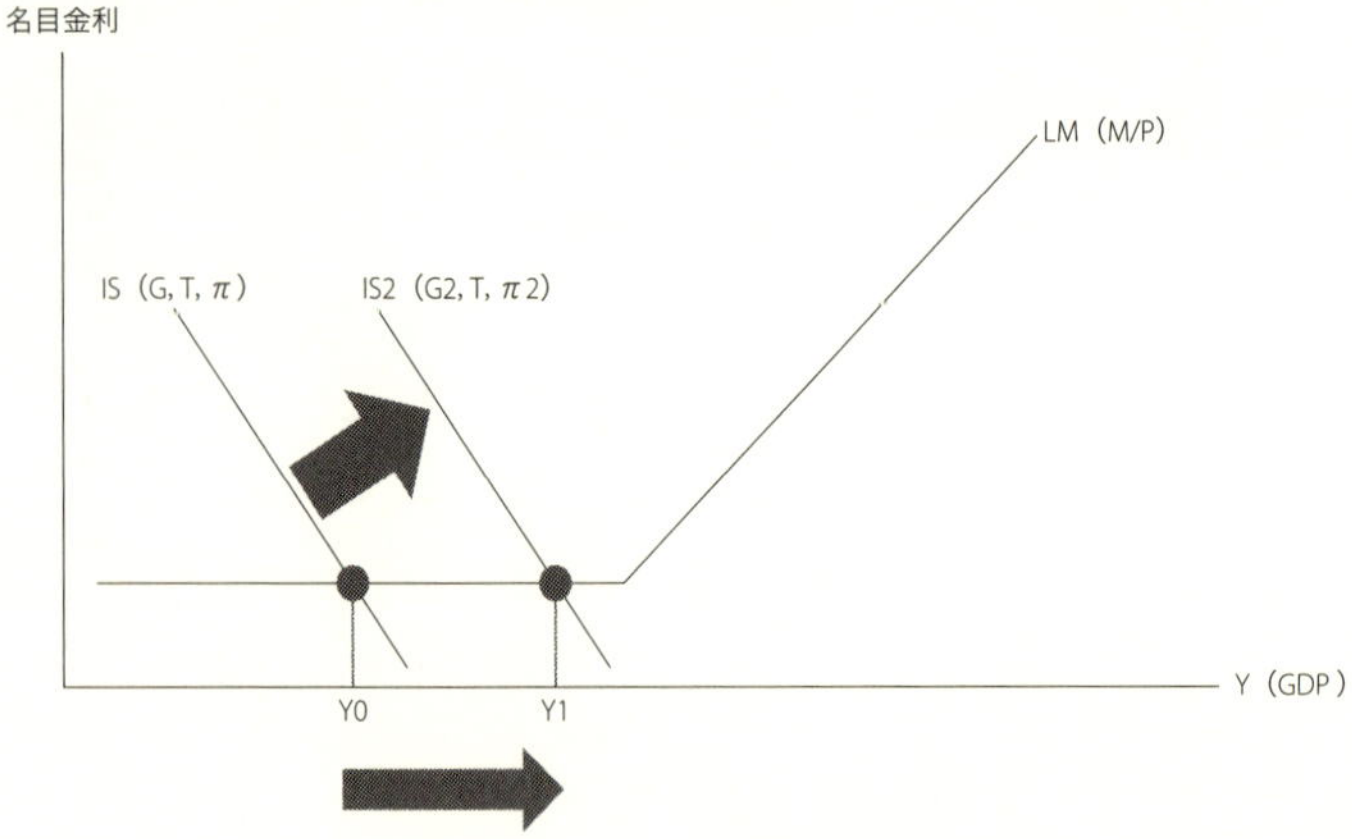

LM曲線が水平な状態にGDPがある（Y0）ように作図しているが、これは名目金利がゼロ近傍に張り付いている状態（流動性の罠）にあることを意味している。

こうした状況でGDPをY0からY1に拡大させる方法は二つある。一つは政府支出を増やす、もしくは減税を行うことでIS曲線をISからIS2へと右にシフトさせるという政策である。これは例えばアベノミクスにおける「機動的な」財政政策の一貫として行われた二〇一二年度補正予算が該当する。もう一つの方法は予想インフレ率を上昇させる金融政策である。つまりはデフレ・レジームからリフレ・レジームへ政策を転換し、この予想インフレ率をコントロールすることである。名目金利がゼロ近傍に張り付いている状態では、単に量を拡大させる金融政策によってLM曲線を右シフトさせてもGDPは変化しない。ただし、予想インフレ率を上昇させる金融政策を行えば、それが実質金利を下げることで投資を刺激し、資産効果により消費を刺激するといった径路を通じてIS曲線を右シフトさせ、

図表2　流動性の罠下にある消費増税の影響

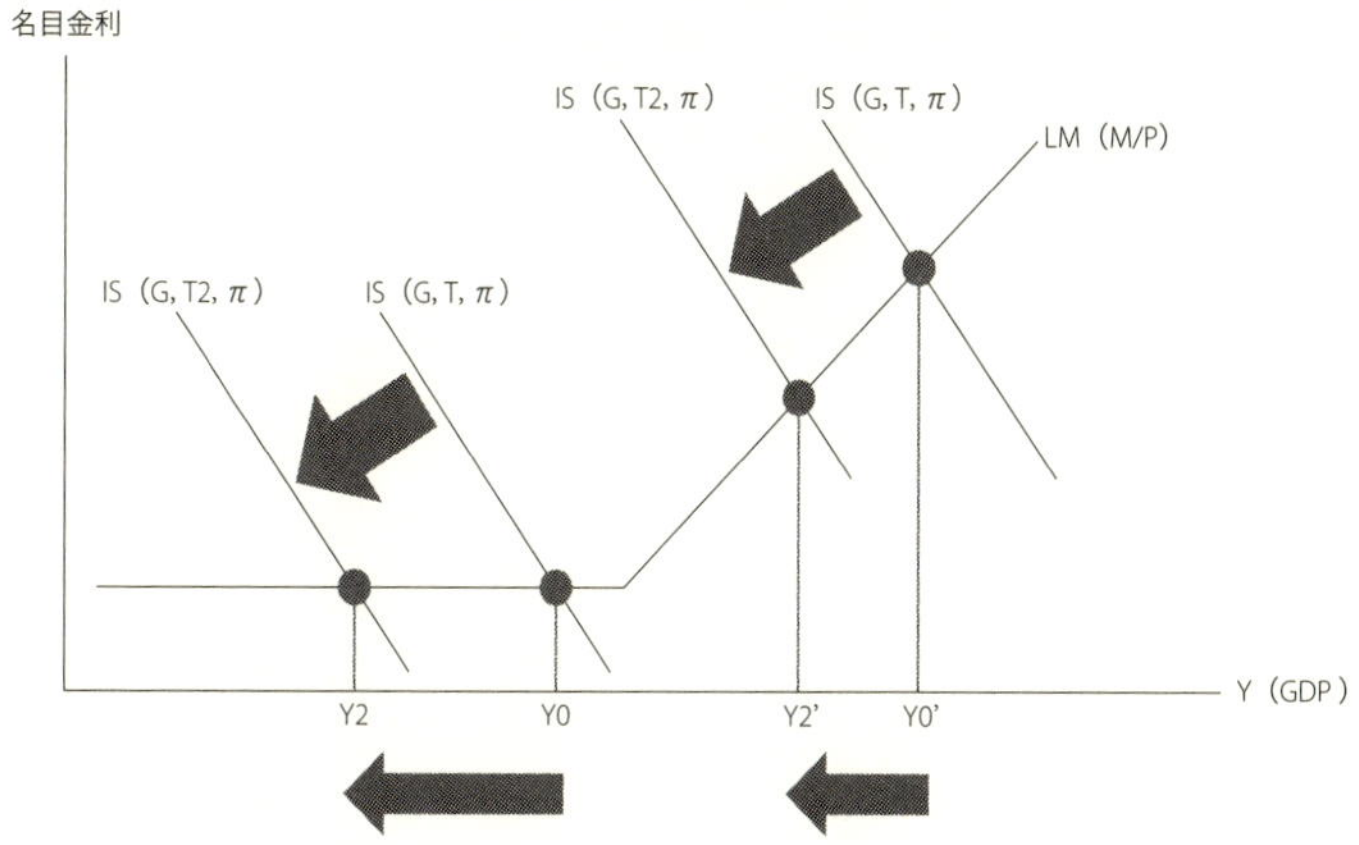

GDPを拡大させることができる。アベノミクスによる景気回復は以上の二つの政策を通じてGDPを拡大させているのである。

家計への悪影響に対処せよ

上記の簡単な理論的枠組みを前提にして、消費税増税のインパクトを抑制するための政府・日銀による経済政策をどう考えたらよいのだろうか。われわれが重要と考えるポイントは次の三つだ。

まず一つ目のポイントは、日本経済が「流動性の罠」の状態にあり、かつ日銀が非伝統的政策を行っている現状を、九七年時点の消費税増税の状況を比較すると、**今回の消費税増税の悪影響**は過去と比較して大きくなる可能性が高いという点だ。

図表2は名目金利が「流動性の罠」を抜けて正常化した状態（GDPがY0'にある状態）と、名目金利が流動性の罠に

ある状態（ＧＤＰがY0にある状態）の二つのケースについて、同額の増税を加味した場合のＧＤＰへの影響を作図・比較している。疑問に思う読者の方は是非作図して確認していただきたいが、同じ増税ショックを与えた場合のＧＤＰへの影響は「流動性の罠」にある状態（Y0→Y1）の方が大きくなる。われわれがデフレから脱した後で消費税増税を行った方が良いと考えるのは以上が一因である。

一九九七年四月の消費税増税の影響については、歳出削減や特別減税廃止、アジア通貨危機、金融危機といった様々なイベントが重なって生じたために判断が困難であるという側面がある。ただし、これは消費税増税が経済失速に影響しなかったことを意味しない。来年四月における三％の増税幅は九七年における二％の増税幅と比較して大きいこと、九七年の増税時は所得税減税が先行して家計の実質所得への悪影響を最小限に抑制する配慮がなされたが、今回の場合は復興増税や住民税増税、社会保険料の上昇といった形で断続的に家計の実質所得への悪影響が生じる中で増税が行われるといった点から考えても、今回の方が増税の影響が大きい。経済対策を行う場合には家計所得への悪影響に十分な配慮が必要だろう。

中低所得者対策を重視せよ

二つ目のポイントは、政府が経済対策を行う場合、消費税増税の影響が大きい**中低所得者層への対策**を重点的に行う必要があるということだ。

経済対策の中身としては自動車重量税の廃止や住宅ローン減税、住宅取得への補助金といった駆け込み需要の反動減を抑制する政策、社会インフラ整備といった公共事業、簡素な給付措置といった家計への給付策、更に法人税減税や投資減税といった政策が考えられる。われわれは家計への悪影響を抑制するための給付策や所得税減税に重点を絞るべきだと考える。給付策としては「簡素な給付策」が検討されており、これは税を収めていない低所得者を対象に年一万円を支払うとのことだ。片岡の試算では増税による家計への悪影響は、年収二〇〇万円未満の世帯で年八万円、三〇〇万円世帯で一一万円、五〇〇万円世帯で一二万円、八〇〇万円世帯で一六万円、一〇〇〇万円世帯で一八万円、一五〇〇万円世帯で二四万円となる。食費相当分ではなく、所得が低い世帯から順にすべての負担額を給付金で手当するといった政策が必要だ。

特に「消費税増税の悪影響の是正」が政策目的である場合には、法人税減税や投資減税はナンセンスだ。消費税増税により影響を受けるのは家計消費であり家計の実質所得だが、これらが減ることは需要が減ることを意味する。需要が減る中で企業が生産を増やすために設備投資を行うことはない。設備投資を刺激するために投資減税や法人税減税を行ったとしても、そもそも設備投資が増える環境にないため政府が想定する経済効果をもたらさないだろう。法人税減税や投資減税を行うのであれば「消費税増税の悪影響」を是正するための経済対策として行うのではなく、成長戦略の一貫として、かつ経済成長と両立した財政健全化を進める過程でどのような税制が必要かという観点に立った上で別途判断すべきだろう。

「雇用安定」を日銀の政策目標に明示せよ

消費税増税が恒久的な性格を持つ以上、一時的な給付金や減税策で消費税増税の悪影響を十分に抑制するのは困難である。

こうした中では**金融政策の役割**が重要となってくる。これが三つ目のポイントだ。金融政策としてまず考えられるのは長期国債やリスク資産の購入拡大、更に資産購入の対象を広げるといった追加緩和策だ。だがアベノミクスの金融政策が従来に無い効果を挙げている鍵が予想インフレ率への働きかけにあり、かつ予想インフレ率の上昇が安倍首相の政治的リーダーシップに基づくレジーム転換に支えられていると理解すれば、安倍首相による消費増税の決断は、実体経済の悪化も相まって「レジームの毀損」、さらには予想インフレ率の低下につながる恐れがあることは、冒頭でも指摘した。こうした「レジームの毀損」に対処するには、追加緩和では不十分である。これは予想インフレ率への働きかけが無いままに追加緩和を続けてもデフレからの脱却がかなわなかった白川総裁までの日銀の政策を見れば明らかだろう。

では「レジームの毀損」に対処するにはどうすべきか。われわれが提案したいのは、**日銀法を改正して日銀の政策目標に「雇用安定」を新たに追加することで、物価と雇用の安定化にコミットする姿勢を明確化すること、**更に政府が目標としている**「名目成長率三％、実質成長率二％」という成長目標を引き上げて「名目成長率四％、実質成長率二％」を掲げた上で経済対策や追加緩和策を行うことだ。**消費税増税によって消費者物価上昇率は一時的に二%を超えて推移する可能性が高いが、雇用安定を目標として追加すれば、増税による失業率悪化と物価上昇という局面で日銀が大胆に金融政策を行う余地を高めることができる。日銀法改正には時間がかかる。消費税増税に踏み込むのであれば、即座に日銀法改正の検討を始め、遅くとも来年四月までに改正を実現することが求められる。

われわれは、今回の消費税増税による「リフレ・レジームの毀損」の前にも、決してひるむことはしない。いま書いたように、リフレ政策の対応策はある。

十数年来リフレ政策を主張してきたある方が、今回の事態を受けて、筆者のひとりにこう語った。

「われわれが(日本経済への)明るさを失ったらだめだ。われわれだからこそ明るい見方ができる」。

この言葉を読者の方々にも伝えておきたい。

榊原英資（さかきばら・えいすけ）
1941 年生。経済学。著書『パラダイム・シフト（大転換）』（藤原書店）。

中島將隆（なかじま・まさたか）
1938 年生。証券市場論。著書『日本の国債管理政策』（東洋経済新報社）。

西部邁（にしべ・すすむ）
1939 年生。評論家。著書『ソシオ・エコノミックス』（中央公論社，イプシロン出版企画）『友情』（新潮社）『妻と僕』（飛鳥新社）。

ロベール・ボワイエ（Robert Boyer）
1943 年生。経済学。米州研究所（パリ）。著書『金融資本主義の崩壊』『ユーロ危機』（ともに藤原書店）。

植村博恭（うえむら・ひろやす）
1956 年生。理論経済学。著書『新版 社会経済システムの制度分析』（名古屋大学出版会）。

執筆者紹介（執筆順）

浜田宏一（はまだ・こういち）
1936年生。国債金融論，ゲーム理論。著書『経済成長と国際資本移動』（東洋経済新報社）『国際金融の政治経済学』（創文社）『アメリカは日本経済の復活を知っている』（講談社）。

片岡剛士（かたおか・ごうし）
1972年生。応用計量経済学，マクロ経済学，経済政策論。著書『日本の「失われた20年」』（藤原書店）『円のゆくえを問いなおす』（ちくま新書）『アベノミクスのゆくえ』（光文社新書）。

若田部昌澄（わかたべ・まさずみ）
1965年生。経済学史。著書『経済学者たちの闘い』（東洋経済新報社）『改革の経済学』（ダイヤモンド社）。

原田泰（はらだ・ゆたか）
1950年生。経済政策。著書『日本国の原則』（日本経済新聞出版社）『日本はなぜ貧しい人が多いのか』（新潮社）『昭和恐慌と金融政策』（共著，日本評論社）。

安達誠司（あだち・せいじ）
1965年生。日本経済，デフレ史。著書『脱デフレの歴史分析』（藤原書店）『恐慌脱出』（東洋経済新報社）『円高の正体』（光文社）。

田村秀男（たむら・ひでお）
1946年生。産経新聞特別記者。経済学。著書『人民元・ドル・円』（岩波新書）『円の未来』（光文社）『日本建替論』（共著，藤原書店）。

高橋洋一（たかはし・よういち）
1955年生。マクロ経済，財政・金融論，数理統計，金融工学，会計・行政法。著書『財投改革の経済学』（東洋経済新報社）『さらば財務省！』（講談社）『日本経済の真相』（中経出版）。

松尾匡（まつお・ただす）
1964年生。理論経済学。著書『商人道ノスヽメ』（藤原書店）『不況は人災です』（筑摩書房）『新しい左翼入門』（講談社現代新書）。

中村宗悦（なかむら・むねよし）
1961年生。近現代日本経済史。著書『経済失政はなぜ繰り返すのか』（東洋経済新報社）『評伝日本の経済思想 後藤文夫』（日本経済評論社）。

本書は『環』第53号（二〇一三年春）・特集「経済再生は可能か」収録の論考に加筆・修正を施し、第Ⅲ部のシンポジウム、第Ⅳ部の書き下ろし論考を加えて構成したものである。　編集部

編者紹介

田中秀臣（たなか・ひでとみ）

1961年生。上武大学ビジネス情報学部教授。早稲田大学大学院経済学研究科博士課程修了。著書に『沈黙と抵抗　評伝・住谷悦治』『日本建替論』（麻木久仁子・田村秀男との共著、以上藤原書店）『昭和恐慌の研究』（共著、東洋経済新報社）『経済論戦の読み方』『不謹慎な経済学』（以上講談社）『経済政策を歴史で学ぶ』（ソフトバンク）『雇用大崩壊――失業率10%時代の到来』（NHK出版）『デフレ不況』（朝日新聞出版）『「復興増税」亡国論』（上念司との共著、宝島新書）など多数。

日本経済《にほんけいざい》は復活《ふっかつ》するか

2013年10月30日　初版第1刷発行©

編　者　田中秀臣

発行者　藤原良雄

発行所　株式会社 藤原書店

〒162-0041　東京都新宿区早稲田鶴巻町523

電　話　03（5272）0301

FAX　03（5272）0450

振　替　00160-4-17013

info@fujiwara-shoten.co.jp

印刷・製本　中央精版印刷

落丁本・乱丁本はお取替えいたします

定価はカバーに表示してあります

Printed in Japan

ISBN978-4-89434-942-1